Andreas Kieling
Ein deutscher Wandersommer

Andreas Kieling
mit Sabine Wünsch

Ein deutscher Wandersommer

1400 Kilometer durch unsere
wilde Heimat

Mit 52 farbigen Fotos, 12 Schwarz-Weiß-Fotos
und mit einer Karte

MALIK

Mehr über unsere Autoren und Bücher:
www.malik.de

*Für Cleo, meine treue Begleiterin,
meinen Mentor Karl Lapacek und Christoph Keller*

ISBN 978-3-89029-393-6
© Piper Verlag GmbH, München 2011
Fotos im Bildteil: Erik Kieling (Tafel 1), Ralf Blasius (2 oben, 3, 12 oben, 13 unten, 21 unten, 27, 28 oben, 28/29 oben Mitte, 29, 30/31, 32), Gabi Baumung (6 oben und Mitte), Gesellschaft für Sport und Technik GST (10, 11 oben), Michael Gärtner (11 unten, 20 oben, 22 Mitte und unten, 26/27 oben Mitte), Frank Gutsche (11 Mitte, 18/19, 22 oben, 23), Manfred Ossendorf (12 unten, 14 oben, 21 oben, 24).
Fotos im Text: Frank Gutsche (Seite 48/49), Michael Gärtner (74/75), Ralf Blasius (128/129, 202/203)
Alle anderen: Andreas Kieling
Karte: cartomedia, Karlsruhe
Litho: Lorenz & Zeller, Inning am Ammersee
Satz: Satz für Satz. Barbara Reischmann, Leutkirch
Druck und Bindung: CPI – Ebner & Spiegel, Ulm
Printed in Germany

Inhalt

Vor dem ersten Schritt 8

Vom Dreiländereck durch den Frankenwald
Der Flussperlmuschelsucher 17
Das Phantom der Wälder 21
Cleo 28
Mödlareuth 39
Die innerdeutsche Grenze 44

Exkurs: Meine Kindheit in der DDR und die Flucht
Prof. Dr. Bernhard Grzimek und Prof. Dathe 57
Das spannendste Kapitel meines Lebens 61

Durch den Thüringer Wald
Karpfen-Klaus 80
Im Kanu ins Thüringer Schiefergebirge 85
Deutschland, deine Wälder 90
Die schöne Försterin und Einstein 94
»Und hab ein weit Revier ...« 103
Muffelwild 107
Wanderalltag 113

Der König der Wälder 115
Der Hirschvater 123

Von der Rhön zum Eichsfeld
Sein Name ist Hase 132
Unterwegs mit Torsten 134
In luftigen Höhen 151
»Point Alpha« 153
Das »Land der weißen Berge« 161
Ein Stück Indien mitten in Deutschland 167
Die Wartburg 171
Abstecher nach Gotha 174
Im Hainich 179
Das Eichsfeld 183
Süße Versuchung 191
Zu Besuch bei Bruder Rolf 196

Vom Harz Richtung Elbe
Die Rhumequelle 206
Die Einhornhöhle 210
Der Luchs 218
Brocken-Benno 227
Der Drömling 235
Zwischen Altmark und Wendland 241
Wildschweine 246
Am Arendsee 252

Von der Elbe an die Ostsee
Im Elbe-Urstromtal 260
Die Dorfrepublik Rüterberg 271

Auf dem Weg zum Schaalsee 273
Jan und der Seeadler 277
Auf der Hollywoodschaukel 285
Nandu auf Angriff 289
Endspurt 298

Nachwort 300
Dank 302

Vor dem ersten Schritt

Das Dreiländereck von Böhmen (Tschechien), Bayern und Sachsen hatte ich mir ganz anders vorgestellt, irgendwie exotischer. Das lag vermutlich daran, dass ich gerade erst von einem Dreh aus dem Yellowstone-Nationalpark zurückgekehrt war, einer Region, die einen staunen lässt. Der Nationalpark inmitten der gewaltigen Rocky Mountains liegt zum größten Teil in der Caldera des Yellowstone-Vulkans, des größten Supervulkans auf dem amerikanischen Kontinent. Es zischt und brodelt und dampft aus unzähligen Geysiren – darunter »Steamboat«, der größte aktive Geysir der Erde –, Schlammtöpfen und heißen Quellen; mittendrin riesige Herden von Steppenbisons, dazu Wölfe, Bären, Wapitis – ein wahres Naturwunder, vor allem im Winter, wenn der Kontrast zwischen Kälte, Eis und Schnee einerseits und den heißen Auswürfen unseres Planeten andererseits dem Ganzen einen ganz eigenwilligen Reiz verleiht.

Als damals der Anruf vom ZDF kam und der Redakteur fragte, ob ich nicht Lust hätte, was über die deutschdeutsche Grenze zu machen, da Deutschland wegen des 20. Jahrestags des Mauerfalls im Trend liege, habe ich ganz spontan zugesagt, weil mir die Idee sehr gefiel. Obwohl ich genug Arbeit hatte: Die »Expeditionen zu den Letzten ihrer Art« – eine ZDF-/National-Geographic-Reihe über bedrohte Tierarten – gingen weiter, und parallel war ein Buch* zur ersten Staffel in Arbeit.

»Tja, also, was ich noch nicht gesagt habe: Du sollst die 1400 Kilometer dieser Grenze wandern«, schob der Redakteur nach.

Wo soll ich denn da anfangen?, schoss es mir in den Kopf. Etwa irgendwo im tiefsten Polen oder Tschechien? Mir war bis zu dem Zeitpunkt nicht klar gewesen, dass die innerdeutsche Grenze so lang gewesen war, immerhin die Entfernung von Nürnberg nach Barcelona oder von Bremen nach Florenz. Das hat mich erstaunt, denn wir sind ja ein recht kleines Land.

Aufhänger war also das Jubiläum der Wiedervereinigung; doch die Wanderung führte zudem durch das größte Naturschutzgebiet Deutschlands. Deutschlands größtes Naturschutzgebiet?, staunte ich. Das hatte ich bis dahin in den Nationalparks Bayerischer Wald oder Wattenmeer vermutet, doch nicht an der deutsch-deutschen Grenze. In der Tat ist das sogenannte Grüne Band mit nur ein- bis zweihundert Metern Breite, dafür aber fast eineinhalbtausend Kilometern Länge unser größtes Naturschutzgebiet. Das Erstaunliche ist jedoch nicht so sehr seine Größe beziehungsweise Länge, sondern dass es mitten durch »wildestes Deutschland« geht, wie man es sonst nur vom Bayerischen Wald und einigen Hochgebirgsregionen kennt. Vierzig Jahre »Zonenrandgebiet«, wie es im Westen hieß, beziehungsweise »Sperrgebiet« – der DDR-Ausdruck – hatten diesem Landstrich sozusagen einen politischen Umweltschutz beschert. Es gab nur wenige große Städte mit noch weniger Schwerindustrie, und die Forst- und Land-

---

* »Meine Expeditionen zu den Letzten ihrer Art. Bei Berggorillas, Schneeleoparden und anderen bedrohten Tierarten« – Anm. d. Red.

wirtschaft wurde in der Regel sehr extensiv betrieben, also mit hohem Verbrauch an Fläche, aber geringem Eingriff in die Natur. Das heißt wenig Herbizide, Fungizide, Insektizide, kaum Düngemittel. Dadurch blieb eine Tier- und Pflanzenwelt erhalten, die in anderen Gebieten Deutschlands durch die Jahrzehnte, in denen wir in unserem Land Raubbau betrieben haben, komplett verschwunden ist.

Klare Vorstellungen, wie das Ganze aussehen sollte, hatte der Sender nicht, nur, dass es eine bunte Mischung werden solle aus Natur, Kultur, Historie und Politik, wobei die Natur ganz klar im Fokus stehen solle, und dass man die Zuschauer ein bisschen verblüffen wolle, indem man zeige, wie »wild« Deutschland noch sein könne. Nun lag mein Schwerpunkt als Tierfilmer in den letzten Jahren zwar nicht gerade in Deutschland, aber ich habe hier lange als Förster gearbeitet und auch einige Tiergeschichten gedreht, sodass mir klar war, wie schwierig es werden würde, in einem der letzten Rückzugsgebiete inmitten dieses ansonsten dicht besiedelten Landes seltene, scheue Tierarten vor die Kamera zu bekommen – oder auch einfach nur vors Fernglas, um sie beobachten zu können.

Der Knackpunkt, der das Ganze fast platzen ließ, war jedoch ein ganz anderer, nämlich Cleo, die ich unbedingt dabeihaben wollte.

»Was? Ein Hund?«, fragte meine Chefin beim ZDF irritiert, fast schon entsetzt. »Der sorgt doch nur für Verwirrung. Der bellt die ganze Zeit, stört die Tonaufnahmen und verscheucht die Tiere!«

»Ich mach's aber nur, wenn Cleo mit darf«, beharrte ich.

Nach einigem Hin und Her meinte sie dann: »Gut, aber sie bekommt keine Gage – und das Futter müssen Sie selbst bezahlen.«

Als ich mir die Wegstrecke dann auf der Karte ansah, dachte ich, hoppla, das sollst du wandern, mit Rucksack samt Zelt und Schlafsack (für die Nächte weitab jeglicher Pension) auf dem Rücken und der Kamera auf der Schulter? Ganz schön weit. Und dann noch das enge Zeitfenster. Für jede der fünf Folgen waren nur neun bis zehn Drehtage geplant. Und das, obwohl die Teile auch im sehr anspruchsvollen Abendprogramm von ARTE gezeigt werden sollten, das hochwertige Unterhaltung und Information bietet. Es ging ja nicht nur darum, die 1400 Kilometer zurückzulegen, das Ganze musste ja auch irgendwie filmisch umgesetzt werden. Da hieß es ordentlich Gas geben.

Um den Bogen zu schließen: Kurz nach meiner Rückkehr aus dem Yellowstone-Nationalpark standen Cleo und ich nun im deutschen nasskalten Frühjahr in einem kleinen Sumpfloch in der Nähe von Hof vor einem Schild mit der Aufschrift »Staatsgrenze«. Hier sollte also der Startpunkt für das »Abenteuer Deutschland« sein.

»Wie machen wir das bloß groß auf?«, fragte ich mich immer wieder, während ich mit der Kamera etwas hilflos herumlief.

Neben uns plätscherte ein piefiges Bächlein dahin, es regnete, und es war verdammt kalt. Cleo neben mir zitterte, nicht nur vor Aufregung. Wir waren gar nicht begeistert. Und in dem Moment nicht sehr motiviert.

Schließlich sprach ich einen Aufmachertext in die Kamera: »Es geht in die wildesten Gebiete Deutschlands. Ich lade Sie ein! Kommen Sie mit, Sie werden wunderbare Dinge erleben, Sie werden berührt sein! Cleo wird meine ständige Begleiterin sein, ich bin selbst gespannt, wann wir an der Ostsee ankommen und was uns erwartet ...« Da stand ich also und redete von irgendetwas Großem, aber das Große war nicht erkennbar.

Ich habe diese Wanderung für mich selbst ein bisschen als Abenteuer verstanden. Das mag kitschig klingen, aber dieses »Dein treuer Hund, dein Wanderstock (den ich nicht hatte), dein Hut und du auf der Wanderung durch die Heimat« hatte für mich etwas Romantisches. Apropos Hut. Als wir dem ZDF die ersten Aufnahmen zukommen ließen, hieß es, dass sie mich lieber nicht mit Hut wandern hätten, das sehe zu sehr nach Landstreicher aus und passe nicht zum ZDF.

Erst einmal musste ich furchtbar lachen, als ich das hörte, dann sagte ich: »Hört mal Leute, es regnet. Es regnet kleine Hunde und Katzen. Cleo und ich sind tropfnass. Ich lasse diesen Hut auf.«

Ich fand überhaupt nicht, dass ich damit aussah wie ein Penner, ich fand sogar, es sah ganz gut aus. Immerhin lief ich nicht mit irgendeinem, sondern mit dem klassischen Indiana-Jones-Hut herum – und wenn der nicht cool ist, dann weiß ich auch nicht. Außerdem hatte es mich dank Hutgröße 62 – nur weil ich breite Schultern habe, sieht es nicht aus, als hätte ich einen Wasserkopf – einige Mühen und Geld gekostet, ein passendes Exemplar zu finden. Und das wollte ich nun auch tragen! Das Ende vom Lied war, dass auf einmal alle mit Hut gut fanden und ich sogar in dem Opener (aus einigen Filmszenen zusammengesetzter Clip), der für die fünf Teile geschnitten wurde und als sogenannter Appetizer die Zuschauer zum Weitersehen verlocken soll, mit Hut zu sehen bin.

Vom Dreiländereck durch den Frankenwald

Endlich wanderten Cleo und ich los. Die Marschrichtung war ja vorgegeben: entlang dem Grünen Band, im Prinzip auf dem alten Kolonnenweg, der für die Patrouillen- und Versorgungsfahrzeuge der Grenzposten angelegt worden war. Die Betonplatten des Kolonnenwegs mit ihren Aussparungen, aus denen Gras wächst, sind nicht gerade der ideale Wanderweg. Wie ich es schon von anderen Wanderern gehört und gelesen habe, fällt es auch mir schwer, den richtigen Tritt zu finden.

»Du hast es gut«, sagte ich nach den ersten Kilometern zu Cleo, doch die schaute mich nur verständnislos an. Ihr machte der Kolonnenweg verständlicherweise keine Schwierigkeiten, denn sie lief rechts oder links davon in den angrenzenden Feldern oder Wiesen, die für sie ja auch viel interessanter waren, schnüffelte mal ein bisschen an einem Bachlauf herum, in dem ein paar Wasserspitzmäuse und kleine Forellen schwammen.

Die Gewässer in diesem Gebiet sind kristallklar und naturbelassen, so wie, ich habe es bereits erwähnt, aufgrund der jüngeren Geschichte die ganze Natur da für mitteleuropäische Verhältnisse sehr unverfälscht ist. Es passierte nicht viel, aber das wenige nahm ich dankbar wahr und an. Oft fragen mich Leute, wie ich es eigentlich in Deutschland aushalte, da ich doch die große weite Welt kenne, exotische Länder, die Traumziele vieler Menschen. Ich sage dann immer, dass ich das sehr genau differenzieren und mich an der Beobachtung eines Feldhasen, am Jagdflug eines Turmfalken oder der Entdeckung eines Feuersalamanders in Deutschland genauso erfreuen kann.

Der Flussperlmuschelsucher

Ein paar Kilometer bachabwärts, an einer sumpfigen Wiese, sahen wir in einiger Entfernung einen älteren Mann mit Wattstiefeln im Bach knien und vornübergebeugt in eine kleine blaue Plastikwanne gucken. Mein erster Gedanke war: Goldwäscher. Mein zweiter: Der sammelt Unrat. Nein, das konnte es nicht sein, denn er hielt das Ding mit beiden Händen fest. Cleo knurrte erst einmal, als sie ihn sah, denn das sah schon etwas seltsam aus. Warum starrt der die ganze Zeit in diese Spülschüssel?, fragte ich mich. Was gibt es da so Spannendes zu sehen? Schließlich trieb mich meine Neugier zu dem Mann. Um ihn nicht zu erschrecken, rief ich aus einigem Abstand »Hallo«, aber er war so vertieft in sein Tun, dass er mich nicht hörte. Später sollte ich feststellen, dass der Mann sich seiner Sache derart verschrieben hat, dass er stundenlang in gebückter Haltung in eiskaltem Wasser stehen oder knien kann und die Welt um ihn herum völlig ausblendet. Nach zwei weiteren »Hallo!« schaute er endlich auf, ganz entspannt, als ob hier ständig Wanderer vorbeikämen.

»Was machen Sie denn da mit Ihrer Schüssel im Bach?«, fragte ich.

»Ich bin staatlicher Flussperlmuschelsucher vom Wasserwirtschaftsamt Hof«, antwortete der Mann mit der silberumrahmten Brille ernst.

Ich staunte nicht schlecht. In Indonesien hatte ich mal Perlenfischer kennengelernt, aber dass es Flussperlmuschelsucher in Deutschland gibt, war mir neu. Das Arbeitsgerät entpuppte sich als Eigenbau: In den Boden einer herkömmlichen Spülschüssel, wie es sie in jedem Haushaltswarengeschäft oder Kaufhaus zu kaufen gibt, war eine Glasplatte eingesetzt, die es dem Mann erlaubte, den Grund des Flusses abzusuchen, ohne seinen Kopf in das kalte Wasser stecken zu müssen. Wenn er die Schüssel nämlich auf die Wasseroberfläche drückte, brach das die Oberflächenspannung und man hatte ein klares, sauberes Bild vom Gewässerboden.

»Und, haben Sie schon mal eine Perle gefunden?«

»Eine einzige in dreißig Jahren«, schmunzelte Stephan Schmidt, wie er sich mittlerweile vorgestellt hatte, und fuhr dann fort: »Früher war Flussperlmuschelsucher in Bayern ein sehr ehrenwerter Beruf, der von Generation zu Generation vererbt wurde. Eine Vertrauenssache, denn die Flussperlmuschelsammler hätten sich die Perlen ja auch in die eigene Tasche stecken können. Damals gab es ein spezielles Gerät, ein Flussperlmuschelmesser, mit dem man die Muschel ganz vorsichtig öffnete. War eine Perle drin, wurde die Muschel getötet. Ansonsten wurde sie in den Fluss zurückgesetzt, in der Hoffnung, dass sie irgendwann einmal eine Perle bildet.«

Das Wassereinzugsgebiet der Regnitz beherbergt eines der größten – und auch eines der letzten – Flussperlmuschelvorkommen Mitteleuropas.

»Abwässer, Düngemittel und sonstige Schadstoffe haben den Bestand stark gefährdet«, erklärte mir Herr Schmidt, »denn die Flussperlmuschel braucht kalk- und nährstoffarmes Wasser. Sie ist daher ein sogenannter Kulturflüchter. Doch wohin soll man schon fliehen, wenn man weder Flossen noch Beine hat? Wo es früher in einem einzigen Flüsschen mehrere Millionen dieser sehr sensiblen

Tiere gab, sind es heute in ganz Bayern nur noch geschätzte 100 000 bis 130 000.«

Und um deren Schutz, nicht um Perlen, geht es dem Biologen und Naturschützer. Er katalogisiert die Flussperlmuscheln und beobachtet, wie viele sterben.

»Hier liegen aber erstaunlich viele Muschelschalen«, wunderte ich mich und deutete auf den Bachgrund.

»Die sind aber sehr alt«, winkte Schmidt ab.

»Wie alt kann denn eine Flussperlmuschel werden?«

Flussperlmuscheln, so erfuhr ich, können nach neuesten Erkenntnissen bis zu 280 Jahre alt werden, zum Beispiel in Schweden. Interessant ist nämlich, dass Größe und Alter nach Norden hin zunehmen. In Spanien etwa wird die Muschel meist nur acht bis zehn Zentimeter groß und lediglich sechzig bis siebzig Jahre alt.

Als ob die hohen Ansprüche an die Wasserqualität und die, nennen wir sie mal, begrenzten Fluchtmöglichkeiten das Überleben dieser selten gewordenen Tierart nicht schon genug gefährden würden, ist ihre Fortpflanzung beziehungsweise Vermehrung ein sehr komplexer und störanfälliger Prozess: Zunächst schlüpfen winzige Frühformen der Muschel, die die nächsten zehn Monate parasitisch im Kiemenbereich der Bachforelle leben und dort zu einen halben Millimeter großen Jungmuscheln heranwachsen. Das heißt: ohne Bachforelle keine Flussperlmuschel, egal wie gut die sonstigen Lebensbedingungen sind. Wenn die Temperatur und das Bachbett stimmig sind, lassen sich die Muscheln auf den Gewässergrund fallen und graben sich dort ein. Erst nach etwa sieben Jahren, wenn sie ausgewachsen sind und eine harte Schale ausgebildet haben, kommen sie an die Oberfläche des Gewässergrunds.

Vorsichtig löste Stephan Schmidt eines der Tiere aus dem Boden und zog es aus dem Wasser. Sofort schloss es seine Schale und spritzte dabei in kleinem Bogen das überschüssige Wasser heraus. Die dunklen, fast schwarzen Muscheln sind in Deutschland etwa acht bis elf Zentimeter groß, sehen nicht sehr spektakulär aus, wie eine große Teichmuschel. Als ich Cleo die Muschel zum Schnuppern hinhielt, schnappte sie gleich danach. Für sie roch das lecker fischig, und da Cleo ein Hund ist, der alles probieren mag und sogar Grapefruit frisst, war die Verlockung natürlich groß. Herr Schmidt riss entsetzt die Augen auf, doch zum Glück war ich schneller als Cleo. Behutsam setzte der Flussperlmuschelsucher das wertvolle Exemplar in den Bach zurück, wo es sich von ganz allein wieder in den Sand einbuddelte.

Gebirgsbäche, egal ob im Mittel- oder Hochgebirge, sind kleine, in sich geschlossene, höchst sensible Ökosysteme mit einer ebenso empfindlichen Fauna und Flora, die sich über Jahrhunderte entwickelt und auf ihre Umgebung abgestimmt haben, auf das Klima, den pH-Wert des Wassers, sei es nun, bedingt durch die Böden in der Umgebung, eisen- oder kalkhaltig, sauer oder basisch. Während ein Dorfteich oder ein großer Fluss einiges an Verschmutzung vertragen kann, stößt ein Gebirgsbach schnell an die Grenzen seiner Regenerationsfähigkeit. Das Düngen der umliegenden Wiesen, das unachtsame Verschütten einer Flasche Spülmittel oder Altöl kann bereits das Ende des Ökosystems bedeuten, denn Bachneunauge (ein Süßwasseraal), bestimmte Arten von Mühlkoppen oder der europäische Flusskrebs, um nur einige Beispiele zu nennen, brauchen sehr, sehr sauberes Wasser. Andere Tierarten sind da weniger wählerisch. Das Wasser stinkt, ist von Abwässern aus Häusern und Gehöften verseucht, und trotzdem findet man darin Blutegel, Bachflohkrebse oder verschiedene kleine Muscheln.

Entsprechend unterteilt man Flüsse in verschiedene Abschnitte. Am Oberlauf eines Fließgewässers ist die artenarme sogenannte Forellenregion mit starker Strömung und kaltem Wasser mit hohem Sauerstoffgehalt. Dann folgt die Äschenregion mit ebenfalls klarem, kühlen Wasser mit viel Sauerstoff, aber mit mehr Pflanzen. Wird der Fluss breiter und die Strömung schwächer, tummeln sich Barben, Brachsen und Döbel. Die Kaulbarsch-Flunder-Region schließlich findet man in den Unterläufen großer Ströme; sie zählt bereits zum Brackwasserbereich.

Das Phantom der Wälder

Auf der Wanderung lief Cleo meist frei bei Fuß, weil sie sehr gut folgt. Wenn sie eine Fährte entdeckte oder eine Witterung wahrnahm, merkte ich das an ihrem Verhalten und konnte entsprechend reagieren. »Halt! Lass zeigen!«, rief ich dann, ein Kommando, bei dem sie stehen blieb, oft einen Lauf ein bisschen anhob und ihre Nase in die Richtung streckte, in der sie etwas gerochen hatte. Meistens hatte sie dann die Spur eines Marders, eines Fuchses oder eines Wildschweins ausgemacht. Und erst wenn ich sagte: »Such voran!«, verfolgte sie die Fährte.

An einem Tag jedoch zischte Cleo ohne Vorwarnung los, und bevor ich noch den Mund aufbrachte, steckte Cleo ihre Schnauze bereits in einen großen Haufen toten Holzes. Mir war klar, dass sich darunter der Bau eines Raubtiers befinden musste. Ich sah Teile einer Fährte auf Felsplatten, konnte sie aber zunächst nicht genau deuten. Dafür fand ich daneben, im Matsch – es regnete ja seit Tagen – Katzenspuren. Von einer Wildkatze? Ich wollte es zunächst gar nicht glauben.

Die Europäische Wildkatze – einer der großen Beutegreifer Deutschlands, obwohl von der Größe her natürlich nicht mit dem Wolf und dem Luchs gleichzusetzen – ist nicht nur selten, sondern auch derart scheu und hat einen so extrem ausgeprägten Gehör- und Sehsinn, dass sie die Flucht ergreift, lange bevor man nur den Hauch einer Chance hat, sie wahrzunehmen. In der Eifel, einem der wenigen Gebiete, in denen es Wildkatzen gibt – der Nationalpark Eifel ist sogar ein Wildkatzenschutzgebiet –, habe ich in all den Jahren, die ich nun schon dort lebe, kaum je eine gesehen. Um mir in meinen ersten Jahren als Förster und Jäger dort einen zumindest annähernden Überblick über den Bestand der Wildkatze in meinem Revier zu verschaffen, konnte ich nur eines tun: Nachts mit dem Geländewagen durch die Bergtäler fahren, mit einem starken Suchscheinwerfer die Hänge und Felskanten ableuchten und hoffen, dass ich die Reflexion von Katzenaugen sah. Eine zugegebenermaßen recht unzuverlässige und fehleranfällige Methode. Fotofallen, eine andere Möglichkeit, standen mir damals nicht zur Verfügung.

Wenn also ein Wanderer oder Spaziergänger glaubt, auf einer Wiese oder einer Waldlichtung eine Wildkatze zu sehen, handelt es sich mit an Sicherheit grenzender Wahrscheinlichkeit um eine streunende oder verwilderte Hauskatze, die nur eine ähnliche Färbung hat: eine kontrastarme graubraune Tigerung und drei bis vier dunkle Kringel am schwarz und stumpf endenden Schwanz. Ein äußerlich erkennbares Unterscheidungsmerkmal ist – zumindest in der Theorie – der bei Wildkatzen buschigere Schwanz. In der Theorie deshalb, da bei kampfbereiten Hauskatzen durch das Aufstellen der Schwanzhaare der Schwanz optisch leicht drei- bis vierfach so dick wirken kann, wie er eigentlich ist. Die beiden anderen körperlichen

Unterschiede – ein kürzerer Darm und ein größeres Hirn-volumen – lassen sich nur am toten Tier feststellen. Die Hauskatze stammt im Übrigen nicht von der Europäischen Wildkatze ab, sondern von der Falb- beziehungsweise Afri-kanischen Wildkatze.

Verantwortlich für das seltene Vorkommen von Wildkat-zen – es besteht ganzjährige Schonzeit in Deutschland – ist wie in so vielen Fällen der Mensch. Noch 1931 hieß es in einem Jagdbuch: »Es wird keinen Jäger geben, der ... ru-hen und rasten würde, bevor es ihm gelungen ist, sein Revier und sein Wild von diesem unheilvollen Gaste be-freit zu haben.« Wildkatzen wurden bis in die 1950er-Jah-re als vermeintliche Schädlinge geschossen oder gerie-ten in für Pelztiere aufgestellte Schlagfallen. Ein anderer Grund ist der Verlust von Lebensraum. Die Wildkatze ist, wie etwa der Luchs, der Schwarzstorch oder der Baummar-der, ein klassischer Kulturflüchter, der sich in dem Ver-such, den Menschen zu meiden, in entlegene Regionen zurückzieht; im Unterschied zum Kulturfolger, der aus verschiedenen Gründen – viel Nahrung, kein Feinddruck, generalistische Lebensweise – die Nachbarschaft zum Menschen attraktiv findet und sogar sucht.

Menschenleere oder zumindest menschenarme Ge-biete sind in Deutschland allerdings höchst selten. Hinzu kommt ein weiterer entscheidender Faktor: In den 6oer-und 7oer-Jahren, als man nicht gerade zimperlich mit Her-biziden, Fungiziden, Insektiziden und Pestiziden umging, potenzierten sich diese Gifte in den Tieren, die am Ende einer Nahrungskette stehen. Da wurde zum Beispiel Gift in den Wald gespritzt, um einer Borkenkäferplage Herr zu werden. Daraufhin fielen die Borkenkäfer und außerdem alle Maikäfer, Hirschkäfer oder Junikäfer von den Bäu-men, Falter verendeten. Insektenfressende Vögel wie etwa

Spechte, die sich über dieses Festmahl hermachten, wurden irgendwann von kleinen Beutegreifern gefressen, und diese wiederum landeten in den Mägen von Fuchs, Dachs, Wildkatze, Marder, Falke, Habicht oder Uhu. Und von Glied zu Glied dieser Nahrungskette sammelte sich mehr Gift im Fettgewebe, in den Nieren, in der Leber an. Einigen Tieren, wie beispielsweise dem Fuchs und dem Dachs, konnten diese Gifte verhältnismäßig wenig anhaben, anderen hingegen setzten sie massiv zu. Sie legten Eier ohne Schalen oder sterile Eier, brachten verkrüppelte oder schwache Junge zur Welt. Dies in Verbindung mit der Verschmutzung der Gewässer brachte viele Tiere an den Rand des Aussterbens. Damals spielte sich in Deutschland ab, was heute in vielen Entwicklungs- und Schwellenländern wie etwa Indonesien oder China zu beobachten ist: In ihrem Bestreben nach Wohlstand betrieben die Menschen einen gnadenlosen und unüberlegten Umgang mit und einen brachialen Raubbau an der Natur. Das klassische Beispiel ist die Abholzung von Urwäldern, um Platz für Plantagen oder Wirtschaftswald zu schaffen. Ökonomisch betrachtet sehr einträglich, ökologisch gesehen eine Katastrophe.

Die größten Vorkommen von Wildkatzen in Deutschland gibt es in den Mittelgebirgen, etwa wie schon erwähnt in der Eifel, darüber hinaus im Hunsrück, dem Thüringer und Bayerischen Wald oder dem Hainich. Kleinere Bestände finden sich in Gegenden, in denen der Mensch durch Forst- und Landwirtschaft eigentlich recht präsent ist. Aus dem einfachen Grund, dass es da viele kleine Nagetiere gibt und die Hauptnahrung der Wildkatze Mäuse sind – nicht Rehkitze und Hirschkälber, wie man früher glaubte.

Hier aber, im tschechisch-deutschen Grenzgebiet, ist die Welt noch in Ordnung. Hier, wo sich Fuchs und Hase

Gute Nacht sagen, ist auch Platz für die Europäische Wildkatze.

Ich schaute mich genauer um. Überall kleine Fußabdrücke, geknickte Zweige, platt gedrücktes Gras. Der Bau war also »bespielt«. Tierbaue sind meistens so angelegt, dass der Ausgang – bei Bauen mit mehreren Ausgängen zumindest einer – im Sonnenbereich liegt. Ab Ende April, Anfang, Mitte Mai zieht es den Nachwuchs, ob nun Katze, Fuchs oder Wolf, hinaus, dann wollen die Kleinen nicht mehr nur im Dunklen sitzen, wo es feucht ist und kühl, sondern in der Sonne spielen und die nähere Umgebung erkunden. Na ja, feucht und kühl war es dieser Tage auch draußen, aber zumindest heller. In der Jägersprache heißt es dann, der Bau ist »bespielt«. Das Muttertier bringt ab diesem Zeitpunkt lebende Beutetiere, die sie vor dem Bau freilässt, damit die Kleinen sich in der Jagd üben können. Eine Phase, die für die Jungen extrem prägend ist.

Die Kätzin würde sich mit Sicherheit nicht zeigen und auch ihren Nachwuchs nicht ins Freie lassen, solange Cleo und ich in der Nähe waren. Aber, so hoffte ich, vielleicht war das Muttertier ja auf der Jagd. Dann bestünde die Chance, dass die Kätzchen aus dem Bau gekrochen kamen, weil Jungtiere immer ein bisschen unbedarft sind. Sie haben natürlich einen Instinkt, ein Feindverhalten, und verschwinden – *brrrp!* – im Bau, sobald sich ein Mensch oder Tier nähert. Wenn man sich dann ruhig verhält – ich habe das schon ein paar Mal bei Füchsen erlebt –, denken die Kleinen: Der ist jetzt weg, und nach einer Viertelstunde streckt das erste seine Nase heraus, dann das zweite und das dritte, und nach zwanzig Minuten tollt die ganze Bande wieder draußen herum.

Da Cleo ihre Witterung am Bau hinterlassen hatte, was für Wildkatzen höchste Alarmstufe bedeutet, mussten wir uns in gebührender Entfernung auf die Lauer legen. Ich fand einen etwas erhöhten Felsen knapp hundert Meter weit weg, von wo aus ich – zumindest mit dem Fernglas – einen guten Blick auf den Wildkatzenbau hatte. An diesem Tag war mir das Glück wirklich hold, denn nach einigen Minuten spitzte die Sonne durch die Wolken und lockte ein Kätzchen nach dem anderen ins Freie. Bald übten sich vier tapsige, tollpatschige Wollknäuel in spielerischen Kämpfen, kugelten durcheinander, jagten im Kreis ihrem eigenen Schwanz nach, versuchten an Zweigen ihre ersten Kletterversuche. Die ganz Mutigen entfernten sich bis zu drei Meter vom Bau, merkten dann plötzlich: Hoppla, wo bin ich? Ich bin ja ganz weit weg!, und rannten in Windeseile zurück. Es war ein Spaß, ihnen zuzuschauen, und ich genoss jede Minute.

Cleo lag während all der Zeit brav neben mir. Sie hat ein festes Wesen und einen ruhigen Charakter und ist ja auch ein wohlerzogener und gehorsamer Hund. Wenn ich zum Beispiel »Platz!« oder »Ablegen!« und danach »Bleib!« sage, dann bleibt sie an der Stelle. Selbst wenn ich weggehe. Weil sie weiß: Herrchen kommt wieder. Der holt mich immer. Manchmal ist er schon nach fünf Minuten wieder da, manchmal muss ich ein bisschen länger warten. Um das zu erreichen, ist es wichtig, einen Hund nie zu sich heranzupfeifen, wenn man ihm »Platz« oder einen ähnlichen Befehl gegeben hat, sondern ihn immer da abzuholen, wo man ihm das Ablegen befohlen hat. Wobei er natürlich in dem Moment, wo ein paar Meter vor ihm ein Fuchs vorbeiläuft, wie ein geölter Blitz hochschießt und hinterherjagt. Das ist ganz klar. Alles andere wäre meines Erachtens unnatürlich. Doch von der guten Erziehung mal abgesehen, liebt es Cleo auch, mit mir auf der Lauer zu liegen.

Als ich gerade überlegte, ob Cleo und ich weitermarschieren sollten, tauchte eine Wildkatze mit einer Schermaus, der zweitgrößten Wühlmausart in Europa, im Maul auf. Schermäuse sehen mit ihrem sehr dunklen Fell und den großen gelben Nagezähnen fast wie Maulwürfe aus und sind aufgrund ihrer Größe eine äußerst nahrhafte Beute für Katzen, Füchse oder Mäusebussarde. Und nun folgte, was viele Menschen so irritierend an Katzen finden: Nachdem die Kätzin die noch lebende Maus fallen gelassen hatte, schlugen die Kleinen mit ihren Tatzen nach der Beute, die ziemlich angeschlagen im Kreis herumlief, bissen auch ab und zu hinein, allerdings ohne sie gleich zu töten. Erst nach für die Maus quälend langen Minuten war das »Spiel« vorbei und machten sich die Kleinen ans Fressen.

Obwohl ich schon sehr viele unterschiedlichste Tierarten auf der ganzen Welt beobachtet habe, war dies für mich etwas Einzigartiges: eine Wildkatze, deren Anblick nur ganz wenigen Menschen vergönnt ist, samt ihrem Wurf vor einem romantischen Bau aus Fels und alten Wurzeln.

Dann kam unweigerlich der Moment, da uns die Katze wahrnahm, vielleicht durch ein Aufblitzen der Frontlinse vom Fernglas in der Sonne – und im nächsten Augenblick war die Bühne leer.

Das Grüne Band führte uns weiter über feuchte Magerwiesen, ein Eldorado für Naturfreunde. Sumpfvergissmeinnicht, Breitblättriges Knabenkraut, Schlangenknöterich und Lupinen blühten um die Wette und schufen ein farbenfrohes Gemälde. In den wenigen Sonnenstunden in der Luft das vielstimmige Summen und Zirpen von Insekten, die in den Wiesen einen reich gedeckten Tisch fanden und ihrerseits zahlreiche Vögel anlockten.

Cleo

Für Cleo war diese Wanderung ihre erste große Expedition, und wir, meine Familie und ich, hatten zu Anfang deswegen Bedenken gehabt. Natürlich ist Cleo gechipt, außerdem hatte man ihr in Frankreich eine große Nummer ins Ohr tätowiert. Trotzdem bekam sie extra für diese Wanderung zwei Halsbänder, in die unsere Telefonnummer eingraviert war. Meine größte Angst war nicht, sie auf einer Hatz oder Suche zu verlieren, denn Cleo hat ein unglaublich gutes Heimfindevermögen. Das heißt nicht, dass sie aus der Rhön bis nach Hause in die Eifel gelaufen wäre, aber wenn sie einen Fuchs oder ein Wildschwein jagt, findet sie immer zum Ausgangspunkt zurück. Meine größte Angst war, dass sie wie mein allererster Hund von einem Auto überfahren wird. Minka hetzte ein Wildschwein, und die beiden liefen genau in dem Moment über eine kleine Verbindungsstraße zwischen zwei Dörfern, als eines von insgesamt vielleicht zehn Autos pro Tag daherkam. Das Wildschwein schaffte es, aber Minka prallte gegen das Auto und war tot. Die zweitgrößte Angst war, dass Cleo einen Giftköder frisst. Gift erwischte sie zum Glück nicht, dafür so einiges andere, was sie eigentlich nicht fressen sollte.

In einer Pension gab es eine griechische Landschildkröte von der Größe eines kleinen Kuchentellers, die im Garten an einem Pflock angebunden war. Dazu hatte man ihr ein kleines Loch in die abstehende Platte ihres Panzers gebohrt und einen Schlüsselring mit Schnur durchgezogen. Hatte die Schildkröte im Umkreis des Pflocks das Gras abgefressen, wurde sie samt Pflock umgesetzt. Eine witzige und effektive Methode, sich das Mähen zu ersparen.

Cleo ist – wie soll man sagen – ein Freund der Tiere. Sie beobachtet zum Beispiel für ihr Leben gern Vögel. Eine ihrer Lieblingsbeschäftigungen auf der Wanderung war, über eine Blumenwiese zu springen und Vögel aufzuscheuchen. Es gibt Vögel, die vor Hunden überhaupt keinen Respekt haben, wie Kiebitze oder Lerchen, also Bodenbrüter, die einen Hund attackieren, wenn er über eine Wiese läuft. Cleo wusste sehr wohl, dass sie keine Chance hatte, so einen Vogel zu erwischen, aber es war für sie einfach ein schönes Spiel, diese Vögel zu jagen und nach ihnen zu schnappen, wobei der Vogel drei, vier Meter über ihr flatterte und einen Teufel tat, sich fangen zu lassen.

An manchen Tieren hat Cleo hingegen überhaupt kein Interesse, und ich war mir ziemlich sicher, dass Reptilien dazu zählen. Jedenfalls saß ich da eines Morgens in dieser sehr kleinen Pension und unterhielt mich mit den Wirtsleuten über den Osten, den Westen, das Zusammenwachsen, über Filinchen, Spreewaldgurken, Club-Cola, Nordhäuser Doppelkorn, f6 und andere Sachen, die es in der DDR nur unter dem Ladentisch gegeben hatte. Für die westdeutschen Leser: Filinchen ist ein Waffelbrot, f6 eine Zigarettenmarke. Cleo trieb sich unterdessen im Garten herum.

»Berta ist weg – hast du Berta gesehen?«, hieß es auf einmal.

Pflock, Schnur und Schlüsselring waren noch da, aber von Schildkröte Berta weit und breit keine Spur. Die Wirtsleute waren ziemlich ratlos, denn Berta konnte sich ja nicht einfach den Schlüsselring aus dem Panzer gerissen haben. Während sie sich auf die Suche nach dem Tier machten, trank ich noch eine Tasse Kaffee und studierte meine Wanderkarte. Irgendwann kam Cleo mit einem erstaunlich dicken Bauch angetrabt, wirkte ein bisschen aufgeregt und nervös. Berta weg, Cleo dicken Bauch, nee, das kann nicht sein, unmöglich. Sie muss irgendetwas anderes erwischt haben. Auch die Besitzer der Pension sahen keinen Zusammenhang. Cleo hatte am Abend davor mit der Schildkröte spielen wollen, doch die hatte sie angezischt und sich in ihren Panzer zurückgezogen. Cleo hatte sie daraufhin ein bisschen herumgekugelt, aber bald das Interesse verloren. Als mir das einfiel, bekam ich doch irgendwie Angst, dass Cleo mit der Schildkröte etwas angestellt haben könnte. Ist Cleo vielleicht zurückgekommen und hat die Schildkröte von ihrem Ring abgebissen, damit das Spielzeug, das so seltsam zischte und fremdartig roch, besser durch die Wiese zu kugeln war? Wäre ja keine schlechte Ablenkung, solange der Chef beim Frühstück sitzt. Hm, wäre eine Möglichkeit. Und vielleicht hat Cleo die Schildkröte anschließend irgendwo im Garten vergraben, so wie es Hunde gern mit Knochen machen, nachdem sie eine Weile daran herumgeknabbert haben. Ich suchte den ganzen Garten nach frisch umgegrabener Erde ab, fand aber nichts. Inzwischen war es für Cleo und mich höchste Zeit, aufzubrechen, und wir verabschiedeten uns von den Wirtsleuten, die mittlerweile ebenfalls einen Verdacht gegen Cleo hegten.

Cleo hatte den ganzen Tag über einen schwerfälligen Gang, wollte nicht herumtollen und nicht richtig fressen. Am nächsten Morgen, als Cleo ihren Haufen setzte, offenbarte sich Bertas Schicksal. Denn unter anderem fielen Cleo kleine Panzerplattenteile aus dem Hintern. Ich war fassungslos.

Cleo und ich entschuldigen uns hiermit in aller Form bei Bertas Familie.

Da Cleo bis zu dieser Wanderung praktisch ein Familienhund gewesen war, war ich zu Beginn sehr gespannt, wie wir miteinander klarkommen würden, wenn nun über Wochen nur wir beide zusammen wären. Für sie steht heute noch an erster Stelle mein älterer Sohn. Erik hat sich zwar nie besonders mit Cleo beschäftigt, aber aus irgendeinem Grund findet sie ihn einfach toll. Dann komme ganz schnell ich. Das wechselt dann auch hin und wieder. Mal bin ich ihr Favorit, sozusagen der Leitwolf, und mal ist es Erik. Als Dritte in der Reihe sieht Cleo, ein bisschen widerwillig, meine Frau Birgit, weil meistens Birgit sie füttert und mit ihr Gassi im Wald geht – aber halt nie auf Wildschweinjagd, das ist das Entscheidende. Dann folgt lange Zeit nichts und schließlich irgendwann unser jüngerer Sohn Thore. Er wird von Cleo sogar manchmal angeknurrt; sie merkt: Das ist ein Welpe, der steht wahrscheinlich rangmäßig unter mir – obwohl sie selbst noch sehr jung ist.

Es gibt nur einige wenige Tierarten auf der Welt, mit denen der Mensch eine sehr enge Beziehung eingehen kann. Dazu gehört das Pferd, auch wenn es sich als Fluchttier immer einen gewissen Vorbehalt dem Menschen gegenüber bewahrt. Dazu gehört mit Sicherheit die Katze, obwohl Katzen von ihrem Wesen her eigentlich Einzelgänger sind. Und dazu gehört der Hund, der in seiner ursprünglichen Form, dem Wolf, in einem Rudel mit Rangordnung lebt, sozial organisiert. In der domestizierten Form ist der Mensch sein Rudel, weshalb der Hund sich von allen Tieren am engsten dem Menschen anschließt und die größte Treue zeigt. Selbst wenn ein Hund geschlagen wird (was ich natürlich nicht tue), bleibt er bei einem. Das heißt allerdings nicht, dass ich solchen Kadavergehorsam gut finde, im Gegenteil, aber so ist der Hund nun mal. Der Hund sieht seinen Menschen als Leitwolf, lernt von ihm und macht im Prinzip das, was man ihm beibringt. So macht es der junge Wolf, und so macht es der junge Hund. Deshalb ist es oft so, dass Hunde, die lange mit einem Menschen zusammen sind, sich dessen Marotten und Eigenheiten anpassen. Zwischen Mensch und Hund kann eine derart innige Beziehung wachsen, dass es selbst einen tiererfahrenen und, was die Natur angeht, nüchtern denkenden Menschen wie mich immer wieder verblüfft und staunen lässt. Das muss man wissen, wenn man sich auf einen Hund einlässt. Der Hund ist zu einer solch engen Beziehung bereit, ist man selbst es auch?

Cita, mein vorheriger Hund, und ich hatten eine außerordentlich intensive Beziehung. Cita hat mich abgöttisch geliebt – die Familie spielte für sie nur eine Nebenrolle –, und ich habe sie geliebt. Doch obwohl sie völlig auf mich bezogen war, hatte Cita ein enormes Selbstbewusstsein und Stärke; jeder Hund hat ja, wie wir Menschen auch, einen Charakter und seine ganz eigene individuelle Art. Manchmal hat sie sogar wie ein Rüde im Stehen gepinkelt, also nur ein Bein gehoben, statt sich hinzuhocken, wie es sich für eine Hundedame gehört. Cita hat mich auf vielen Drehs begleitet und war über Monate in Alaska oft meine einzige Ansprechpartnerin. Wir konnten uns blind aufeinander verlassen, und wir vertrauten einander bedingungslos. Ich habe immer gesagt, dass Cita der Hund meines Lebens ist. Als sie dann starb, habe ich mehr geheult als beim Tod meiner Mutter. Noch Monate später habe ich so gelitten, dass ich nicht in der Lage war, mir einen neuen Hund anzuschaffen.

Cleo und ich hatten aufgrund dieser Vorgeschichte nicht gerade einen Start, den man als unbelastet bezeichnen könnte. Ob man will oder nicht, man legt Maßstäbe an.

Als ich schließlich bereit für einen neuen Hund war, war klar, dass es wie Cita wieder ein Hannoverscher Schweißhund sein sollte. Der Hannoversche Schweißhund, wie der Name schon sagt eine urdeutsche und außerdem eine der seltensten Hunderassen der Welt, wird eigentlich nur an Berufsjäger und Forstbeamte abgegeben, da er eine Leistungszucht ist und entsprechend gefordert werden muss. Die Rasse wird seit über 2000 (!) Jahren dazu gezüchtet, Fährten zu verfolgen und Tiere aufzuspüren. Früher wurde er auch bei der herrschaftlichen Jagd eingesetzt, heute ist seine Aufgabe in erster Linie, kranke, geschossene oder, was immer häufiger vorkommt, von Autos angefahrene Tiere zu finden oder zu stellen, damit der Berufsjäger sie von ihrem Leiden erlösen kann. Der Hannoversche Schweißhund hat keine bessere Nase als beispielsweise der Schäferhund, aber von allen Hunderassen die größte Konzentrationsfähigkeit. Er kann eine Fährte sogar über mehrere Tage hinweg verfolgen. Ich bin manchmal erstaunt, was Cleo so alles an Gerüchen aus der Luft filtert. Später, im Niedersächsischen Drömling, gab es ein ganz schräges Erlebnis. Doch dazu später.

Man züchtet in Deutschland mit etwa knapp sechzig Hannoverschen Schweißhunden, das heißt, genetische Defekte sind bei so wenig Zuchtmaterial, so nenne ich es jetzt mal, sehr wahrscheinlich. Bei uns Menschen gibt es das ja auch. Warum sehen sich viele Adlige so ähnlich? Warum haben viele Adlige aus denselben Häusern dieselben Erbkrankheiten, können nicht richtig sprechen oder lesen, sind manchmal nicht sehr helle. Aber um auf Hunde zurückzukommen: Je kleiner der Genpool, desto mehr Probleme. Man hat daher beim Verein Hirschmann, dem betreuenden Verein Deutschlands, versucht, ganz offiziell Fremdblut aus Tschechien einzukreuzen, als man nach

Öffnung der Grenzen dort Hannoversche Schweißhunde fand. Doch die hatten einen noch kleineren Genpool und waren nicht sehr wesensfest. Die einen wichen aus, klemmten die Rute ein, wenn man sie etwas harscher anging, die anderen hatten eine sehr niedrige Reizschwelle. Wieder andere interessierten sich nicht sonderlich für den Geruch eines Wildschweins – als Schweißhund! Als dann die ersten Welpen geboren wurden, deren einer Elternteil aus Tschechien kam, stellte man fest, dass sie sehr stark zu Epilepsie neigten.

»Es gäbe noch eine andere Möglichkeit«, hieß es dann auf einmal. »In den Pyrenäen gibt es einen Förster, der Hannoversche Schweißhunde züchtet. Die Großmutter kommt aus Deutschland, ist jetzt in der zweiten Generation Blutlinie Frankreich, der Vater des nächsten Wurfs ist Franzose, einer der ganz wenigen französischen Hannoverschen Schweißhunde. Wir wären sehr daran interessiert, dass Sie einen der Welpen bekämen, denn wenn er sich gut macht, könnten wir mit ihm unseren kleinen Genpool auffrischen. Setzen Sie sich mal mit dem französischen Verein für Schweißhunde in Verbindung.«

Gesagt, getan. Sechs Welpen waren bereits vorab vergeben, und als der Wurf dann kam, drei Hündinnen und vier Rüden, war also nur ein Welpe frei. Da diese Hunderasse so selten ist, hätte ich mir auch in Deutschland nicht einen Welpen aussuchen dürfen, etwa: »Ich hätte gern den Dicken da hinten.« Man muss froh sein, wenn man überhaupt einen bekommt.

Als die Welpen neun Wochen alt waren, packte ich den Unterlauf eines Hirschs für Cleo in den Wagen – wir hatten uns vorab einen Namen mit C für den Welpen aussuchen dürfen; üblicherweise ist es so, dass alle Welpen des ersten Wurfs einer Zuchtstätte einen Namen mit dem

Anfangsbuchstaben A bekommen, die des zweiten Wurfs mit dem Buchstaben B und so weiter –, und dann fuhren Birgit und ich los. Knapp 1400 Kilometer, davon etwa 1100 durch Frankreich. Obwohl wir im belgischen Grenzgebiet leben, ist keiner von uns beiden der französischen Sprache mächtig, und welcher Franzose spricht schon Deutsch oder Englisch? Selbst wenn er es kann. Wir versuchten die Strecke daher so schnell wie möglich hinter uns zu bringen, zumal gemächliches Verweilen oder Sightseeing schon wegen des frischen Hirschlaufs ausfielen.

Am nächsten Vormittag erreichten wir Cleos Heimatort, ein abgelegenes Dorf im hintersten Winkel von Südfrankreich mitten in den Pyrenäen. Gleich nach dem Jäger begrüßte uns Cleos Mutter, eine relativ große, muskulöse Hündin, sehr selbstbewusst, aber nicht aggressiv. Das hat mir schon mal sehr, sehr gut gefallen. Und dann kam auch gleich Cleo aus dem Haus gerannt und wollte wissen, was da los war. Als sie uns Fremde sah, bremste sie vor der Treppe, die in den Hof hinunter führte, ab und musterte uns neugierig.

»Mann, ist die süß!«, entfuhr es mir, ein Ausdruck, den ich sonst eigentlich nie verwende. Tierbabys sind ja fast alle irgendwie süß, Cleo aber haute mich fast um, so schön war sie – und ist es heute noch.

Langsam ging ich auf sie zu und legte ihr sozusagen zur Begrüßung den Hirschlauf auf die Treppe. Cleo ging hin, schnüffelte kurz daran, schaute dann zu mir hoch und knurrte, was hieß: »Das ist jetzt meiner!« Ich war völlig perplex.

»Das gibt es doch nicht! Die knurrt dich an, die Kleine! Das kann ja was geben«, meinte Birgit.

»Wieso?«, fragte ich. »Das zeigt nur, dass sie ganz schön selbstbewusst ist. Mir gefällt das.«

Zwar gab uns die Frau des Försters auf meine Bitte hin die Decke aus der Wurfkiste mit, damit Cleo wenigstens *einen* vertrauten Geruch in der Nase hatte, aber alles andere war natürlich völlig neu für sie. Plötzlich war sie bei fremden Leuten, die anders sprachen, anders rochen, sich anders bewegten und anders gestikulierten als die, die sie kannte. Und nach einer langen Zeit in einem großen Ding, das brummte, öffnete sich dessen Tür, und der kleine Hund stand in der kalten, rauen Eifel. Cleo kuschelte sich auf ihr kleines Stück Decke, in der noch der Duft mit all den Erinnerungen an Zuhause hing. Sie wollte nicht richtig fressen, nicht richtig trinken; sie vermisste ihre Mutter, die vertraute Umgebung, sehnte sich zurück in die warmen Pyrenäen. Cleo litt. Zum Glück ist der Hund ein domestiziertes Tier und schließt sich sehr schnell dem Menschen an, und da Cleo sehr jung war, verblassten die Erinnerungen an ihr früheres Leben im Lauf der nächsten Wochen.

Im ersten Jahr konnte ich mir nicht vorstellen, dass ich mit Cleo mal das erleben darf und kann, was ich mit Cita und auch deren Vorgängerin, Kim, erlebt habe. Cita und Kim waren ein bisschen draufgängerisch, manchmal sogar etwas überpassioniert in ihrer Jagdleidenschaft. Cleo ist eher die Vorsichtige, wägt mehr ab. Wenn es hart auf hart geht, bleibt sie lieber an meiner Seite. Wenn sie etwas jagt, also hetzt, kommt sie schneller zu mir zurück – was ich mittlerweile als sehr angenehm empfinde. Ich will keinen Hund mehr, der ein Wildschwein zehn Kilometer über Berg und Tal hetzt und erst nach vielen Stunden aufgibt, während ich mir die ganze Zeit Sorgen mache, ob etwas passiert ist.

Um den Bogen zu schließen: Am Ende der Wanderung waren Cleo und ich so stark zusammengewachsen, dass wir uns blind verstanden; wir brauchten uns nur anzusehen, um zu wissen, was der andere gerade spürte oder dachte. Und Cleo hat auf der Wanderung unheimlich viel gelernt, ist, auch wenn das bei einem Hund vielleicht komisch klingen mag, reifer geworden. Kurz nach der Wanderung musste sie im Rahmen der jährlichen Jahreshauptversammlung des Vereins Hirschmann ihre erste sehr schwierige Prüfung, die sogenannte Vorprüfung für junge Schweißhunde, ablegen. Der »Richter Obmann«, oder Rüdemeister, war ein eher kritischer, knorriger, sehr direkter Mann. Er hatte zunächst Vorbehalte gegen Cleo und mich – wahrscheinlich hauptsächlich gegen mich, wegen meiner langen Haare, der ausgebeulten Hose und vor allem, weil ich nicht mehr als Förster und Berufsjäger im Revierdienst tätig war. Es gab ja auch welche, die sagten, dass ich deswegen gar kein Anrecht mehr auf einen Hannoverschen Schweißhund hätte.

Cleo erzielte in der zwei Tage dauernden Prüfung bei der Formwertprüfung – quasi dem Schönheitswettbewerb, bei dem der Allgemeinzustand der Gesundheit, die Zähne, das Fell, die rassetypischen Merkmale und so weiter geprüft werden – ein »Sehr gut« und schnitt, noch wichtiger, bei der Jagdprüfung ebenfalls mit einer Eins ab, als Beste von allen sechs jungen Hunden! Bei der Jagdprüfung muss der Hund eine 1000 Meter lange kalte, gesunde Fährte »arbeiten« – und ein Kilometer im Wald kann sehr lang sein. »Kalt, gesund« bedeutet, dass die Fährte so alt sein muss, dass von den Hufabdrücken des gefährteten Tieres keine warme Witterung mehr ausgeht (wozu vier Stunden vor der Prüfung ein zahmes Wildschwein durch den Wald geführt wird). Hinter dem Hundeführer und seinem Hund marschieren die gesamte Prüferkorona und meist noch etliche Zuschauer, ein sehr seltsamer Aufzug. Nach einem Kilometer im Wald, wenn der Hund die Fährte gut gearbeitet hat, sagt der Prüfer: »So, prima! Tragen Sie Ihren Hund ab!« Dann lobt man seinen Hund leise, nimmt ihn auf den Arm und trägt ihn weg – daher der Ausdruck »abtragen«. Bei Cleo mit ihren 26 Kilogramm kein Problem, doch manche andere Hundeführer haben Rüden mit fast fünfzig Kilogramm. Schönen Gruß an die Bandscheibe! Ich sagte also zu Cleo: »So, recht, mein Hund. Hast du gut gemacht!«, und trug sie ab. Und sie hat es wirklich toll gemacht, trotz erschwerter Bedingungen, denn nachdem in den frühen Morgenstunden das zahme Wildschwein seine Fährte im Wald gelegt hatte, waren eine Wildschweinrotte und Rothirsche über die Fährte gezogen und hatten ebenfalls ihre Witterung hinterlassen. Aber Cleo hat an diesen anderen Duftspuren nur ein bisschen herumgeschnüffelt und ansonsten die vorgegebene Fährte ganz zielstrebig gearbeitet.

Abends fanden sich die etwa siebenhundert Mitglieder – es gibt fast doppelt so viele Mitglieder wie Hannoversche Schweißhunde in Deutschland – in einer riesigen Halle ein. Bei der Preisverleihung sagte der Rüdemeister in der Urteilsbegründung, dass ihm insbesondere aufgefallen war und er besonders hervorheben wollte, dass der Führer, also sprich ich, und Cleo ein unglaublich gutes Team sind, dass die Zusammenarbeit zwischen Führer und Hund hervorragend ist und dass wir uns ohne Worte verstehen. Da war ich sehr, sehr stolz! Und später, bei einem Bier, meinte der Zuchtwart: »Also so ein Hund, der so toll arbeitet, einen solchen Fährtenwillen hat, so bildhübsch aussieht, so wesensfest ist« – Letzteres zählt bei der Bewertung ebenfalls –, »der sollte mindestens zwei Würfe in seinem Leben machen.«

Mödlareuth

Cleo ist also bildhübsch. Jeder, der sie sieht, schmilzt dahin, und so hat sie uns auf der Wanderung Türen, Tore, Höfe und Herzen geöffnet. Einmal allerdings, in Mödlareuth, hat Cleo uns ein Tor verschlossen. Als wir dort ankamen, ging Cleo frei bei Fuß, und ich war mit Fotografieren beschäftigt, weil ich viel von dem Dorf gehört und darüber gelesen hatte und es mich sehr interessierte. Urplötzlich zischte Cleo los, und da erst bemerkte ich die Katze. Cleo hat, das muss man wissen, ein Faible für Katzen – wobei ihre Lieblingstiere ganz klar Wildschweine sind. Das Tier rettete sich auf einen alten Obstbaum und fauchte von sicherer Warte aus Cleo an. Etwas verwundert, weil Cleo normalerweise Katzen nicht jagt, pfiff ich sie ab, und sie folgte sofort. Die Katze dachte, die Gefahr sei vorüber, und kletterte nach unten. Ein Fehler, denn ob durch Zufall oder weil sie etwas gehört hatte, drehte Cleo sich um, sah die Katze am Boden, sagte sich, na, das geht ja gar nicht, und hetzte wieder los. Diesmal suchte die Katze ihr Heil in einem Kuhstall – und Cleo hinterdrein. In dem Kuhstall wurde gerade gemolken, und die beiden Tiere verursachten ein Riesentheater. Ich hörte es klappern, scheppern und klirren, dann jemanden fluchen: »Du verdammter Köter, wo kommst du denn her?« Als Nächstes sah ich die Katze auf der anderen Seite des Kuhstalls herausflitzen mit Cleo dicht auf den Fersen. Ich verlor die beiden aus den Augen, dann vernahm ich Cleos »Jiff, jiff, jiff«: Die Katze hatte ein Schlupfloch gefunden und sich versteckt.

Ich hörte den Hund kurz Standlaut geben, dann wieder Hetzlaut. Cleo hat drei verschiedene Laute. Der eine ist ein ganz tiefes »Hau, hau, hau« und bedeutet: »Ich hab ihn.

Komm schnell her!« Der andere ist »Jiff, jiff, jiff«, ein sehr heller Ton, das heißt: »Ich bin noch am Jagen, aber ich bin ihm ziemlich dicht auf den Fersen.« Und wenn sie eine sehr frische Fährte aufnimmt, gibt sie manchmal einen sehr hohen Bellton von sich, der sagt: »Ich kann das Wildschwein nicht sehen, aber es ist direkt vor mir. Die Fährte ist noch warm, vor zwei bis drei Minuten ist es hier vor mir lang.« – Diese Sprache muss man verstehen. Das ist halt Cleo.

Die Katze blieb verschwunden, Cleo kam zu mir zurück, und wir gingen in den Kuhstall, der dummerweise zu dem Hof gehörte, auf dem ich Quartier nehmen wollte. Schließlich stand auf einem Schild groß »Zimmervermietung«. Die Bäuerin war durch Cleos Aktion richtig verärgert, obwohl eigentlich nichts passiert war, außer dass sie einen Riesenschreck gekriegt hat und ihre Kühe an diesem Tag vielleicht einen Liter weniger Milch gaben. Doch durch den Streit um die Milchpreise, der zu der Zeit gerade in der EU tobte, lagen die Nerven der Milchbauern ziemlich blank. Jedenfalls weigerte sie sich, uns ein Zimmer zu vermieten. Das war unsere Ankunft in Mödlareuth.

Mödlareuth ist ein kleiner Ort an der bayerisch-thüringischen Grenze mit einer Besonderheit: Nicht nur die Staatsgrenze zwischen Bayern und Thüringen verläuft mitten durch den Ort, so tat es auch die ehemalige innerdeutsche Grenze! Kann man sich solchen Unsinn vorstellen? Jedenfalls nannte man Mödlareuth deshalb auch »Little Berlin«.

Die Ursache für diesen absurden Grenzverlauf liegt gut vierhundert Jahre zurück. Im 16. Jahrhundert wurde der Tannbach, der durch den Ort fließt, als Grenze zwischen der Markgrafschaft Bayreuth und der Grafschaft Reuß-Schleiz festgelegt. 1810 dann wurden Grenzsteine gesetzt mit den Initialen KB für Königreich Bayern auf der west-

40

lichen und FR für Fürstentum Reuß auf der östlichen Seite, die noch heute die Zugehörigkeit Mödlareuths zu verschiedenen Landesherren dokumentieren. Nach dem Ersten Weltkrieg ging der Westteil Mödlareuths in den neu gegründeten Freistaat Bayern, der Ostteil in das Land Thüringen über. Der Tannbach war jedoch reine Verwaltungsgrenze und beeinträchtigte das Alltagsleben kaum. Man besuchte dasselbe Wirtshaus und dieselbe Schule, und zur Kirche ging man gemeinsam ins bayerische Töpen.

Nach Ende des Zweiten Weltkriegs verliefen die Demarkationslinien der vier Besatzungszonen gemäß der »Londoner Protokolle« der Alliierten von 1944 weitgehend entlang der alten Landesgrenzen des Deutschen Reiches von 1937. Das hatte für Mödlareuth schwerwiegende Auswirkungen, denn nun teilte der Tannbach den Ort in Mödlareuth-Ost in der sowjetischen und in Mödlareuth-West in der amerikanischen Besatzungszone. Fast fünfzig Jahre lang gehörte ein und derselbe Ort nun verschiedenen politischen, militärischen und wirtschaftlichen Systemen an. Zunächst konnte man noch mit einem Passierschein über die innerörtliche Grenze, doch dann wurde 1952 auf DDR-Seite ein übermannshoher Bretterzaun errichtet – der 1958 durch Stacheldraht, den sogenannten Metallstreckzaun, ersetzt wurde; die Mauer, die, wie etwa in Berlin, den Stacheldraht ersetzte, kam erst 1966 –, und da es keinen Checkpoint gab, waren die Ortsteile nun völlig voneinander abgeschnitten. Ganze Familien wurden zerrissen; plötzlich konnte man den Bruder, die Eltern oder die Verlobte nicht mehr besuchen, sich nicht mehr mit Freunden auf ein Glas Bier treffen. Selbst sich über die Grenze hinweg zu grüßen war verboten.

Heute wirkt Mödlareuth wie ein Freilichtmuseum, als wäre die Zeit hier stehen geblieben: Teile der Mauer stehen noch, der Metallstreckzaun, die Wachtürme, die Hundelaufanlagen, wo Schäferhunde an Laufleinen Tag und Nacht Wache hielten, die Bunkeranlagen. Schilder mit Aufschriften wie »Grenzgebiet Sperrzone! Betreten und befahren nur mit Sondergenehmigung gestattet!«. Und obwohl »Little Berlin« ziemlich viele Touristen anzieht, ist es eigentlich ein recht verschlafener Ort.

Auf meiner weiteren Wanderung stieß ich – vom Kolonnenweg mal abgesehen – vergleichsweise selten auf Relikte der Grenze und wenn, dann waren sie oft »zweckentfremdet«: zu einem Restaurant oder einer Ferienwohnung umgebaut. Ich habe die Menschen oft gefragt, warum das so ist. Dann bekam ich Antworten wie: »Wir sind heilfroh, dass dieser Mist abgebaut ist. Vierzig Jahre haben wir auf diese blöde Mauer und diese Metallstreckzäune geschaut. Das reicht!« Erstaunt hat mich dabei immer, dass die Leute zwar negativ über die Grenze redeten, aber nur selten verbittert waren.

Bevor ich mich in Mödlareuth auf den nächsten Bauernhof wagte, um dort um ein Glas Milch zu bitten, nahm ich Cleo lieber an die Leine – völlig unnötig, denn weder eine Katze noch ein anderes jagdbares Tier lief uns über den Weg. Während Bäuerin Karin – eine typische Milchbäuerin, nur ohne Gummistiefel, ein bisschen rustikal und sehr freundlich – für mich ein Glas und für Cleo eine Schale mit Milch füllte, erzählte sie stolz, dass ihr Hof schon mehrmals von einer Molkerei ausgezeichnet worden ist, weil ihre Kühe die meiste Milch gaben. Dann unterhielten wir uns über Mödlareuths Geschichte, seine bizarre Grenzziehung und wie schwer es nach der Wende war, an das einstmals enteignete Land zu kommen. Ihr Sohn hat es geschafft und in Thüringen einen Betrieb zurückerworben, der der Familie nach dem Mauerbau genommen worden war. Karins Mann mochte nicht viel zu dem Gespräch beitragen, er war, wie viele im Ort, ziemlich genervt von all den Journalisten und Kamerateams, die zum 20. Jubiläum des Mauerfalls scharenweise in Mödlareuth einfielen. Nicht einmal als ich erzählte, dass ich in der Eifel selbst eine Landwirtschaft habe, brach das Eis. Normalerweise werden die Menschen in ländlichen Gegenden, die in der Regel viel verschlossener sind als Städter, recht zugänglich, wenn sie hören, dass ich einen Hof habe oder dass ich Jäger und Förster bin. Hoppla, denken sie dann wohl, das ist einer von uns, der kennt unser Leben, versteht unsere Probleme.

In diesem Fall half es jedenfalls nichts – zumindest bei dem Bauern; der blieb einsilbig. Dafür schimpfte Karin nun lautstark über die niedrigen Milchpreise. Die Milchpreise haben sich in der Tat halbiert, dafür ist aber die Milchleistung der Kühe in den letzten zwanzig Jahren im Durchschnitt um etwa 50 Prozent gestiegen. Das wiederum führt zu einer Überproduktion, die auf die Preise drückt. Das ist das wirkliche Problem der Bauern. Darüber wollen sie reden, und nicht über Natur, das Grüne Band oder das Zusammenwachsen von Ost und West. Da heißt es höchstens: »Was für ein Zusammenwachsen? Es gab hier nie ein Auseinanderleben.« Natürlich haben sie sich gefreut, als die Mauer fiel und das Dorf wieder vereint war. Ein bisschen ärgern sie sich zwar darüber, dass Reste der Grenzbefestigung noch stehen, sind aber irgendwie auch stolz darauf, das »Kleine Berlin« zu sein.

Für mich persönlich war der Aufenthalt in Mödlareuth recht bedrückend, weil ich ständig versuchte mir vorzustellen, wie es wäre, wenn plötzlich eine Mauer direkt durch mein Dorf in der Eifel gezogen würde und Erik und Thore nicht mehr einfach zu ihren Großeltern oder ihren

Freunden rüberlaufen könnten. Für Birgit, die einen sehr engen Kontakt zu ihrer Familie hat, wäre es wohl noch schlimmer.

Die innerdeutsche Grenze

Bei einigen Fakten über die innerdeutsche Grenze denkt man unweigerlich: Das kann nicht sein! Ein Kilometer Grenze soll eine Million DDR-Mark gekostet haben. Tagtäglich versahen auf DDR-Seite 30 000 Soldaten Dienst an der Grenze; daneben gab es 3000 »freiwillige Helfer der Grenztruppen«. Die Zentrale Erfassungsstelle Salzgitter zählte insgesamt 872 Todesopfer an der Grenze.

Es gab immer wieder Tüftler, die versuchten, ein System zu entwickeln, um die spezielle Art von Zaun, wie er an der innerdeutschen Grenze verwendet worden war, den Metallstreckzaun, zu überwinden. Jeder Versuch, sich den Zaun mit bloßen Händen – oder selbst mit festen Handschuhen – und Füßen hochzuarbeiten, ist zum Scheitern verurteilt, weil man sich innerhalb kürzester Zeit die Hände blutig reißt. Man hat nur eine Chance, wenn man Steigeisen an Füßen und Händen befestigt; dann besteht jedoch die Gefahr, dass man sich in den Maschen hoffnungslos verhakt. Als alter Bergsteiger und Bäumekletterer weiß ich, wovon ich rede. Über die Herkunft des Metallstreckzauns gab es ganz skurrile Geschichten. Es wurde gemunkelt, dass er im Westen gefertigt worden wäre, weil die DDR gar nicht genug Stahl gehabt hätte. Andere Zungen behaupteten, der Zaun konnte nur aus Schweden stammen, denn nur Schweden hätte so guten Stahl.

Vor dem Metallstreckzaun waren aber erst noch etliche andere Hindernisse zu überwinden. Das begann – von

DDR-Seite aus gesehen – mit einem bis zu fünf Kilometer tiefen Sperrgebiet, einem ersten Kontrollstreifen und einem Grenzsignalzaun. Danach kamen ein etwa fünfhundert Meter breiter Schutzstreifen, Lichtsperren, der Kolonnenweg für schnelle Truppenbewegungen, ein weiterer Kontrollstreifen, Kfz-Sperrgräben, die selbst mit einem Panzer nicht zu überwinden gewesen wären, und schließlich die Minen sowie die Selbstschussanlagen am Metallstreckzaun. Bei alledem galt es, ungesehen an Bunkern und Türmen vorbeizukommen.

Selbstschussanlagen waren Splitterminen des Typs SM-70; es gab ja für alles und jedes diese seltsamen Militärabkürzungen. Die SM-70 wurden durch einen Draht ausgelöst, der eine Sprengladung aktivierte, die um die hundert scharfkantige Geschosssplitter ausstieß. Das bedeutete: Wenn man Sperrgebiet, Sperrgraben, Kontrollstreifen und so weiter überwunden und kein Schäferhund oder Riesenschnauzer einen in Stücke gerissen hatte, hat man vielleicht am allerletzten Hindernis, dem Metallstreckzaun, einen unscheinbaren Draht berührt und die Selbstschussanlage ausgelöst. Ihre Reichweite war auf 120 Meter ausgelegt, in direkter Nähe war die Wirkung tödlich.

Um die Behauptung zu widerlegen, es gäbe an der innerdeutschen Grenze keine Selbstschussanlagen, überwand Michael Gartenschläger 1976 zwei Mal den Metallstreckzaun und montierte je eine SM-70 ab, die er mithilfe des *Spiegel* der Öffentlichkeit präsentierte. Michael Gartenschlägers Leben war vom Kampf gegen das DDR-Regime geprägt. Im Alter von 17 war er wegen »staatsgefährdender Propaganda und Hetze sowie der Diversion« zu lebenslangem Zuchthaus verurteilt worden. 1971, nach fast zehn Jahren Haft und gesundheitlich stark angeschlagen, wurde er von der BRD freigekauft. In den folgenden Jahren wirkte er bei Fluchthilfen für 31 Menschen mit. Sechs Personen schleuste er persönlich durch den Eisernen Vorhang, wobei er jedes Mal sein Leben, zumindest aber seine Freiheit riskierte. Bei einer dieser Fluchten wurde er in Jugoslawien aufgegriffen, allerdings nach mehreren Wochen Haft in den Westen abgeschoben. Als er im Mai 1976 zu Beweiszwecken eine dritte Splittermine an der innerdeutschen Grenze auslösen wollte, wurde er ohne Vorwarnung von einer Spezialeinheit erschossen. Ein IM der Stasi hatte ihn verraten. Michael Gartenschläger wurde nur 32 Jahre alt.

Als ich in Niedersachsen »Dienst tat« und Berufsjäger lernte, war die östliche Grenze des Reviers gleichzeitig Zonengrenze. Viele Bundesbürger dachten, sie könnten zum Pilzesammeln bis an den Metallstreckzaun herangehen, weil sie nicht wussten, dass das bundesdeutsche Gebiet bereits 25 Meter davor an den Grenzpfählen endete. Und manche hörten dann plötzlich neben sich eine Stimme: »Hände hoch! DDR-Grenzaufklärer. Sie sind verhaftet.« Sie wurden dann abgeführt – ganz legal, denn es lag ja eine Grenzverletzung vor –, bekamen ein Verfahren wegen illegalen Grenzübertritts an den Hals und mussten oft für relativ viel Geld von ihren Verwandten ausgelöst werden. Diese Grenzaufklärer, besonders linientreue Genossen, durften allein auf Streife gehen und, das ist hier der entscheidende Punkt, die Durchlässe im Metallstreckzaun benutzen.

Es gibt verbürgte Fälle, dass »Republikflüchtige«, denen es wie durch ein Wunder gelungen war, sämtliche Sperren zu überwinden, und die dann, durch eine Mine oder eine Selbstschussanlage schwer verletzt, jenseits des Metallstreckzauns zusammengebrochen waren, von Grenzaufklärern durch einen der Durchlässe zurückgezogen wurden. Andere sind auf den letzten 25 Metern in die Freiheit elendig verblutet, weil auf westdeutscher Seite keiner die Flucht mitbekommen hatte oder wenn doch, sich nicht getraute, den Verletzten die letzten Meter in Sicherheit zu bringen. Da haben sich wahre Tragödien abgespielt, die für die junge Generation heute unvorstellbar sind.

Aus Sicht der DDR war der Mauerbau ein Muss. Von der Gründung der DDR im Jahr 1949 bis zum 9. November 1989 verließen von den durchschnittlich 17 Millionen DDR-Bürgern insgesamt etwa drei Millionen das Land – davon knapp 2,7 Millionen bis zum Bau der Mauer. Diese Massenflucht verursachte in den Augen der DDR-Regierung einen enormen ideologischen Schaden, da die ausreisenden Bürger die angebliche Überlegenheit des »real existierenden Sozialismus« leugneten; sie schadete dem außenpolitischen Ansehen und – vor allem durch den Verlust von Ingenieuren, Lehrern, Wissenschaftlern oder Forschern – nicht zuletzt der Wirtschaft. Das Land blutete langsam aus. Im Prinzip passierte in den ersten Jahren der DDR dasselbe wie nach dem Fall der Mauer, als die Ostdeutschen in Massen in den Westen strömten, wo die Gehälter höher, das Leben besser und einfacher war. Wie wir wissen, wären die neuen Bundesländer heute noch allein nicht lebensfähig. Rein rechnerisch gesehen sind sie ein Massengrab für Steuergelder.

Exkurs: Meine Kindheit in der DDR und die Flucht

Die DDR war und ist für viele Bürger der alten Bundesländer ein völlig undurchschaubares und vor allem unver-
ständliches Lebens- und Staatssystem. Sie war verbunden
mit Mangelwirtschaft, Diktatur, Bedrohung, Stasi ...

Ich habe beide Seiten kennengelernt. Ich bin durch
meine Kindheit und Jugend in Gotha und Jena »gelernter
DDR-Bürger«, wie ich mich immer bezeichne, war aber, als
ich in die BRD kam, noch jung genug, um Wessi zu werden. Ich finde das Leben in der DDR, jetzt und im Rück-
blick, eigentlich gut. Man macht ja immer den Fehler zu romantisieren, wenn man älter wird. Das Schlechte verdrängt
man, das Gute, die positiven Erlebnisse und Erfahrungen
behält man im Gedächtnis. Das gilt selbst für die Generation des Zweiten Weltkriegs. Trotz Vertreibung, Vergewal-
tigung, Tod, Flucht und Bombardements erzählen viele ältere Menschen positiv von ihrer Kindheit. »Ach damals im
Egerland, in Schlesien ...« Ich höre meine Großmutter immer noch die Geschichten erzählen. Hier in der Eifel sagen
die Leute: »Ach, war das gut, als die Autobahn* kam.« Oder:
»... als hier die Raketenstellung** gebaut wurde, da hatten
alle Arbeit.« Man möchte dann sagen: »Ey, hallo, das Nach-
bardorf ist eingeäschert worden, diese VI sind doch beim
Start ständig runtergefallen.« Im Nachbarort Tondorf gab

---

*   Bau der Reichsautobahn im Dritten Reich
**   Abschussrampen für die »Wunderwaffe« VI

es einen Spruch: »Leute, nehmt die Köpfe weg, es kommt V1, der Eifelschreck.« Viele Raketen waren ja von den KZ-Häftlingen, die sie bauen mussten, sabotiert worden und haben, glaube ich, unter der deutschen Zivilbevölkerung mehr Schaden angerichtet als beim Feind.

Die frühe DDR war für mich kein schlechtes Land, wir waren glücklich als Kinder – das muss man ganz klar sagen. Als ich in der zweiten Klasse Jungpionier wurde und ein weißes Hemd sowie das charakteristische blaue Halstuch bekam, das nur zu besonderen Anlässen getragen wurde, platzte ich fast vor Stolz. Desgleichen, als mir Pjotr, ein russischer Schulfreund – es gab ja überall russische Kasernen und in Gotha unter anderem eine große Panzergarnison –, sein rotes Halstuch schenkte. Natürlich haben wir Kinder Panzerfahrer und Ähnliches gespielt, aber waren wir deswegen kleine Militaristen? Schließlich spielen ja auch westdeutsche Kinder mit Panzern, Gewehren oder mit irgendwelchen Waffen aus Science-Fiction-Filmen.

Dazu kam noch eine andere Sache. Mein Vater hatte sich sehr zeitig von uns getrennt, ich war damals sieben Jahre alt. Als er weg war, hat meine Mutter ihre Attraktivität und ihren »Marktwert« bei Männern entdeckt, und das lebte sie aus. Montags und dienstags kam Onkel Horst; mittwochs Onkel Peter, direkt aus der SED-Kreisverwaltung, daher immer in Anzug mit Parteiabzeichen am Revers. Am Freitag besuchte uns manchmal Onkel Heinz und am Wochenende Onkel Tommi. Onkel Tommi hatte immer Zeit, denn er war Baustudent und hatte keine andere Freundin oder Frau, während die anderen alle verheiratet waren.

Dieser rege Besucherandrang endete fast schlagartig, als Wolodja, ein Offizier der Roten Armee, in das Leben meiner Mutter trat. Wolodja sah umwerfend gut aus, ein junger, hochgewachsener, durchtrainierter, schwarzhaariger Ukrainer vom Schwarzen Meer, aus der Umgebung von Odessa. Ein Bild von einem Südländer, genau das, worauf viele Frauen stehen. Wolodja kam immer mit dem Rennrad, lachte erst einmal, gab mir ein Bonbon oder ein Stück Schokolade und verschwand dann mit meiner Mutter im Schlafzimmer.

Meine Mutter war bis über beide Ohren verliebt und schmiedete bald Pläne, mit Wolodja nach Russland zu ziehen. Sie kaufte sich ein Russischbuch und begann Russisch zu lernen, und ich erzählte meinen Kumpels, dass wir ans Schwarze Meer ziehen würden. Viele reagierten erschrocken. »Deine Mutter hat was mit 'nem Russen?« Viele ältere Deutsche hatten noch aus der Zeit des Krieges Aversionen gegen die Russen, was sich auch auf ihre Kinder übertrug. Meine Großmutter war geradezu entsetzt. Sie sagte auch nie »Russe«, sondern immer »der Iwan«. »Wenn der Iwan kam, sind wir in unsere Häuser geflüchtet und haben die Türen verschlossen.« Oder: »Wenn der Iwan besoffen war, war es besonders schlimm.«

Schon als kleines Kind mochte ich große Maschinen: Bagger, Feuerwehrautos ... In der Straße meiner Großmutter, die nicht aus billigem Teer, sondern aus Granitsteinen bestand und Heerstraße hieß, kamen manchmal Hunderte von Panzern vorbei, die von der Gothaer Kaserne zum Bahnhof fuhren, wo sie auf große Güterwagen verladen und zum Truppenübungsplatz gebracht wurden. Die Nachbarin rief dann: »Andi, de Banzer kommn!« Dann rannten wir, als Sieben-, Achtjährige, mit unseren kleinen, selbst gebauten Holzgewehren wie vom Blitz geölt auf die Straße. Der ganze Boden vibrierte, wenn der T54, der russische Kampfpanzer, an uns vorbeirollte, alles wackelte, sogar die Häuser. Einmal hielt einer der Panzer an, die Luke öffnete sich, und Wolodja streckte seinen Kopf heraus. »Andrej, idi sjuda!« – »Andreas, komm her!« –, rief er und winkte mich zu sich. Ich als kleiner Pimpf durfte nun vor allen meinen Freunden in diesen riesigen Panzer hinein und mitfahren! Was das bedeutete, kann wohl nur ein kleiner Junge richtig nachvollziehen.

Überhaupt war Wolodja sehr nett zu mir, und ich mochte ihn richtig gern. Natürlich hat mich das alles etwas geprägt, und ich habe in den Russen nie den Feind gesehen. Leider hielt diese unbeschwerte Zeit nicht lange an, denn Wolodja war zu schön, um nur eine Freundin zu haben, und so kam es unweigerlich zum Bruch zwischen ihm und meiner Mutter.

Apropos Prägung: Mit elf wurde ich Thälmannpionier und mit 13 schließlich FDJler (FDJ stand für Freie Deutsche Jugend), ganz feierlich mit Vereidigung. Das mag sich für den einen oder anderen nach nationalsozialistischen Strukturen und Hitlerjugend anhören, und da hat es sicherlich gewisse Parallelen gegeben. Es war eine Möglichkeit, junge Menschen zu binden und zu begeistern, natürlich auch zu kanalisieren und zu manipulieren. Als junger Mensch ist man ja für vieles empfänglich. Ich erinnere mich noch sehr gut an meine Vereidigung, die fand nämlich, was viele verwundern wird, im KZ Buchenwald statt. Unserem Klassenlehrer, Friedrich Metze, der mit uns nach Buchenwald fuhr, standen an dem Platz, an dem der Arbeiterführer Ernst Thälmann erschossen worden war, Tränen in den Augen. Er war ein »gläubiger Kommunist«. Und weil Friedrich Metze in seiner Art sehr ehrlich und aufrichtig und einfach ein guter Kerl war, haben wir in gewisser Weise seine politische Überzeugung angenommen. Bei mir kam noch dazu, dass er extrem naturbegeistert war und mein Interesse an der Natur gefördert hat.

Aus all solchen Dingen erwuchs der gelernte DDR-Bürger oder – wie es hieß – der »sozialistische Mensch«. Das muss man wissen, wenn man aus der BRD kommt, wo man mit Augsburger Puppenkiste, »Sesamstraße« und »Beatclub« groß geworden ist, in denen es um ganz andere Dinge ging.

Wir wussten natürlich von der anderen Welt, die es da drüben im Westen gab, der Welt, in der Milch und Honig flossen, wo es Schallplatten von den Rolling Stones, den Beatles und Deep Purple gab. Wir bekamen ja auch Besuch aus dem Westen. Der roch anders – nach Persil oder Weißer Riese statt Milwa oder Fewa –, sprach anders, trug schicke Sachen, besaß später sogar ein Auto, das offenbar vor jeder Fahrt in den Osten auf Hochglanz poliert wurde. Damals durchschauten wir nicht, dass sich die Besucher immer besonders aufbrezelten und einen auf West-Macker machten, und freuten uns über die Geschenke, die sie mitbrachten: Dinge, die man in der DDR nur auf dem Schwarzmarkt kriegen konnte, zum Beispiel eine Levis- oder Wrangler-Jeans. Dort kosteten sie allerdings 600 bis 800 Ostmark, so viel, wie meine Mutter im ganzen Monat verdiente – als Vermessungsingenieurin! Unsere Hosen waren aus Dederon (abgeleitet von DDR), Malimo oder Spezitex – allesamt Kunstfasern und Erfindungen der DDR-Industrie. Wir sahen in diesen Hosen recht komisch aus, aber weil alle komisch aussahen, hat es niemanden gestört.

Eine Ausnahme unter den Westbesuchern war Tante Anni aus Landshut mit ihren Kindern Pauli, Marianne, Gabi und Rosemarie. Sie wären nie auf den Gedanken gekommen, sich für ihren Besuch bei uns herauszuputzen. Tante Anni und die Mädchen trugen schlichte Dirndln, Pauli derbe Lederhosen und karierte Hemden – also die damals durchaus noch übliche Alltagskleidung in Bayern.

Sie kamen nicht zum Angeben, sondern weil es ihnen bei uns einfach gefiel. Für Pauli und seine Schwestern war Thüringen ein riesiger Abenteuerspielplatz, und Tante Anni freute sich immer besonders auf unsere Marmelade. Die ganze Familie hatte ihren Spaß und genoss den Urlaub bei uns.

Zwei Mal im Jahr ging das große Raunen durch unser Viertel: »Leute, im Gemüseladen gibt es Bananen«, und bis man sich ein bisschen Geld geschnappt hatte und zum Laden gelaufen war, war die Schlange schon zig Meter lang. Für jeden – ob Kind oder Erwachsenen – gab es drei »Südfrüchte«, weshalb sich nach Möglichkeit die ganze Familie anstellte.

Die Grundnahrungsmittel wie etwa Nudeln waren jedoch immer sichergestellt, Gemüse und Obst bedingt. Äpfel, Möhren, Zwiebeln und so weiter waren jederzeit zu kaufen, ebenso Kartoffeln, obwohl die manchmal ein bisschen matschig waren. Oft gab es Kohl – wir mussten unendlich viel Kohl essen – und Schwarzwurzeln. Spargel oder Zucchini hingegen haben wir nie zu Gesicht bekommen. Es gab immer genug Milch, in der Schule gar gratis. Und es gab Babynahrung – Milchpulver. Wer das nicht wollte oder sich nicht leisten konnte, konnte sich auf der Kinderstation eines Krankenhauses Muttermilch für sein Kind abholen. Dafür wurde ganz bewusst gesorgt, denn man brauchte die jungen Mütter als Arbeitskraft. Die DDR war ja eine sehr junge Gesellschaft.

Wir Kinder sind natürlich wie die Kinder im Westen auch Kirschen klauen gegangen oder haben uns über Erdbeerfelder der landwirtschaftlichen Produktionsgenossenschaften, kurz LPGs, hergemacht. Wir hatten nie das Gefühl, dass es uns schlecht ging. Allerdings weiß ich noch genau, wie ich mit acht oder neun Jahren mein erstes Mars gegessen habe und dachte, wow, was ist das für ein Geschmack! Dazu muss man wissen, dass es bis zu meiner Flucht 1976 der DDR wirtschaftlich noch einigermaßen gut ging, die richtigen Mangeljahre kamen erst Jahre danach. Als ich später mit Birgit in die DDR reiste, war ich schockiert, wie wenig es in den Läden zu kaufen gab. In einem Metzgergeschäft in Jena lagen nur zwei oder drei Würste, und an einem von vielen großen Haken hing ein Stück Bauchspeck. Fast wie in dem DDR-Witz: Warum muss in einem Metzgerladen wenigstens eine Wurst am Haken hängen? – Damit man nicht denkt, man sei im Fliesenfachgeschäft. Zu meiner Zeit waren die Wurstwaren zwar minderwertig und fett – aber es gab zumindest welche.

Der Sozialismus war für viele abstoßend, auch weil Zwang dahinterstand. Man musste zu Veranstaltungen gehen und an Versammlungen teilnehmen, man musste die deutsch-sowjetische Freundschaft zelebrieren. Aber ich muss sagen, dass ich es nicht ganz ungern gemacht habe. Ich war ein großer Sportler und bin gern gegen Gleichaltrige aus Russland beim Rennradfahren angetreten oder habe gegen Tschechen geboxt. Auch Leichtathletik habe ich eine Zeit lang gemacht. Sport hatte in der DDR einen besonderen Stellenwert, und wir Kinder und Jugendlichen hatten viele Idole aus dem Radsport oder dem Boxen – nicht irgendwelche Parteileute oder Wissenschaftler. Da unterschieden wir uns nicht von Gleichaltrigen im Westen. Als Sportler konnte man sich messen, berühmt werden und in alle Welt reisen. Und man munkelte, dass gute Sportler sogar eine Neubauwohnung und ein Auto mit Garage vom Staat bekämen.

Man wuchs als Kind in dieses Land hinein, und man lebt ja so, wie man groß geworden ist, fühlt sich mit seiner Heimat verbunden. So war auch bei meinen Eltern, die in der

DDR aufgewachsen waren, eine gewisse Akzeptanz dieses Systems vorhanden. Aus der Sicht des Bundesbürgers ist es natürlich überhaupt nicht verständlich, dass junge Leute, die intelligent waren und studiert hatten, im Sozialismus keine schlechte Gesellschaftsform sahen. Man muss das aber aus der Sicht des DDR-Bürgers sehen.

Prof. Dr. Bernhard Grzimek und Prof. Dathe

Als ich klein war, waren meine Lieblingssendungen im Fernsehen zum einen »Ein Platz für Tiere« mit Professor Dr. Bernhard Grzimek – »Guten Abend, meine lieben Freunde«. Offiziell durften wir das gar nicht sehen, denn es war Westfernsehen, aber jeder hatte irgendwo eine Antenne versteckt. Das Problem war, dass man damit nur die ARD empfangen konnte, für das ZDF brauchte man ein Zusatzgerät, das für viel Geld gehandelt wurde. Zum anderen waren es im DDR-Fernsehen die Sendungen von Professor Heinrich Dathe, Mitbegründer und Direktor des Tierparks Berlin und der »Grzimek des Ostens«. Er durfte sogar in alle Welt reisen, um Tierfilme über Panzernashörner, Elefanten, Tiger oder Barasingha-Hirsche zu drehen. Mein erstes Buch hieß *Kaziranga. Tierparadies am Brahmaputra*, ein Text-/Bildband mit sehr körnigen Bildern – aber damals fand ich es phantastisch. Ich war fasziniert von Alaska, dem Himalaja, Zentralafrika, wollte da unbedingt mal hin. In der Pubertät las ich dann gern Bücher von Jack London und Ernest Hemingway, von Robert Service und Mark Twain, den großen Abenteurer-Schriftstellern. Viele dieser Bücher bekam man nur unter dem Ladentisch oder gebraucht. Damals dachte ich, worüber ich da las und was mich so begeisterte und aus der Fassung brachte, das werde ich nie selbst erleben. Es sei denn, ich werde Spitzensportler, gehe zur Armee oder zur Handelsmarine, um in ferne Länder reisen zu können – oder ich riskiere eine Flucht.

Ein weiterer Grund für meine Flucht war mein Stiefvater. Als ich elf Jahre alt war, lernte meine Mutter Heinz aus Jena kennen. Heinz war frisch geschieden. Die DDR hatte eine hohe Scheidungsrate, da junge Ehen sehr gefördert wurden, man verschiedene Begünstigungen wie eine Wohnung oder Möbel bekam.

Als feststand, dass meine Mutter und ich zu Heinz nach Jena ziehen würden, sagte er zu mir: »Ich will deine Mutter, sie ist eine hübsche Frau, aber dich will ich nicht. Bis du 16 wirst, wirst du wohl oder übel bei uns wohnen müssen. Bis dahin wirst du es schwer haben. Mach dich auf einiges gefasst.«

Heinz hat sich immer damit gerühmt, dass er einen ganz schlauen Hund habe, der unglaublich gut abgerichtet sei. Er hatte den Foxterrier, der gern Bockwurst fraß, erst ein paar Mal richtig verprügelt, ihm dann eine Bockwurst vor die Nase gelegt und »Platz!« und »Pfui!« gesagt. Noch nach zwei Stunden lag der Hund an derselben Stelle, ohne die Bockwurst angerührt zu haben. Er gibt Menschen, die schaffen sich einen Hund nur an, um ihn herumzukommandieren und zu demütigen. Heinz war so einer. Damals habe ich das nicht richtig verstanden, aber wenn ich es mir heute vor Augen halte, wird mir klar, dass Heinz ein echtes Schwein und ein Sadist war. Er hatte dem Hund die Seele gebrochen – und das strebte er mit mir ebenfalls an.

Sport war gestrichen – ich war damals immerhin Bezirksmeister von Erfurt im Rennradsport. Das Einzige, was mein militaristischer Stiefvater mir erlaubte, war, in die paramilitärische Jugendorganisation »Gesellschaft für Sport und Technik« (GST) einzutreten, die »Schule des Soldaten von morgen«. Deren Sinn und Zweck bestand darin, Jugendliche für eine spätere Offizierslaufbahn zu rekrutieren. Ich erhielt dort eine Ausbildung als Fallschirmjäger. Und lernte Dinge, die mir bei meiner späteren Flucht äußerst dienlich sein sollten.

In den nächsten Jahren war ich für Heinz nichts weiter als ein Arbeitssklave. In meiner Freizeit musste ich ihm in seinem riesigen Garten mit Pfirsich- und Kirschbäumen – eher eine Plantage denn ein Garten – ganz oben am Rand des Jenaer Talkessels helfen. Ich musste Holzpfähle, Stacheldraht und Zementsäcke für den Bau eines neuen »russensicheren« Zauns, wie Heinz es nannte, den extrem steilen, winzigen Pfad hinaufschleppen, der mir noch heute verhasst ist, für eine Wasserleitung den Kalksteinboden aufhacken und dergleichen mehr. Ein Teil meiner Rückenprobleme hat mit Sicherheit seinen Ursprung in dieser Zeit. Ich war nie der Größte in meiner Klasse, aber von da an immer der Stärkste. Und als ich nach meiner Flucht in den Westen zunächst in der Hochseefischerei gearbeitet habe – ein knochenharter Job –, sagten die Matrosen, dass sie noch nie einen Jungen (ich war damals gerade erst 17) erlebt hätten, der so zäh und ausdauernd arbeiten konnte.

Manchmal frage ich mich, wie meine Mutter das alles zulassen konnte. Wenn ich vor Erschöpfung heulend nach Hause kam, war ihr einziger Kommentar: »Beiß die Zähne zusammen, es sind ja nur noch fünf (vier, drei ...) Jahre.« Damals habe ich das als völlig normal angesehen, dachte, ich mache dann sowieso eine Ausbildung, studiere, fahre zur See oder gehe gar zur Armee. Die einzige Erklärung, die ich heute habe, ist, dass sie mich nicht wirklich geliebt hat. Einmal, da war ich 14, fuhr sie mit meinem Stiefvater in den Sommerferien nach Mecklenburg und ließ mich allein zu Hause. Ich musste in dieser Zeit den Garten um ein vorgegebenes Stück erweitern, dazu Weißdornsträucher, Schlehenbüsche und kleine Eichen samt Wurzeln beseitigen. Nach ihrem Urlaub arbeiteten Heinz und ich noch zwei Wochen gemeinsam im Garten, erst dann durfte ich für zwei Wochen zu meinen Großeltern nach Gotha. Und meine Mutter, die sehr genau wusste, wie gern ich angelte, erzählte mir nach ihrer Rückkehr aus Mecklenburg auch noch, wie viele Angler dort waren und welch große Hechte es dort gab. Ich konnte nie mit ihr über jene Zeit reden, denn so etwas kann man nicht am Telefon oder in Briefen klären, wenn Dritte mithören und -lesen, und sie starb, bevor ich amnestiert wurde und wieder in die DDR reisen konnte.

Als Kind beziehungsweise Jugendlicher suchte ich die Schuld für das Verhalten meiner Mutter und meines Stiefvaters bei mir, wie es viele misshandelte und gedemütigte Kinder tun. Ich buhlte sogar um Heinz' Zuneigung und suchte ihn als Freund zu gewinnen. Nachdem ich in den Westen geflüchtet war, schrieb ich eine Karte, auf der stand: »Macht Euch keine Sorgen, ich bin in Österreich ...« Danach schickte ich jahrelang Pakete, unter anderem mit Werkzeug für Heinz, auch weil ich Schuldgefühle wegen meiner Flucht hatte. Meine Eltern ließen mich nämlich wissen, dass sie nach meiner Flucht Repressalien zu erleiden hatten, wobei meiner Mutter, die als Vermessungsingenieurin sogenannter Geheimnisträger war, nicht viel passiert ist. Sie wurde nach Jena versetzt, wo sie witzigerweise schon immer hinwollte. Und mein Stiefvater verwies darauf, dass ich nicht sein Sohn sei und er ohnehin nie mit mir klargekommen sei. Als ich zur See fuhr und bei der Handelsmarine gut verdiente, schickte ich ihnen Geld. Sie

schrieben dann, dass sie sich im Intershop – so hießen die
Geschäfte in der DDR, in denen man mit Devisen Westpro-
dukte erstehen konnte – dies und das gekauft hatten, und
ich dachte mir, du sparst hier auf ein neues Fernglas, und
die kaufen sich die tollsten Sachen.

Auf der Wanderung stiegen die Erinnerungen an jene
Jahre und meine Jugend sowie die Gefühle von damals
besonders intensiv in mir hoch. Vermutlich weil ich gerade
entlang dem Grünen Band vielen Menschen mit einer
ähnlichen Geschichte begegnete, Menschen, die mir von
einem schlechten Elternhaus erzählten, von Drangsalie-
rung, von Freiheitsdrang und der Erkenntnis, dass ein solches Leben nicht das richtige für sie sei.

Mit 15 Jahren dann dachte ich: Warum eigentlich zur
Armee? Warum eigentlich ein Studium in der DDR? Wenn
schon weg, dann richtig. Mach doch das, wovon du schon
immer geträumt hast. Geh in die Welt und lebe dein Leben,
wie du es dir erträumst, mach die Sachen, von denen du
bei Jack London und Mark Twain gelesen hast. Hinzu kam
wahrscheinlich auch eine Art Hormonschub, ich war ja
mitten in der Pubertät.

Das spannendste Kapitel meines Lebens

Die Idee wurde jedenfalls immer konkreter. Ich kaufte mir
Landkarten, schaute mir die DDR und ihre Grenzen an,
überlegte, wie und wo ich aus dem Land flüchten konnte.
Das war eine sehr aufregende Zeit und ist für mich bis
heute eines der spannendsten Kapitel meines Lebens. Zum
einen Teil dachte ich ganz analytisch, und zum anderen
versank ich in Träumereien. Ich kannte die andere Welt ja
nur aus ein paar Büchern und Filmen.

In der DDR wurde natürlich oft über Flucht gesprochen, viel darüber gemutmaßt. Es wurden Phantasiegeschichten erzählt, andererseits gab es tatsächlich die unmöglichsten Formen der Menschenschmuggelei. Der Klassiker war, dass sich in Rostock oder Danzig jemand auf ein Schiff geschlichen hat, das nach Westen fuhr. Oder man hörte von Leuten, die sich Tauchanzüge besorgt hatten und durch die Ostsee geschwommen waren. Einige wurden von einem bundesdeutschen Fischkutter oder Küstenschiff aufgenommen, viele jedoch sind ertrunken oder von DDR-Schiffen aufgegriffen worden. Aber wie gelangte man dahin? Man hörte immer wieder, da ist einer an der Grenze angeschossen oder gar erschossen wurden, und dort haben sie einen festgenommen, der brummt jetzt im politischen Gefängnis Bautzen oder Magdeburg seine Strafe für Republikflucht ab. Oder man hörte von Verschwundenen. Es gab ganz viele Geschichten und Gerüchte, wer was gewagt und dabei sein Leben oder zumindest seine Freiheit eingebüßt hat.

Mir war bald klar, dass ein Versuch an der innerdeutschen Grenze reiner Selbstmord wäre: Wir wurden sogar schon kontrolliert, wenn wir mit dem Zug nur *Richtung* Grenze fuhren, zum Beispiel nach Eisenach, um in der Hörsel Forellen zu angeln, und mussten dann unseren Personalausweis und unseren Angelausweis vorzeigen, obwohl wir noch lange nicht im Grenzbezirk waren. Andererseits hatten wir nur zwei sogenannte Bruderländer, in die man mit nur einer Art Freizügigkeitsbescheinigung – einem kleinen Anhang im Personalausweis, den man bei der Polizei erhielt – einreisen konnte. Das waren die Tschechoslowakei und Polen. Für alle anderen Länder brauchte man ein Visum, und für mich als Minderjährigen war da nicht ranzukommen – die Eltern durften ja nichts erfahren.

Schließlich kam ich zu dem Schluss: Da wo ein Fluss die Grenze bildet, könnte es klappen. Es müsste aber ein Fluss sein, der als solches schon ein großes Hindernis darstellt, denn dann, so meine Überlegung, sind da vermutlich keine riesigen Mauern und Zäune und Selbstschussanlagen. In der Tschechoslowakei, so erzählte man sich, gab es überhaupt keine Selbstschussanlagen. Und nördlich von Bratislava, Pressburg, ist die Donau für ein kurzes Stück Grenzfluss – da könnte ich es versuchen ...

Was ich in der GST gelernt habe, hat mir bei meiner Flucht sehr geholfen. Ich wusste zum Beispiel, dass man noch lange nicht tot, sondern nur entdeckt ist, wenn geschossen wird, ob nun mit einer Waffe oder mit Leuchtkugeln. Jemand ohne militärische Vorbildung bleibt in so einem Fall wahrscheinlich stocksteif stehen und nimmt die Hände hoch; für mich war ganz klar: Wenn es knallt, werfe ich mich flach auf den Boden, finde heraus, woher die Schüsse kommen, und versuche zu entkommen. Wir waren in der GST auch im Nahkampf ausgebildet worden, haben gelernt, jemanden mit dem Messer oder einer Kampfsporttechnik – oder einer Mischung aus beidem – kampfunfähig zu machen. Außerdem hatte ich das »Bestenabzeichen«; dafür musste man 18 Klimmzüge schaffen, mit dem Gewehr ziemlich gut schießen können sowie einige Absprünge aus dem Flugzeug und lange Märsche mit Gepäck nachweisen. Ich war also durchtrainiert, und ich wusste, was ich konnte. All das hat mir die Angst vor der Grenze genommen. Respekt hatte ich, ja, aber keine Angst. Ich ging davon aus, dass ich es schaffen konnte.

Ich war mir so sicher, dass ich nie zurückkommen würde, dass ich Dinge verschenkte, an denen mein Herz hing, zum Beispiel meine Schmetterlings- oder meine Mineraliensammlung und mein großes Luftgewehr, mein

Ein und Alles. Den Freunden, denen ich diese Dinge gab, erzählte ich, dass ich keine Lust mehr darauf hätte. Das war sehr leichtsinnig, denn wenn sich jemand von allen Sachen trennt, die ihm viel bedeuten, werden die Leute schnell misstrauisch. Aber ich hatte Glück, und niemand schöpfte Verdacht. Und der Einzige, dem ich meinen Fluchtplan anvertraute, ein Schulkamerad, hütete mein Geheimnis.

Als Angler getarnt, reiste ich am 13. Oktober 1976, drei Wochen vor meinem 17. Geburtstag, mit dem Zug in die Tschechoslowakei ein. Meinen Eltern hinterließ ich eine kurze Nachricht, dass ich bei einem Freund sei, um mir etwas Vorsprung zu verschaffen. An der Grenze wurde ich prompt kontrolliert. Ich gab an, einen Freund in Prag besuchen und mit ihm zum Angeln gehen zu wollen. So weit, so gut. Ich hatte natürlich Angelzeug dabei, daneben aber auch einiges, was ein Angler nicht unbedingt braucht, wie Fallschirmjägermesser, Fernglas, Kompass oder Landkarten. Das schien den Grenzern irgendwie nicht zu gefallen. Sie holten mich aus dem Zug und unterzogen mich einem regelrechten Verhör. Wie der Freund heiße – ich hatte mir für diesen Fall einen tschechisch klingenden Namen ausgedacht. Wo der Freund wohne – eine Adresse hatte ich mir aus dem Prager Stadtplan herausgesucht; zum Glück, denn sie prüften sie nach. Woher ich den Freund kenne – den hätte ich in der DDR beim Angeln kennengelernt. Warum ich eine Tarnjacke dabei habe – für den Fall, dass es regne; es sei die einzige Jacke, die ich hätte. Und noch einmal hatte ich Glück: Sie übersahen beim Untersuchen meiner Sachen die eine kleine Karte von der Donau. Das war verdammt knapp. Letztlich hat mich wohl nur gerettet, dass ich so jung war und sie mich deshalb für harmlos hielten. Ich werde nie vergessen, wie die Straße meines »Freundes« in Prag hieß: Rubinstein.

Erst einmal in der Tschechoslowakei, wurde ich kein einziges Mal mehr kontrolliert. Von Prag fuhr ich gleich in Richtung Bratislava weiter, stieg einige Kilometer vor der Stadt aus dem Zug und schlug mich die letzten 15 Kilometer mit Karte und Kompass über Felder und Sümpfe in die Berge bis nah an die Grenze. Mit meinem halben Fernglas – ich hatte mir immer ein ganzes für Tierbeobachtungen gewünscht – beobachtete ich aus etwa 150 Meter Entfernung das Tal unter mir: zuerst kam eine Straße, dann die Grenzanlagen – Wachtürme in unregelmäßigen Abständen, aber so eng, dass die Grenzsoldaten von einem zum nächsten sehen konnten, dazwischen hintereinander drei Metall- und Stacheldrahtzäune –, dahinter die Donau. Das kleine Dorf am österreichischen Ufer musste Wolfsthal sein. Es lag so nah, dass ich sogar die Traktoren über die Felder fahren sah.

Ich fühlte mich in meinem Element, wie ein richtiger Fallschirmjäger, der auf feindlichem Gebiet abgesprungen war und die Lage sondierte. Nichtsdestotrotz war ich total aufgeregt. Das, was wir in der GST jahrelang geübt hatten, war jetzt Ernstfall. In allem steckt auch etwas Gutes. Der vormilitärische Drill an der Schule und in der GST hatte mir, abgesehen von bestimmten Fähigkeiten und Kenntnissen, Sicherheit gegeben, eine gewisse Souveränität. Und der Hass und die Verzweiflung, die aus der Familiensituation entstanden, hatten mich sehr stark und entschlossen gemacht und mir die Entscheidung wegzugehen erleichtert. Es gab für mich kein Zurück mehr.

Von 14. bis 16. Oktober verfolgte ich von meinem Posten in den Bergen aus das Geschehen. Ich war derart auf mein Vorhaben konzentriert und stand so unter Strom, dass ich fast zu essen vergaß, wobei ich ohnehin nur ein bisschen Brot und ein paar Kekse dabeihatte. Nachts leuchtete mal ein Jeep mit Scheinwerfern in die Hänge rein, aber ich war so gut getarnt, dass man zwei Meter an mir hätte vorbeilaufen können, ohne mich zu bemerken. Außerdem hatte ich es gelernt, mich im Gelände unsichtbar zu machen. Fallschirmjäger und Scharfschützen mussten das beherrschen, sonst wäre ihr Auftrag nicht ausführbar.

Am meisten Respekt, eigentlich Angst, hatte ich vor den Patrouillen, die Schäferhunde mitführten. Wenn dich ein Spürhund in die Nase bekommt, reckt er sie, und der Hundeführer weiß: Da ist was, das da nicht hingehört, und geht der Sache nach. Ruckzuck hat der Hund einen dann aufgespürt, und man ist verloren. Zum Glück stand der Wind die ganze Zeit über auf mich zu. Ich versuchte einen Rhythmus in den Grenzpatrouillen zu erkennen, aber da war keiner; sie kamen völlig unregelmäßig.

In der dritten Nacht, von Samstag auf Sonntag, der Nacht vom 16. Oktober, wurde es recht kühl und ein bisschen diesig, dann fing es auch noch sacht zu regnen an. Ich dachte mir, das ist deine Nacht, und gegen Mitternacht beschloss ich, es tatsächlich zu wagen. Mein Angelzeug, meinen kleinen Rucksack und alles, was ich nicht unbedingt brauchte, ließ ich zurück. Das Gefühl damals werde ich nie vergessen. Ich war aufs Höchste erregt und angespannt, gleichzeitig voll konzentriert.

Hundert Meter, fünfzig Meter, 25 Meter ... Ich versuchte alles wahrzunehmen, lauschte auf Geräusche, doch um mich herum herrschte nur Stille. Dann schreckte ein Reh. Ich warf mich flach auf den Boden, verharrte. Nach einigen Sekunden hob ich vorsichtig den Kopf. Auf dem einen Wachturm, den ich durch mein kleines, nicht sehr lichtstarkes Fernglas sehen konnte, keine Reaktion. Auf dem anderen sah es aus, als rauchte einer eine Zigarette; jedenfalls sah ich hin und wieder ein kurzes Aufglimmen. Okay, dachte ich, die Jungs sind entspannt, die haben nichts mit-gekriegt. Langsam erhob ich mich, prüfte, ob Fernglas, Messer und Kompass noch an ihrem Platz waren, und wei-ter ging's. Geduckt passierte ich die Straße und stand kurz darauf vor dem ersten Zaun, nicht wie in der DDR ein Me-tallstreckzaun, sondern ein zwischen Betonpfählen straff gespannter Stacheldraht, der am oberen Ende an Stahlwin-keleisen überkragte.

Dann kam der Punkt, der mich am meisten Überwin-dung kostete. Mir war klar, dass es ab dem Moment, in dem ich den Zaun hochzuklettern begann – ihn mit meinem Messer durchzuschneiden zu versuchen hielt ich für aus-sichtslos –, kein Zurück mehr gab. Ich wartete und zögerte, beinahe verließ mich der Mut. Die Zeit wurde immer knap-per, denn bald musste die nächste Patrouille kommen. Ich schnaufte noch einmal tief durch, dann hangelte ich mich den ersten Zaun hoch. In der GST hatten wir gelernt, dass die beste Stelle da ist, wo ein Drahtzaun an einem Pfos-ten fixiert ist, weil er da am stabilsten ist und am we-nigsten schwingt. Ich kletterte bis zu dem überstehenden Abschluss, der zum Glück nicht aus sogenanntem NATO-Draht bestand, dessen kleine scharfe Messer grauenhafte Verletzungen anrichten, schwang mich darüber und ließ mich auf der anderen Seite zu Boden fallen. Genau so, wie wir das in der GST geübt hatten. Das ging mit einer Ge-schwindigkeit und Leichtigkeit, dass ich fast das Gefühl hatte, als hätte jemand nachgeholfen. Dass ich mir trotz meiner damals nur 62, 63 Kilogramm bereits bei diesem ersten Zaun die Haut an den Händen aufgerissen hatte, spürte ich nicht. Ich war bis unter die Haarspitzen mit Adre-nalin vollgepumpt. Als Nächstes kam, wie ich von meinen Beobachtungen her wusste, eine große Stacheldrahtrolle, die man nur mit einem Riesenhechtsprung überwinden konnte. Ohne Probleme setzte ich darüber hinweg und lief auf den zweiten Zaun zu. Auf einmal ein Schlag gegen mein Knie, und ich flog zu Boden – ein Alarmdraht in Kniehöhe, den ich von meinem Beobachtungsposten aus trotz Fernglas nicht hatte sehen können, hatte mich zu Fall gebracht.

Augenblicklich gingen an beiden Wachtürmen die Scheinwerfer an, ich hörte Stimmen, und kurz darauf stiegen Leuchtkugeln in die Luft. Ich rappelte mich wieder hoch, rannte weiter – jetzt zählte jede Sekunde –, über eine ebene, saubere Fläche, womöglich ein Minenstreifen, überwand den zweiten Zaun. Nun waren es vielleicht noch fünfzig Meter bis zur Donau. Ich lief auf den dritten Zaun zu, während immer mehr Leuchtkugeln die Nacht erhellten. Dieser dritte Zaun war sehr alt, die Pfähle noch aus Holz statt Beton. Als ich fast oben war, gaben die morschen Pfosten nach und das Gebilde stürzte mit und über mir zusammen. Zwar zählte ich darauf, dass die Grenzsoldaten erst zu den Durchgängen laufen würden und diese erst aufschließen mussten, was alles Zeit kostete, dennoch geriet ich in Panik. Alles, was ich gelernt hatte, war in dem Moment vergessen, etwa, dass man in einem solchen Fall keine unkontrollierten Bewegungen machen sollte, denn dann verheddert man sich nur immer stärker und die Grenzer haben letztlich leichte Beute. Ich strampelte also wie wild, zerriss mir dabei meine Tarnjacke und meine Hose, obwohl die aus recht derbem Material waren, und zerschnitt mir die Hände, wovon bis heute die unendlich vielen Narben erzählen. Doch ich hatte unglaubliches Glück, denn plötzlich spürte ich, dass ich frei war. Ich sprang auf, rannte in den Fluss und schwamm los.

Die Donau hat dort eine sehr starke Strömung, die mich sofort mitnahm. Ich wusste, dass ich nicht zu weit abgetrieben werden durfte, denn bald würde die Donau nicht mehr die Grenze zwischen der Tschechoslowakei und Österreich sein, sondern zwischen der Tschechoslowakei und Ungarn. Und Ungarn war ein Bruderland der DDR. Mit aller Kraft schwamm ich schräg gegen die Strömung und konzentrierte mich auf das gegenüberliegende Ufer.

Dann hörte ich die ersten Schüsse. Ich hörte die Abschüsse und ebenso, wie die Kugeln ins Wasser klatschten oder ins österreichische Ufer einschlugen. Die schießen unkontrolliert, wurde mir nach einigen Schrecksekunden bewusst, das heißt, sie haben mich noch nicht geortet. Gut! Im selben Moment wunderte ich mich, warum es auf der österreichischen Seite völlig ruhig blieb. Da muss es doch auch Grenzsoldaten geben, und die müssen doch die Leuchtkugeln sehen und die Schüsse hören! Na, weil es so eine lausige Nacht ist, sitzen die wahrscheinlich in ihrer Wachstube und spielen Karten, so meine Überlegung. Später erfuhr ich, dass sie sich, statt die Grenze zu bewachen, auf dem Wolfsthaler Weinfest betrunken hatten.

Auf einmal schlugen in direkter Nähe mehrere Kugeln ins Wasser ein, dann spürte ich einen starken Stoß in den Rücken, als hätte mir jemand mit einem großen Hammer ins Kreuz geschlagen; ich war getroffen. Kein Schmerz, nur ein dumpfes Gefühl, aber ich konnte meine Beine nicht mehr bewegen! Nur mit den Armen kämpfte ich mich voran. Mittlerweile war ziemlich viel Zeit vergangen, ziemlich viel heißt in dem Fall etwa zehn Minuten. Dann sah ich ein Schnellboot, das mit einem Scheinwerfer den Fluss ableuchtete. Bitte lass es Österreicher sein! Aber es war ein tschechisches Boot, das nach mir suchte. Ich tauchte, schwamm unter Wasser weiter, musste mich zwischendurch der Strömung überlassen, um meine Kräfte zu schonen. Ab und an holte ich Luft, nicht zu viel, um nicht an die

Oberfläche zu treiben, und arbeitete mich so Richtung österreichisches Ufer vor. Dabei geriet ich einmal in den Scheinwerferkegel des Bootes. Blitzschnell tauchte ich wieder ab, und die Verfolger verloren mich in dem dunklen unruhigen Wasser wieder aus den Augen.

Nach, wie es mir schien, ewig langer Zeit spürte ich Grund unter mir. Ich robbte mich auf den Armen ans Ufer, zwischen Riedgras und Schilf. Ich hatte es geschafft! Aber meine Beine! Alles unterhalb des Nabels war taub! Es war ein fürchterliches Gefühl. Ich tastete meinen Bauch nach einem Ausschuss ab. Nichts – das heißt, ich hatte einen Steckschuss. Die Kugel saß, wie ich später erfahren sollte, ungefähr zwei Zentimeter neben der Wirbelsäule im unteren Rücken. Sie musste, wie die Ballistiker der österreichischen Kripo mir sagten, aus großer Entfernung abgefeuert worden sein, etwa 200 bis 260 Meter, vielleicht sogar von einem der Wachtürme aus. Es war also reiner Zufall, dass sie mich getroffen hatte. Aufgrund der großen Entfernung und weil das Geschoss durch das Wasser und die nasse Kleidung weiter abgebremst worden war, war es nicht sehr tief eingedrungen. Das hat mir das Leben gerettet.

Plötzlich näherten sich Stimmen. Ich wollte mich schon bemerkbar machen, als ich hörte, dass die Männer tschechisch sprachen! Im ersten Moment glaubte ich mich verhört zu haben. Doch die tschechischen Grenzsoldaten besaßen tatsächlich die Unverschämtheit und Unverfrorenheit, mich bis ans österreichische Ufer zu verfolgen, denn die eigentliche Grenze liegt genau in der Flussmitte. Ihnen musste klar sein, dass sie damit, sollten sie entdeckt werden, einen internationalen Zwischenfall heraufbeschworen. Andererseits war es irgendwie verständlich, denn wenn eine Flucht gelang, mussten die Grenzsoldaten mit Repressalien rechnen.

Kaum wieder zu Atem gekommen, schleppte ich mich nur mithilfe meiner Arme Richtung Wolfsthal. Bloß weg von den tschechischen Grenzern! Wolfsthal liegt nicht weit entfernt vom Ufer, und doch brauchte ich eine Ewigkeit dorthin, weil ich mich immer wieder ausruhen musste. Als ich das kleine Dorf endlich erreichte, etwa um halb drei, drei Uhr morgens, war ich mehr tot als lebendig. Ich konnte meine Augen nicht mehr offen halten und war zu erschöpft, um nach Hilfe zu rufen. Schließlich entdeckten mich trotz der späten beziehungsweise frühen Stunde ein paar Betrunkene, die auf dem Nachhauseweg vom Weinfest an mir vorbeitorkelten.

»He, schaut's euch mal den an. Der muss ganz schön besoffen sein, der kann ja nicht einmal mehr gehen«, grölte einer, und alle lachten.

»O Scheiße«, rief plötzlich ein anderer, »der ist ja patschnass und hat eine Tarnjacke an, der kommt von drüben!«

Schlagartig verstummte das Lachen, und eine Weile herrschte Stille. Dann spürte ich, wie ich hochgehoben und in ein Haus getragen wurde, und hörte, wie einer die Gendarmerie verständigte.

Als ich wieder zu mir kam, lag ich frisch operiert in einem Krankenhausbett. Mein Blick fiel auf einen älteren Polizisten, der ganz behutsam die seltenen DDR-Briefmarken, die ich in einer offensichtlich nicht wasserdichten Tüte bei mir getragen hatte, voneinander löste und auf dem nicht belegten Nachbarbett zum Trocknen ausbreitete. Diese Briefmarken, die ich zu verkaufen gehofft hatte, ein paar DDR-Mark und tschechische Kronen sollten mein Startgeld sein.

»Junge, Junge, du machst Sachen«, sagte der Mann kopfschüttelnd, als er merkte, dass ich wach war und ihn beobachtete.

»Werde ich zurückgeschickt?«, fragte ich, denn das war meine größte Angst. Ich hatte ja meinen Personalausweis dabei, und so wusste die Polizei, dass ich minderjährig war.

»Naa, hier bist frei«, beruhigte er mich in seinem breiten österreichischen Dialekt und erklärte mir, dass man nach österreichischem Gesetz ab dem 14. Lebensjahr frei entscheiden kann, ob man bleiben oder doch lieber zurückkehren will.

Die eigentliche Befragung übernahmen Kriminalgendarme – oder wie die sich nannten; die Österreicher hatten für meine Begriffe lauter umständliche Worte. Sie wollten alles über die Flucht wissen und ob es vielleicht einen Kumpel gab, der irgendwo tot oder schwer verletzt im Schilf lag. Dass ich ganz allein geflohen war, wollten sie mir nicht glauben. Und dann fragte so ein Idiot von der Kripo: »Oder bist ein Spion?«

Das werde ich nie vergessen. Ich dachte mir, das kann ja wohl nicht sein!, immerhin hat man mir gerade eine Kugel aus dem Rücken geholt! Aber wahrscheinlich hatte er in der Ausbildung gelernt, dass man einen Flüchtling das fragen muss. Als Nächstes bekam ich Besuch vom Verfassungsschutz, zuerst von der »guten Tante«, die mir Kuchen mitbrachte und sagte: »Ach, du armer kleiner Junge, dass du das alles überstanden hast. Nun erzähl doch mal ...« Danach kam der »böse Onkel«, der mich richtig rannahm und Fangfragen stellte. Die beiden wechselten sich ab – nach dem Motto »Mal Zuckerbrot, mal Peitsche«, aber ich blieb bei meiner Geschichte, die ja schließlich wahr war. Natürlich wurden damals Spione eingeschleust, aber doch keine 16-Jährigen, denen man auch noch eine Kugel in den Rücken verpasste. Es war ein ganz seltsames Willkommen.

Ich erholte mich recht schnell von meiner Verwundung und wurde schon nach zwölf Tagen nach Wien in die Deutsche Botschaft und von dort weiter ins Notaufnahmelager Gießen geschickt. In Gießen wurde überlegt, wie es mit mir weitergehen sollte. Da ich erst 16 war, brauchte ich einen Vormund. In Stade lebte der Vater meiner Mutter, Opa Richard. Nachdem meine Angaben geprüft worden waren und sich Opa Richard bereit erklärt hatte, mich bei sich aufzunehmen, durfte ich nach Stade reisen, bekam aber jemand anderen als Vormund, da mein Großvater mit seinen damals bereits 82 Jahren dafür zu alt war.

Das Problem war, dass Opa Richard und ich uns eigentlich gar nicht kannten, wir hatten uns bis dahin nur ein einziges Mal gesehen. Und auch nun konnten wir keine Beziehung zueinander aufbauen. Mein Großvater war im Umgang mit Menschen sehr rau, wollte mich kontrollieren und über mich bestimmen, etwas, was ich mir auf keinen Fall mehr gefallen lassen wollte. Außer Fluchen und der Tatsache, dass man mit über achtzig noch viel Spaß im Bordell haben kann, habe ich von ihm nicht viel gelernt.

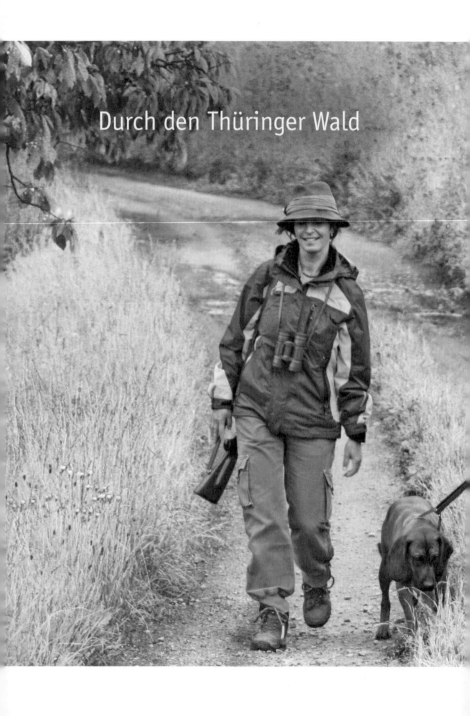
Durch den Thüringer Wald

Ende April, als Cleo und ich losgewandert waren, hatten sich Bäume und Sträucher schon in frischem Grün gezeigt und waren die letzten Zugvögel aus ihren Winterquartieren zurückgekehrt. Seit unsere Winter im Mittel wärmer und schneeärmer werden und sich auch in der kalten Jahreszeit genug Futter finden lässt, verzichten mittlerweile manche Zugvögel immer öfter auf die Reise nach Süden. Beispiele sind der Star und die verschiedenen Drosselarten, wie Wacholder-, Mistel- und Schwarzdrossel. Andere suchen weiterhin ihre klassischen Winterquartiere auf – große Feuchtgebiete in Afrika –, wie der Storch oder die schnepfenartigen Limikolen, Schreitvögel mit langen Schnäbeln, die im Flachwasser nach Muscheln und Würmern suchen. Manche Arten, auch sehr kleine wie zum Beispiel der Triel, nehmen bei ihrem Flug in wärmere Gegenden keinen Umweg über fruchtbare Gebiete, etwa das Niltal, sondern fliegen die direkte Strecke über die Sahara. Um diese unglaubliche Leistung vollbringen zu können, fressen sich die Vögel in Deutschland Fettvorräte an. Wenn sich aufgrund der Erderwärmung die Wüstenregionen ausweiten, bedeutet das unter Umständen, dass die Vögel an Entkräftung sterben, bevor sie ihr Winterquartier erreichen. Und während im Winter manche einheimische Vogelarten Deutschland verlassen, kommen andere aus Skandinavien oder Sibirien hierher, wo es vergleichsweise warm ist, zum Beispiel Polar- oder Schneefinken, Seidenschwänze oder Tannenhäher und jede Menge Gänse.

Wer im Frühling zur Morgendämmerung in den Wald geht – speziell in einen Bergmischwald –, wird verblüfft sein, wie viele Vögel um einen herum piepsen, schilpen, krächzen und trillern. Dann herrscht Balzzeit, und wer sich da so stimmgewaltig Gehör verschafft, sind alles Männchen, die Weibchen geben nämlich keinen Ton von sich. Manchmal ist das Konzert derart vielstimmig, dass man denkt, es müsse künstlich verstärkt sein. Und es klingt derart grandios, dass es sogar Aufnahmen auf CD zu kaufen gibt. Wenn es dann hell wird und die Sonne aufgeht, erlischt das Konzert relativ schnell.

Viele der kleineren Waldvögel bekommt man nur schwer zu Gesicht. Nur wer sich für längere Zeit ganz ruhig hält und einfach mal abwartet, wird sehen, was da in einer Stunde so alles vorbeigeflogen kommt, den Baum hochläuft oder am Boden das alte Laub nach Sämereien, Würmern und dergleichen durchsucht: Bergfinken, Bluthänflinge, Dompfaffe, Stieglitze, Baumläufer, Haubenmeisen, Buntspechte, Buchfinken, Fichtenkreuzschnäbel ...

Was für die Vögel gilt, gilt in Deutschland generell für Wildtiere: Intensive, nahe und spektakuläre Tierbeobachtungen sind extrem selten und erfordern entweder viel Glück oder enorme Geduld – weit mehr als in anderen Weltgegenden. Viele Tiere sind durch den Zivilisationsdruck sehr scheu geworden, und manche ursprünglich tagaktiven Tiere sind nun dämmerungs- oder gar nachtaktiv. Anders ist es in den Nationalparks. Da lecken einem die Steinböcke das Salz fast aus der Hand, ziehen die Rothirsche durchs Schilf und durch die Riedflächen an der Müritz, und im Harz oder der Hohen Rhön sieht man das Birkwild oder gar das Auerwild balzen. Dazu muss man sagen, dass das relativ alte Schutzgebiete sind, in denen die Tiere den Menschen nicht als Bedrohung und Störfaktor wahrnehmen. In allen anderen Gebieten, in denen ein »normaler« Ablauf und vielleicht sogar Jagdbetrieb herrscht, findet man in der Regel höchstens Fährten oder sieht ein Tier mal irgendwo zwischen dunklen Tannen vorbeihuschen.

Für viele Menschen sind ja schon solche Begegnungen toll. Oft bekomme ich mit großer Begeisterung erzählt: »Ich hab ein Wildschwein im Wald gesehen.« – »Echt? Wie lange?« – »Na ja, vielleicht vier Sekunden, es kam zwischen den Bäumen raus, lief über den Waldweg und – *zack!* – in den nächsten Busch rein, und war verschwunden.« Dazu kann ich nur sagen: Die tollen Tierbeobachtungen, wie man sie im Fernsehen sieht, sind in der Regel das Resultat vieler Wochen, Monate, unter Umständen Jahre harter Arbeit.

Trotzdem kann man, wenn man mit wachen Augen unterwegs ist, vieles wahrnehmen; in erster Linie kleine oder langsame Tiere, im Frühjahr besonders Amphibien, wie Berg-, Teich- oder Fadenmolche oder Kröten. Und Käfer. Interessant ist auch das Leben im Ameisenhaufen, in einem Gebirgsbach oder einem kleinen Waldsee. Will man mehr, muss man sich Zeit nehmen und sich auf die Natur einlassen, sich mit einem Fernglas ein ruhiges Plätzchen in einem Wald suchen, einfach mal in ihn hineinhören und beobachten. Nicht zur Mittagszeit, wenn die Tiere des Waldes schlafen, sondern in den Morgen- und Abendstunden. Es ist erstaunlich, was da alles um einen herum kreucht und fleucht. Da hoppelt ein Waldhase fünf Meter an einem vorbei. Von irgendwo kommt ein Fuchs, der auf der Suche nach Beute ist oder mit einem Fang zu seinem Bau zurückkehrt. Da zieht ein Reh oder eine Ricke mit ihrem Kitz über die Waldlichtung. Wenn man Glück hat, sieht man sogar, wie das Kitz gesäugt wird.

Das erzähle ich auch, wenn ich an Schulen Vorträge halte. Oft muss ich dabei feststellen, dass viele Kinder und Jugendliche nicht einmal häufig vorkommende Tiere oder Pflanzen (er)kennen und überhaupt wenig über die Natur wissen. Dann hoffe ich immer, dass ich mit meinen Vorträgen das Interesse und ein Naturbewusstsein wecken kann; dass ich ihnen vermitteln kann, wie schön und wertvoll die Natur ist. Denn nur, was der Mensch schön oder wertvoll findet, hält er für schützenswert. Einige wissen aber auch erstaunlich viel. Letztens hatte ich zu einem Vortrag in einer zweiten Klasse Tierschädel mitgebracht, und ein Mädchen wusste bei allen, zu welchem Tier sie gehörten. Da war ich wirklich baff.

Als Cleo und ich den Oberlauf der Saale, ein wildromantisches Flusstal mit vielen Felsen und ein Natur-Eldorado, hinunterwanderten, hatte ich kaum einen Blick für die herrliche Landschaft, denn es regnete ununterbrochen und war immer noch lausig kalt. Zu allem Überfluss kündigte sich eine Erkältung an.

Als ich unter der Hutkrempe hervor einen Blick zum Himmel riskierte, bot sich mir ein seltsamer Anblick. Hoch oben auf einem Felsen stand ein riesiger Hirsch – aus Metall.

»Jetzt müssten wir es für heute bald geschafft haben«, sagte ich zu Cleo, die von dem Wetter auch schon längst die Nase voll hatte. »Hirschberg kann nicht mehr weit sein. Hoffentlich bekomme ich da Aspirin.«

In der Altstadt von Hirschberg könnte man, wenn man ein paar Telefon- und Stromleitungen und das eine oder andere Straßenschild entfernen würde, einen Historienfilm drehen – nur dass alles ziemlich heruntergekommen aussieht. Aber es hat seinen Charme: Katzenkopfpflaster,

Barockhäuser, und über dem Ort thront ein Schloss. Das Ganze malerisch eingebettet zwischen Wäldern, Wiesen, Saale und bewaldeter Felswand.

Natürlich heißt eine Apotheke in Hirschberg »Hirsch-Apotheke«. Das war ein recht seltsamer Laden. Ich guckte nach rechts: Naturheilkunde, Naturkräuter, homöopathische Mittel; dann nach links: Ah, da steht Aspirin; schließlich geradeaus: eine Poststelle. Das hatte ich auch noch nie gesehen. Eine Poststelle in einer Apotheke! Dann schweifte mein Blick weiter nach hinten in das alte mittelalterliche Gewölbe, und da gab es Duftkerzen, allerlei Schnickschnack – und reihenweise Schnäpse, vor allem natürlich den Hirschberger Kräuter-Bitter.

Karpfen-Klaus

Meine Kleidung war nass, der Hut war nass, Cleo war nass, und in der Schnapsecke stand einer in Tarnmantel und Gummistiefeln, mit einer Flasche Bier in der Hand und fragte: »Na, sag mal, wo kommt ihr denn her? Angelt ihr auch? – Ich bin der Karpfen-Klaus.«

Da ich selbst gern angle, kamen wir sofort ins Gespräch. Karpfen-Klaus war ein sehr lustiger, ein sehr bescheidener Mensch, dessen Leben sich ums Angeln drehte. Ein richtiger Vollblutangler. Ich war als Kind genauso, baute mir Schwimmer und Ruten selbst. Für meine erste richtige Angelrute hatte ich mir Bambus gekauft, der aus Vietnam kam, das weiß ich noch genau. Ich sägte die Stange in Stücke und bastelte mir mithilfe von Hülsen eine Steckrute. Die Schnurlaufringe befestigte ich mit Bindegarn, und unten kam eine Halterung dran. Meine erste Rolle war ganz einfach, aber immerhin zum Kurbeln. Davor hatte ich nur eine Stipprute: eine Schnur mit Schwimmer, Blei und Haken an einem Haselnussstock; damit habe ich im Thüringer Wald die besten Forellen gefangen.

»Wieso nennen dich die Leute hier eigentlich Karpfen-Klaus? Der Oberlauf der Saale ist eine typische Forellen- oder Äschenregion, aber doch nicht für Karpfen bekannt«, stellte ich schließlich die Frage, die mich schon die ganze Zeit über beschäftigte.

»Hier gibt es ein Wehr, und oberhalb davon ist die Saale aufgestaut und sehr breit. Da hat unser Angelverein Karpfen reingesetzt. Solche Kaventsmänner« – Karpfen-Klaus zeigte mit seinen Armen eine beachtliche Größe an – »schwimmen da herum! Hechte haben wir hier auch. Ich angle jeden Tag, und fast immer kriege ich einen.« Und um seine Worte zu unterstreichen, zog er tatsächlich einen Hecht, den größten Raubfisch unserer Binnengewässer, aus seinem Rucksack.

»Was machst du denn mit so viel Fisch?«, fragte ich erstaunt.

»Na, essen«, antwortete Karpfen-Klaus verdutzt.

»Alle? Du allein?«

»Nein«, lachte er, »ich habe eine Frau und viele Freunde. Und viele in Hirschberg haben keine Arbeit, die freuen sich immer, wenn ich ihnen einen Fisch schenke. Fisch zu essen ist hier außerdem Tradition.«

Der Sportfischereiverein Hirschberg hat einen Teil der Saale vom Land Thüringen gepachtet. Genauer gesagt die eine Hälfte eines Teils der Saale, denn jenseits der Flussmitte angelt die Konkurrenz: ein bayerischer Verein. Was die Sache recht pikant macht, ist, dass die Saale bei Hirschberg nicht breiter als zehn Meter ist.

»Das ist eine Riesensauerei!«, schimpfte Karpfen-Klaus in seinem thüringischen Dialekt. »Die Bayern da drüben, die dürfen schon ab dem 15. April Forellen angeln, und wir, wir hier in Thüringen, erst ab dem 1. Mai! Ich kann dir sagen, wenn wir hier anfangen, dann haben die auf der anderen Seite schon die ganzen dicken Fische rausgefangen!«

»Warum trittst du dann nicht dem bayerischen Verein bei?«, fragte ich arglos. »Es gibt doch hier überall Brücken. Da bist du doch gleich drüben und kannst von dort auswerfen.«

»Na hör mal, ich bin doch Thüringer und kein Bayer!«, echauffierte sich da Karpfen-Klaus. »Ich kann doch nicht von der bayerischen Seite aus angeln!« – Es war köstlich. Und dann sagte er noch: »Aber ich sag dir eins, im Forellenpuff war ich noch nie.«

Sogenannte Forellenpuffs sind meistens eigens zu diesem Zweck ausgehobene Teiche mit einer Bude, an der man Würstchen und Bier und eine Tagesangelkarte kaufen kann. Je nachdem, wie viel Geld man auf den Tisch blättert, werden aus einem großen Wasserbehälter, der per Pressluftflasche mit Sauerstoff durchströmt wird, Fische in den Teich umgesetzt: kleine Fische, mittlere Fische, große Fische. Besonders gut funktioniert das Ganze mit Forellen, speziell mit der amerikanischen Regenbogenforelle, die in Hybridform in alle möglichen Richtungen gezüchtet wurde: Lachsforelle, Silberforelle und Goldforelle. In den »Seen der Kapitalen« kann man für viel Geld auch auf Monsterkarpfen, große Störe, gewaltige Hechte, riesige Welse – ein »riesiger Wels« kann ein Meter achtzig lang und vierzig Kilo schwer sein – angeln. Der Angler fängt mehr oder weniger die Fische heraus, die gerade erst reingesetzt worden waren. Das ist in meinen Augen die übelste, unsportlichste und primitivste Art des Angelns. Denn Fische, die umgesetzt werden, schwimmen erst einmal verstört im Kreis, weil sie das Gewässer und den Geschmack des Wassers nicht kennen. Was die Leute an solchen Teichen als Köder verwenden, ist ebenfalls sehr skurril; da wird mit Eismeerkrabben aus der Dose geangelt oder mit speziellem Forellenteig mit Aromastoffen und in den tollsten Farben.

Viele Angler füttern Fische auch an, obwohl das mittlerweile verpönt ist, weil es die Gewässer zum Teil extrem belastet. Für Karpfen, Schleien, Barben und große Brassen werfen sie zum Beispiel gekochten Mais oder gekochte Kartoffeln ins Wasser. Oder »Boilies«, ein Kunstköder für Karpfen mit sehr starken Aromastoffen, der die Fische möglicherweise süchtig macht, weshalb ihn der Tierschutz schon mal verbieten lassen wollte. Deutschland und Angeln ist wirklich schräg.

Als ich Karpfen-Klaus erzählte, dass ich meine kleine Teleskop-Angelrute und meinen Jahres-Fischereischein dabeihabe, lud er mich für den nächsten Morgen zum Angeln ein.

»Und wo soll ich bis dahin eine Tageskarte herbekommen?«, wollte ich wissen.

»Die kriegst du gleich hier«, antwortete Karpfen-Klaus und nickte zur Kasse hinüber.

Als wäre die Hirsch-Apotheke mit ihrer Poststelle und dem integrierten Schnapsladen nicht schon kurios genug, kann man hier also auch Tagesangelscheine kaufen. Ich nahm einen für zehn Euro und durfte damit nach den Vorgaben des Hirschberger Anglervereins zwei Forellen, einen Hecht und einen Karpfen fangen – sprich: vier Edelfische. Generell gilt: Was man über die jeweiligen Vorgaben hinaus an den Haken bekommt und untermaßige, also zu kleine Fische muss man zurücksetzen.

Am nächsten Tag, es nieselte nur noch ab und zu leicht dahin, führte mich Karpfen-Klaus zu ein paar seiner Lieblingsstellen. Es machte sicher etwas aus, dass er wusste, dass ich nur einen Tag in Hirschberg bleiben würde, denn normalerweise verrät ein Angler seine Geheimplätze nicht – auch wenn diese in der Regel längst nicht mehr geheim sind, denn wenn ihn jemand hundert Tage im Jahr an derselben Stelle sitzen sieht ...

Wir angelten schließlich unterhalb vom Wehr. An solchen Stellen sind eigentlich immer Fische, da Wehre außer für Lachse, sehr starke Forellen und Aale fast unüberwindbar sind. Gleich bei meinem zweiten Wurf ruckte es. Das besagt noch gar nichts, denn der Blinker könnte sich unter Wasser an einer Wurzel, einem Stück Treibholz oder einem Stein verfangen haben. Erst in dem Moment, in dem es an der Rutenspitze vibriert, beschleunigt sich dein Puls und wird Adrenalin ausgeschüttet. Jetzt wird es spannend, denn wenn der Fisch zwischen Hindernisse schwimmt – siehe oben: Wurzeln, Treibholz, Steine –, kann sich die Schnur verheddern und ist der Fisch verloren. Das will man natürlich nicht, weshalb man den Fisch drillt, also ihn mit der Rute von Hindernissen wegholt – sofern man diese ausmachen kann oder kennt – und sich müde kämpfen lässt. Irgendwann war auch mein Fisch, ein Hecht, müde.

»Der ist maßig, der hat das Maß. Den kannst du mitnehmen«, entschied Karpfen-Klaus, noch bevor ich meinen Fang ganz aus dem Wasser gezogen hatte. Als der Hecht im Gras lag, maßen wir nach, und tatsächlich hatte er 52 Zentimeter – fünfzig muss er haben, damit man ihn mitnehmen darf.

Im Kanu ins Thüringer Schiefergebirge

Am nächsten Morgen zeigte sich endlich einmal die Sonne. Cleo, die die letzten Tage meist mit hängendem Kopf neben mir hergetrottet war, wobei sie mich hin und wieder mit einem vorwurfsvollen Blick bedacht hatte, war wie aus dem Häuschen. Ausgelassen tollte sie über die Wiesen, schnuffelte hier unter einen Busch, roch da an einer Fährte. Doch unser Glück dauerte nicht lange. Nach wenigen Stunden gab sich der Himmel wieder wolkenverhangen. Wenigstens blieb es trocken.

Am Oberlauf der Saale werden Wildwasserraftings angeboten, und ich ergriff die Gelegenheit, ein Stück des Weges in einem Kanu zurückzulegen. Cleo war von meiner Idee, den Fluss ein Stück in einem kleinen, schmalen, schwankenden Gummiding runterzupaddeln, überhaupt nicht begeistert. Genauer gesagt: Sie weigerte sich einzusteigen. Cleo war ja auch noch nie Boot gefahren. Als alles gutes Zureden nicht half, hob ich sie kurzerhand in das Kanu, stieg schnell hinterher und paddelte sofort los.

»Braves Mädchen. Es ist alles in Ordnung«, redete ich auf Cleo ein, während sie sich nervös hierhin und dorthin wandte, setzte, aufstand, sich einmal um sich selbst drehte, dann wieder setzte ...

Das war auch für mich ein aufregender Moment, denn jetzt würde sich zeigen, ob Cleo nur das Neue, Ungewohnte scheute oder grundsätzlich ein Problem mit dem Bootfahren hatte, so wie manche Hunde mit dem Autofahren. Ich hoffte natürlich auf Ersteres, und das aus zweierlei Gründen. Der eine waren die Kilometer, die nun vor uns lagen: Man sieht vom Fluss aus nämlich einiges, was vom Ufer aus verborgen bleibt. Viele Tiere nehmen einen Menschen auf dem Wasser nicht als Gefahr oder Störfaktor wahr, als wäre er ein Stück Treibholz, das den Fluss hinuntertreibt. Eine Erfahrung, die ich schon sehr häufig gemacht habe. Ein Reh zum Beispiel bleibt am Ufer stehen, hört zwar auf zu äsen und äugt dir nach, aber es flieht nicht. Ähnlich ist es, wenn man mit dem Auto an einer Wiese mit Rehen vorbeifährt. Die heben manchmal noch nicht einmal den Kopf, sondern äsen einfach weiter. Rehe und auch andere Tiere nehmen den Menschen offenbar nur dann als Gefahr wahr, wenn er auf zwei Beinen daherkommt. Umgekehrt funktioniert das ebenso. Deshalb können Safaritouristen vom offenen Jeep aus Löwen aus nächster Nähe beobachten. Solange sie im Auto bleiben, werden sie von den Tieren nicht als Beute identifiziert. Das ist schon eigenartig. Möglicherweise ist es eine Frage der Evolution. Die Evolution arbeitet ja sehr, sehr langsam, und vielleicht hatten die Tiere schlichtweg noch nicht genügend Zeit, sich auf Boote und Autos einzustellen. Der zweite Grund waren meine künftigen Reisen. Vielleicht würde ich ein weiteres Mal, wie schon 1991 und 2005, auf dem Yukon durch Nordamerika und Kanada reisen wollen. Im Jahr 2005 hatte mich im Frühjahr für gut drei Wochen mein älterer Sohn Erik, während der Sommerferien dann die ganze Familie begleitet.[*] Wer aber damals die ganze Reise über bei mir war, war Cita.

Nach einiger Zeit beruhigte sich Cleo zum Glück und beobachtete interessiert die Umgebung. Es ging durch die landschaftlich unheimlich reizvollen Saaleauen. In den nächsten Stunden sahen wir einen Mäusebussard über uns

---

[*] Diese Reise hat Andreas Kieling in seinem Buch *Bären, Lachse, wilde Wasser. Als junge Familie durch Kanada und Alaska*, erschienen 2007 bei Malik, geschildert. – Anm. d. Red.

kreisen, Bisame – der gebräuchlichere Name Bisamratte ist irreführend, da der Bisam zur Mäusefamilie gehört – an uns vorbeischwimmen, Graureiher mit ihren hübschen, schwarzen Schopffedern durch die Uferzone staksen, Wasseramseln auf der Suche nach Fliegenlarven im Flachwasser stochern, einen Eisvogel in seinem herrlich bunten, schillernden Gefieder nach einem Fisch tauchen und Kolkraben. Der Kolkrabe, der, man möchte es nicht glauben, zu den Singvögeln zählt, war als angeblicher Schädling über Jahrhunderte verfolgt worden und vor gut sechzig Jahren in weiten Teilen Mittel- und Westeuropas ausgerottet. Heute ist er wieder häufig anzutreffen und zählt zu den »ungefährdeten« Tierarten. Auch Eisvögel – es lebt in ganz Mitteleuropa nur eine einzige der insgesamt neunzig Arten umfassenden Familie der Eisvögel – waren zu Tausenden getötet worden, weil ihre prächtigen Federn bei den Damen als Hutschmuck und bei den Anglern zur Herstellung künstlicher Fliegen sehr gefragt waren. Heute ist der Eisvogel in Deutschland streng geschützt und der Bestand zwar relativ klein, aber einigermaßen stabil. Anlass zur Freude besteht dennoch nicht, weil sein Lebensraum – er braucht ganzjährig offenes Wasser, da er sich von Fischen, Wasserinsekten, Kleinkrebsen und Kaulquappen ernährt – durch den Ausbau und die Regulierung von Bächen und Flüssen, das Zuschütten von Tümpeln und die Trockenlegung von Feuchtgebieten immer kleiner wird. Außerdem benötigt er zum Brüten steile Uferwände aus Sand, Lehm oder Ton, in die er seine Bruthöhlen graben kann.

Eisvogeljunge zeigen ein sehr interessantes und ganz außergewöhnliches Verhalten: Kommt ein Elternteil zum Füttern, stellen sie sich in der Bruthöhle in Reih und Glied auf, was aufgrund des engen Raums allerdings eher zu einem Halbkreis oder Kreis gerät. Das Junge, das der Brutröhre, also dem Weg, der zum Eingang führt, am nächsten steht, wird als Erstes gefüttert. Danach setzt es in der Brutröhre einen Kotstrahl ab und stellt sich hinten wieder an, ein Futterkarussell quasi. Das ist wirklich erstaunlich, denn bei allen anderen Vögeln, egal ob Reiher, Rohrdommel, Eule oder Schwarzstorch, setzt sich immer das Junge durch, das am lautesten schreit und den Schnabel am weitesten aufreißt. Das schwächste Junge hat kaum eine Chance, an Futter zu kommen, wird von den Geschwistern attackiert und drangsaliert, verendet irgendwann und wird aus dem Nest geworfen. Eine Erklärung für das ungewöhnliche Verhalten des Eisvogels könnte sein, dass ein totes Junges durch die enge Brutröhre nicht so leicht aus der Höhle zu schaffen wäre und der verwesende Körper den gesamten Nachwuchs gefährden könnte.

An einer Stelle fuhren Cleo und ich unter einer riesigen Brücke der A9 von Nürnberg nach Leipzig durch, die aus unserer Perspektive wie eine Kathedrale wirkte. Von den Ufern grüßten uns Angler mit »Petri heil!« und »Na, schon was gefangen?«. Einige warnten auch: »Pass bloß auf, da unten kommt gleich ein Wehr.«

Es gibt Sturzwehre, an denen das Wasser mehr oder weniger senkrecht in die Tiefe stürzt, und Rutschwehre, an denen es auf schrägem Untergrund vergleichsweise gemächlich abfließt. Vor uns lag, wie ich wusste, ein Rutschwehr. Vermutlich kein Problem, dachte ich, da hast du bestimmt schon Schlimmeres durchfahren, die Stromschnellen waren bislang ja auch nicht gerade spektakulär. Die Saale hatte da in der Tat so wenig Wasser, dass wir mitten auf dem Wehr an einer Betonerhebung abrupt abgebremst wurden. Cleo rutschte nach vorn, ich hinterher. Das muss sehr, sehr komisch ausgesehen haben, denn die

Angler am Ufer kriegten sich vor Lachen nicht mehr ein. Ich ruderte ein bisschen mit dem Paddel herum und bekam uns wieder frei. Wenigstens blieb mir so die Blamage erspart, aus dem Kanu aussteigen und es anschieben zu müssen.

Kurze Zeit darauf ging es wieder zu Fuß weiter. Früher, selbst noch in den Anfangsjahren der DDR, kamen viele Wanderarbeiter aus dem benachbarten Bayern in die Schieferbrüche im Ostthüringer Wald und im Thüringer Schiefergebirge, in denen gutes Geld zu verdienen war.

Schiefer, der nur sehr langsam verrottet, wurde früher in erster Linie beim Bau von Häusern und Dächern eingesetzt, sodass in dieser Gegend, in der das Schieferhandwerk eine sehr lange Tradition hat, die Dörfer alle in Einheitsblaugrau erscheinen. Mittlerweile ist Schiefer auch im Innenausbau – etwa für Bäder und Küchen – in Mode. Aber ob innen oder außen: Thüringer und generell deutscher Schiefer findet sich immer seltener, da importierter Schiefer aus China, Indien, Spanien oder Portugal trotz der zum Teil langen Transportwege billiger ist.

Die öffentliche Hand steht immer wieder in der Kritik, weil sie Steuergelder verschleudert. Doch da, wo eine Mehrausgabe sinnvoll wäre, um einheimische Unternehmen zu unterstützen, fängt sie auf einmal zu sparen an. So wurde ein Spaßbad ganz in der Nähe, das nach der Wende mit EU-Fördermitteln gebaut wurde, mit Schiefer aus China verkleidet – und das, obwohl Schiefer aus Thüringen von höchster Qualität ist und sogar als einer der besten der Welt gilt. Da kann man nur noch den Kopf schütteln.

Schiefergebirge klingt nach nacktem Gestein, kahlem Fels, und in der Tat sieht man ständig mit Schieferbruch übersäte Abhänge. Doch in erster Linie sieht man Wald und – noch mehr Wald.

Deutschland, deine Wälder

Deutschland ist, was vielen nicht bewusst sein dürfte, das waldreichste Land Europas: Ein Drittel der Fläche ist Wald, und wir besitzen mehr Holzvorräte als Schweden oder Finnland: geschätzte 3,4 bis 3,9 Milliarden Kubikmeter in über elf Millionen Hektar Wald. Oder plastischer: 39 Milliarden Bäume. Die Skandinavier haben vielleicht mehr Bäume als wir, aber die unseren haben dickere Stämme, somit mehr Festmeter, wie der Forstmann sagt. Die waldreichsten Bundesländer mit je um die 40 (!) Prozent Waldfläche sind – in alphabetischer Reihenfolge – Baden-Württemberg, Bayern, Hessen, Rheinland-Pfalz und das Saarland, die waldärmsten sind Sachsen (mit immer noch etwa 20 Prozent) und Schleswig-Holstein (knapp zehn Prozent).

Grundsätzlich kann sich Wald dank sogenannter Naturverjüngung selbst regenerieren, wie er es ja auch über Jahrtausende getan hat. Wird es zu dunkel und zu schattig, sterben zuerst die kleineren, irgendwann auch große Bäume. Stürme lichten den Wald ebenfalls. Alte und kranke Bäume brechen weg und schaffen Platz. Der Wind und zig Tierarten sorgen dafür, dass die Samen der Bäume verbreitet und über den Wald verteilt werden. Und siehe da, überall wachsen junge Bäume.

Nun haben wir in Deutschland zwar sehr viel Wald, aber kaum Urwälder. Über 99 Prozent der Wälder sind nicht natürlich gewachsen, sondern von Menschenhand angelegter Wirtschaftswald, also gehegt und gepflegt, durchforstet, durchgebürstet, geharkt, von Totholz gesäubert, in Abteilungen geteilt, von Rückeschneisen, Maschinenwegen und so weiter durchzogen. Der Normalbürger erkennt einen Wirtschaftswald trotzdem meist gar nicht als solchen, vor allem, wenn es sich um Laubwald handelt. Bei Fichtenwäldern sieht man es schon eher, da Fichten schön deutsch in Reih und Glied gepflanzt werden, damit sie schnell hochschießen. Fichten machen, nebenbei bemerkt, fast 40 Prozent unserer Wälder aus.

Der Waldreichtum ist aus ökonomischer Sicht ein wertvolles Gut: Holz ist Deutschlands größte Rohstoffquelle, bedeutender als zum Beispiel die Steinkohle- oder Kalivorkommen, und zudem ein nachwachsender Rohstoff. Man muss sich nur einmal überlegen, was aus Holz alles hergestellt werden kann: Papier, Möbel, Parkett, Fenster, Türen, Zäune, Balkone, Dachstühle, Furniere, Dämmmaterial, Boote, Kleiderbügel, Schneidbretter und und und. Selbst Holzabfälle kann man verwenden, etwa aus den in einem Sägewerk anfallenden Holzspänen Pellets pressen, die immer öfter zur Befeuerung von Öko-Heizungsanlagen verwendet werden. Aus minderwertigem Holz und Holzabfällen lässt sich der Brenn- beziehungsweise Treibstoff Methangas erzeugen, ein hochwertiger Energieträger, der in Leistung und Qualität dem Erdgas gleichkommt. Weshalb mittlerweile ja auch die Anpflanzung schnell wachsender Weichhölzer wie Pappel, Espen oder Weiden subventioniert wird – in Fachkreisen nennt man das dann Energiewälder. Aus sieben Kilo Hartholz kann man ungefähr einen Liter Treibstoff herstellen. Apropos Treibstoff: Die Forst- und Waldwirtschaft in Deutschland beschäftigt zusammen mit den Folgewirtschaften wie beispielsweise der holzverarbeitenden Industrie mit 1,2 Millionen Arbeitsplätzen mehr Menschen als die Autoindustrie.

Der Wald beziehungsweise sein Holz ist also ein wertvolles ökonomisches Gut. Nun haben wir Deutschen aber auch ein recht hohes Umweltbewusstsein; vielleicht nicht so hoch, wie es sein müsste, doch im Vergleich zum Rest der Welt recht beachtlich. Ökonomische und ökologische Interessen gehen nur leider selten Hand in Hand, und so scheiden sich am – oder sollte ich besser sagen: im – Wald die Geister, speziell an den Waldtieren.

Vor allem Privatwaldbesitzer, die nur einen kleinen Wald haben und vielleicht sogar von dessen Ertrag leben müssen, sind auf viele Waldtiere nicht gut zu sprechen, allen voran Rot- und Rehwild. Rot- und Rehwild ist eigentlich nicht sonderlich am wertvollen Hartholz interessiert. Hirsche und Rehe bevorzugen Weichholz, werden immer erst an einer Weide, einer Erle oder einer Linde fressen, das heißt die jungen Triebe verbeißen. Bloß sind das nicht die Bäume, die man in einem Wirtschaftswald – außer in den bereits erwähnten Energiewäldern – will, weil man mit ihnen nicht das große Geld verdienen kann. Man will schlanke, gerade gewachsene Buchen, Eichen, Eschen, Ahorn, Kiefern und eben Fichten, obwohl die Fichte eigentlich zu den Weichhölzern zählt. Und da, wo es keine oder kaum Weichhölzer gibt, fressen Hirsche und Rehe natürlich Hartholz, weshalb mancherorts das Motto herrscht: Nur totes Schalenwild ist gutes Schalenwild (Schalenwild ist alles Wild mit Hufen). Und dann heißt es: Schieß ich lieber ein Stück Rotwild oder fünf Rehe? Anders ausgedrückt: Wenn man ein Stück Rotwild schießt, entspricht das in etwa der Fressgier von fünf Rehen. Nachsicht wird allenfalls beim Schwarzwild geübt, da Wildschweine Forstschädlinge vertilgen und den Waldboden durchlüften, indem sie ihn auf der Suche nach Wurzeln oder Engerlingen aufwühlen. Dafür haben, nebenbei bemerkt, die Wildschweine unter den Bauern, deren Felder sie verwüsten, zahlreiche Feinde.

Viele Privatwaldbesitzer und auch so manche Förster denken diesbezüglich ähnlich wie vor Jahrzehnten oder

Jahrhunderten, als die Menschen sagten: Alle Raubtiere, die dem Wald und unseren Nutztieren Schaden zufügen können, müssen eliminiert werden. Da wurden Bären geschossen, Wölfe, Füchse, Luchse, Marder, Dachse, ja sogar Greifvögel inklusive Eulen. Das war nach dem Jagdgesetz alles erlaubt. Fischotter wurden erlegt, weil sie die Bergbäche plünderten und sich aus den Teichen bedienten, in denen die Mönche Fische züchteten. Bald waren die verbliebenen Beutegreifer zu wenige, um den Bestand der Beutetiere, in erster Linie Pflanzenfresser, auf einem für die Natur verträglichen Niveau zu halten. Die Folge war, dass die Beutetiere zu einem echten Problem wurden. Kranke Wildtiere wurden nicht mehr gerissen, sodass sich Seuchen ausbreiten und auf das Nutzvieh überspringen konnten. Und die Pflanzenfresser vermehrten sich derart, dass sie dem Wald schadeten und sogar zu Nahrungskonkurrenten für den Menschen wurden. Kurz und knapp: Das ökologische Gleichgewicht war empfindsam gestört.

Würde man sämtliches Schalenwild – oder zumindest das Rot- und das Rehwild – aus den Wäldern verbannen, würde dies das Ökosystem Wald ebenfalls erheblich aus der Balance bringen. Eine, nennen wir es einfach mal Biomasse wie Rotwild macht zum Beispiel die unterschiedlichsten Lebewesen satt. Viele Klein- und Kleinsttiere ernähren sich auch von Kadavern und Nachgeburten. Andere von den Exkrementen dieser Tiere.

Manch andere haben aus den Fehlern früherer Zeiten gelernt und versuchen das ökologische Gleichgewicht zu erhalten beziehungsweise es wiederherzustellen. Dazu ist es gegebenenfalls nötig, Schalenwild zu schießen, um stark überhegte Wildbestände auf ein ökologisch sinnvolles Maß zu reduzieren. Förster und Jäger mit einem gesunden Naturbewusstsein gehen dabei mit Maß und Ziel vor und nach dem Motto »Leben und leben lassen«. Und sie heißen im Sinne eines ökologischen Gleichgewichts Vielfalt willkommen. Mittlerweile sind etliche Tiere, die vor dreißig Jahren in Deutschland am Rand der Ausrottung beziehungsweise des Aussterbens standen, von allein zurückgekehrt oder haben sich dank Auswilderungsprojekten wieder hier etabliert. Meist sind das nicht große Beutegreifer wie Bären oder Wölfe – mit denen wir Deutschen ohnehin immer noch ein Problem haben; ich brauche hier nur an Bär Bruno zu erinnern –, sondern eher kleine Tiere.

Dieses Kleingetier ist oft wichtiger als ein großer Räuber. Für den Wald an sich ist am nützlichsten die Waldameise, speziell die Große Rote Waldameise. Waldameisen stehen übrigens, was so manchen verwundern wird, in der Roten Liste der gefährdeten Tiere der IUCN (Weltnaturschutzunion) und sind »besonders geschützt«. Die Waldameise belüftet den Boden, räumt ihn ab, sie vernichtet schädliche Bakterien und fördert nützliche ... Sehr wichtig sind die Pilze, die totes organisches Material zersetzen oder die Entwicklung lebender Pflanzen unterstützen: Schätzungsweise 80 bis 90 Prozent aller Pflanzen werden in ihrem Wachstum von Pilzen gefördert! Dazu kommen die Würmer, die wie die Ameisen und die Wildschweine den Boden durchlüften, oder die Mistkäfer, die Kot und Aas vertilgen.

Die schöne Försterin und Einstein

Das Wetter blieb schlecht. Wenn es mal nicht regnete oder nieselte, war es zumindest wolkenverhangen. Es war sehr unangenehm, zumal Cleo und ich oft im Zelt übernachten mussten, weil es weit und breit keine Pension gab. Gerade in den Morgen- und Abendstunden war alles klamm, und nach einiger Zeit sah ich direkt ein bisschen heruntergekommen aus: unrasiert, fettige Haare ...

Eines Morgens, als Cleo und ich mal wieder sehr zeitig losmarschiert waren – dieses Mal auf einem der vielen schönen Wanderwege, die parallel zum Kolonnenweg verlaufen –, sah ich im Gemisch aus Frühnebel und Nieselregen eine Gestalt seitlich zwischen den dunklen Tannen hervorkommen. Da ist aber jemand auch ganz schön früh unterwegs, dachte ich. Dann konnte ich einen Hut und ein Gewehr ausmachen. Ah, ein Jäger. Kurz darauf sah ich lange blonde Haare unter dem Hut hervorschauen.

»Hm, eine Jäger*in*, nicht schlecht«, sagte ich zu Cleo und grüßte die Frau schon von Weitem mit einem recht freundlichen »Guten Morgen«, das auf Thüringisch erwidert wurde. »Und hübsch«, murmelte ich, als sie näher kam. Ich merkte, wie ich misstrauisch gemustert wurde – nicht von einer eifersüchtigen Cleo, sondern von der Fremden.

»Na, wo wollen Sie denn hin? Und wo kommen Sie so früh schon her?«, fragte sie schließlich, als ich auf ihrer Höhe war, und warf dabei immer wieder einen Blick zu Cleo.

»Ich weiß genau, was Sie jetzt denken«, entgegnete ich zunächst. »Sie fragen sich, wie dieser langhaarige Landstreicher zu einem Hannoverschen Schweißhund kommt. Den hat der bestimmt irgendwo geklaut.« (Die Filmkamera, die mir einen etwas seriöseren Anstrich verliehen hätte, steckte zu dem Zeitpunkt im Rucksack.) Darauf sagte sie nichts, denn ich hatte genau ins Schwarze getroffen. »Ich muss sie enttäuschen, ich bin kein Landstreicher. Das hier ist Cleo, ich bin Andreas, und wir sind auf der Wanderschaft; wir wollen zur Ostsee. Ich war früher übrigens selbst Förster und Berufsjäger.«

Damit war das Eis gebrochen, und es sprudelte nur so aus der schönen Försterin heraus: »Ich bin Grit und hier die Revierförsterin. Ich war erst Forstfacharbeiterin, habe dann studiert und mein Forstdiplom gemacht. Noch zu DDR-Zeiten studierte ich Fachingenieur für Wildbewirtschaftung, also Berufsjäger. Eine Zeit lang war ich danach auf der Kreisjagdstelle in Jena und habe längere Zeit in einem Forstamt Dienst getan, bevor ich schließlich mein Revier hier übernommen habe. 14 Quadratkilometer.«

»Privat- oder Staatsforst?«, fragte ich.

»Privat, und auch noch auf etwa dreißig Eigentümer verteilt!«

Das ist eine echte Aufgabe, weil jeder Eigentümer Sonderwünsche hat, jeder will irgendwelche Subventionen, und man muss ständig Anträge und Formulare ausfüllen. Ein Förster, der Staatsforst betreut, hat es da um einiges leichter.

Ich erzählte dann, dass ich schon lange nicht mehr im Dienst bin und was ich nun so mache. Zwar kennen viele Menschen nicht meinen richtigen Namen, aber meine Filme und meinen Spitznamen »Bärenmann«. Oft brauche ich nur zu sagen, dass ich meinen Sohn zu einem Dreh in Alaska dabeihatte, dann heißt es gleich: »Ah, Sie sind das! Sie sind der Bärenmann. Und da war doch ein Hund dabei ...« So war es auch auf dieser Wanderung. Da gab es später einige witzige, zum Teil rührende Begegnungen. Aber Grit hatte noch nie von mir gehört, vom »Bärenmann« nicht, von Erik nicht, von Cita nicht. Ich hatte ein bisschen Eindruck schinden wollen, da Grit wirklich sehr attraktiv war, aber das war ja wohl voll danebengegangen.

Wie das so ist unter Jägern, unterhielten wir uns dann über Wild und Wald und kamen irgendwann auf Wildschweine zu sprechen.

96

»Wildschweine zählen in Deutschland zu meinen Lieblingstieren. Außerdem schmecken sie gut«, grinste ich. Ich erzählte Grit, dass wir in der Eifel viel zu hohe Schwarzwildbestände haben, die enorme Schäden auf landwirtschaftlich genutzten Flächen anrichten, und dass die Jäger sie kaum in den Griff bekommen.

»Wenn du« – uns zu siezen war uns schnell lästig geworden – »mal ein richtig großes Wildschwein sehen willst, dann komm mit. Ich lade dich zu einem Frühstück auf meinem Hof in Herrschdorf ein und stelle dir bei der Gelegenheit Einstein, mein zahmes Wildschwein, vor.«

Eigentlich wollten Cleo und ich ja weiter, und Herrschdorf lag, wie mir ein Blick auf meine Karte zeigte, so überhaupt nicht auf unserem Weg, aber wir waren neugierig auf Einstein.

Herrschdorf sah wie ein Museums- oder Filmdorf aus. So nett und adrett, wie für einen Heimatfilm aufpoliert. Auch in Hirschberg hatte ich mich ja in einer Filmkulisse gewähnt, und das sollte mir auf der weiteren Wanderschaft noch des Öfteren passieren. Grits Zuhause war ein alter landwirtschaftlicher Hof, der zur Revierförsterei umgebaut worden war, komplett verschiefert, unglaublich schön gemacht. Eine Wand zierte ein aus verschiedenfarbigen Schieferplatten gestalteter springender Hirsch. Grit hatte die Vorlage dazu selbst gezeichnet, und ein Schiefermeister hatte das Motiv anschließend aus einzelnen Teilen am Haus angebracht – »angenagelt« wäre zu leicht gesagt. Es war insgesamt ein sehr schöner Hof, in U-Form gebaut, mit eigenem Brunnen, einer gewaltigen Scheune mit Heuraufe, einem Gästehaus, einem Karnickel- und einem großen Hühnerstall. Außerdem gab es Schafe. Hinter dem Haus lag ein riesiger Gemüsegarten, und überall hingen Maiskolben zum Trocknen. Einen Großteil des Daches bedeckte eine Photovoltaikanlage, die das Bild aber seltsamerweise nicht störte.

Cleo und ich hatten uns schon auf das Frühstück mit der schönen Försterin gefreut, aber zu einer schönen Försterin gehört natürlich ein Förster, so ist das leider, und der kam, gerade als wir mit der Hofbesichtigung fertig waren, vom Joggen zurück. (Er trainierte, wie sich später herausstellte, für den Rennsteig-Marathon – 42 Kilometer bergauf und bergab.) Durchtrainiert, athletisch, gut aussehend.

»Ich bin der Hans«, begrüßte er mich freundlich und schien sich kein bisschen zu wundern, wen seine Frau da mitgebracht hatte. Zur Erinnerung: leicht heruntergekommener Kerl mit langen Haaren, Rucksack und einem Rassehund.

»Bevor ich Einstein rauslasse, bindest du Cleo besser irgendwo draußen an«, meinte Grit.

Gesagt, getan, dann öffnete sie eine Stalltür, und heraus kam ein Monster von Keiler. Mir gingen fast die Augen über. Ich habe ja schon wirklich viele Wildschweine gesehen, aber noch nie ein so gewaltiges Exemplar. Waldarbeiter hatten Einstein als etwa zwei Wochen alten Frischling zu Grit gebracht, und die hatte ihn mit der Flasche großgezogen. Inzwischen war Einstein fünf Jahre alt. Er war relativ zahm, aber als er auf mich zukam, stieg ihm wohl Cleos Geruch, die am Zaun angebunden wie wild bellte und sich nicht mehr einkriegte, in die Nase, und da biss er mich erst mal ins Knie, so ganz behaglich in meine Kniescheibe. Obwohl ich danach zwei Tage lang humpelte, hatte ich Glück gehabt, denn normalerweise beißen Keiler nicht so »vorsichtig«, sondern schlagen einem ihre Eckzähne bis in den Muskel hinein.

Grit griff schnell in einen Eimer, der neben der Stalltür hing, zog ein paar Walnüsse hervor, Einsteins Lieblingsspeise, und lenkte ihn damit von mir ab. Mit seinem gewaltigen Gebräch, seinem Kiefer, zerbiss der Keiler die Nussschale wie nichts und schluckte Nuss samt Schalenstückchen genüsslich hinunter.

»Der geht sogar mit in die Küche«, sagte Grit. »Vermutlich ist er der einzige Keiler Deutschlands, der so etwas darf.«

»Ja, vermutlich, aber nicht jetzt, oder?«, entfuhr es mir. Für den Moment hatte ich genug von Einstein.

Hans und Grit lachten, sperrten das Monster jedoch bereitwillig wieder in seinen Stall. Das heißt, Grit bugsierte Einstein hinein, denn wenn der einen schlechten Tag hat, darf ihm nicht einmal Hans, sondern nur sein Frauchen nahe kommen. Im Moment war er zwar ruhig, aber wer wusste schon, wie er reagieren würde, wenn ihm wieder Cleos Geruch in die Nase fuhr. Und irgendetwas schien ihm tatsächlich nicht zu passen. Denn kaum war die untere Hälfte der zweigeteilten Stalltür verriegelt, stellte sich Einstein auf die Hinterbeine, stützte die Vorderläufe an der Tür ab, grunzte und klapperte wie wild mit den Zähnen. Sehr beeindruckend! Wirklich sehr beeindruckend!

Beim Frühstück erzählten Hans und Grit, wie sie als Förster die Jahre der Wende erlebt haben. Die großen Staatsjagden mit fremden Regierungschefs und hochrangigen Diplomaten als Jagdgästen gehörten erst einmal der Vergangenheit an. Doch damit kehrte keine Ruhe ein, im Gegenteil. Plötzlich waren die Eigentumsrechte am Wald nicht mehr klar. Menschen, die enteignet worden waren, wollten ihren Wald zurückhaben. Einige behaupteten, der Staat habe den Wald verwahrlosen lassen. Jäger, vor allem Hobbyjäger, aus Westdeutschland fielen wie Heuschrecken ein, wollten für kleines Geld Trophäenträger schießen. Sie dachten, für eine Stange Westzigaretten, einen alten, klapprigen Gebrauchtwagen, den sie für ein paar hundert D-Mark irgendwo im tiefsten Bayern oder Hessen gekauft hatten, eine Satellitenschüssel oder einen Farbfernseher von Philipps oder Telefunken – alles Objekte, die in den ersten Jahren im Osten sehr begehrt waren – könnten sie einen Hirsch oder einen Muffelwidder unter der Hand erlegen. Früher mussten sie mindestens nach Polen, Ungarn, Rumänien oder in die Tschechoslowakei fahren, um starke Trophäen zu schießen, und dann hatte sich auf einmal die sehr viel nähere DDR aufgetan. Die DDR beziehungsweise die neuen Bundesländer waren zudem sehr wildreich, die Bestände teilweise überhegt. Das sind sie vielerorts heute noch, und Hans vertrat den Standpunkt, dass die Schalenwildbestände, also die großen Pflanzenfresser, das heißt Rehwild, Muffelwild und Rotwild, stark reduziert werden müssten, damit wieder ein naturnaher Wald hochwachsen kann.

Nicht nur Jäger kamen auf der Suche nach einer günstigen Gelegenheit, ebenso Antiquitätenhändler und -liebhaber, die für einen Apfel und ein Ei wertvolle Gemälde, alte Möbel, Kronleuchter oder Waffen eintauschten. Und Immobilienhaie, die die unbedarften Ostdeutschen übers Ohr hauten: Hübsches Haus, wir geben dir 30 000 Mark dafür – und der Betrogene freute sich noch. Für ihn waren kurz nach der Wende 30 000 Mark eine unvorstellbare Summe, und Häuser waren in der DDR nichts wert, Mietshäuser schon gar nicht. Die Mieten waren so niedrig, dass man davon nicht einmal die Instandhaltungskosten bestreiten konnte. Außerdem bekam man im Bedarfsfall keine Dachpfannen, keinen Putz, und Handwerker sowieso nicht, sodass die Häuser langsam verfielen. Meine eigene Familie hatte noch zu DDR-Zeiten ein Vierfamilienhaus, das sie mit den Mieteinnahmen nicht erhalten konnte, der

Stadt Gotha geschenkt. Und war froh, dass die Stadt das Geschenk annahm. Ein Haus aus der Jugendstilzeit, das muss man sich mal vorstellen! Mittlerweile ist es sehr schön restauriert, aber gehört halt jetzt der Stadt. Den Immobilienhändlern ging es meist gar nicht um das Haus, sondern um den Grund und Boden, auf dem es stand. Dessen Wert konnten die neuen Bundesbürger aber genauso wenig einschätzen. Und so wurde der Oma der Hof samt schönem Waldgrundstück oder das Grundstück am Saale-Stausee abgeschwatzt. Die Notare haben bei alledem schön mitgespielt, weil sie daran gut verdienten. Für Versicherungsvertreter waren die neuen Bundesländer ebenfalls ein lohnendes Feld, das sie ausgiebig beackerten und dabei den Menschen so manch völlig unnütze und überflüssige Versicherung aufquatschten.

Nicht, dass die DDR-Bürger ungebildet gewesen wären. Frag einen, der zu DDR-Zeiten aufgewachsen ist, über die großen Klassiker, über Maler, Dichter oder Schriftsteller, über Geschichte oder Astronomie, Chemie oder Physik, und er oder sie wird mehr wissen als die meisten Westbürger. Das Problem war, dass keiner mit dem kapitalistischen Wirtschaftssystem vertraut war. Wie auch?! Daher konnte leicht getrickst, übertölpelt oder gar betrogen werden, und das wurde zum Teil schamlos ausgenutzt. Wenn man als »Wessi« das weiß, fällt es einem vielleicht leichter, den Zorn und die Verbitterung so mancher »Ossis« zu verstehen.

Ich erzählte Grit und Hans im Gegenzug viel über Kanada und Alaska, eine Welt, die die beiden gern mal bereisen würden. Doch ihr kleines Eldorado, das sie sich hier geschaffen und mit dem sie sich ihren Lebenstraum erfüllt hatten, verpflichtete: die vielen Haustiere, die Reviere ... Länger als ein paar Tage kann und will man das nicht zurücklassen. Hinzu kam, dass Hans Bürgermeister war, bei der Freiwilligen Feuerwehr und den Jagdhornbläsern. Grit war im Tier- und Naturschutz sehr aktiv, sammelte zum Beispiel jeden Herbst kleine Igel ein, die bei ihr überwintern durften, stellte Anträge gegen die Zerstörung der Biotope von Feuersalamandern, ging mit ihren Dackeln in Schulen und erzählte den Kindern vom Wald und vom Wild. Hans und Grit waren – im positiven Sinn – so richtige Vorzeigeförster und -jäger.

Nebenbei: Auf unserer Wanderung trafen Cleo und ich sehr viele Biologen, Ornithologen, Landschaftspfleger, Jäger und Förster. Kurios war, dass viele, die aus dem Westen stammten, immer anklingen ließen, dass es Natur- und Tierschutz nur in den alten Bundesländern gegeben habe und die »Ossis« wenig Naturverständnis hätten. In ihrem DDR-Bild – wie in dem vieler Westdeutscher – ist für nichts anderes als Militär, Stasi, Planwirtschaft, Großflächenagrarwirtschaft und dergleichen Platz. Natürlich gab es das alles. Aber genauso gab es aktiven Natur- und Tierschutz, und zwar von privater wie von staatlicher Seite. Schon 1968 wurde der Naturschutz als Staats- und Bürgeraufgabe in die Verfassung der DDR aufgenommen, und es gab Natur- und Landschaftsschutzgebiete, Naturdenkmäler und »geschützte Parks«. Als ich noch in der DDR lebte, hatte ich die ornithologische Monatszeitschrift *Der Falke* abonniert. Billiger Druck, grauenhaft schlechte Bilder, aber interessante Abhandlungen über alles, was selten war, auch in der DDR, und geschützt wurde. Außerdem gab es ein Magazin für Terrarien- und Reptilienfreunde. Ehemalige DDR-Bürger sind dementsprechend sauer, dass die Westbürger so tun, als hätten sie den Naturschutz erfunden und würden ihn schon seit Ewigkeiten praktizieren. Dabei wurden im Westen bis in die jüngste Vergangenheit

Bäche begradigt, Wiesen und Feuchtbiotope trockengelegt, Flüsse in Korsetts gezwängt, jeder Mist reingepumpt ... Bei Leverkusen, so hieß es lange Zeit, kannst du im Rhein deine Filme entwickeln.

Grit und Hans waren Menschen, zu denen ich sofort einen Draht hatte, eine Seelenverwandtschaft spürte. Je länger wir uns unterhielten, umso mehr Gemeinsamkeiten entdeckten wir: die Liebe zur Natur und zu den Tieren, der Wunsch nach Unabhängigkeit, das Bestreben, ein möglichst autarkes Leben zu führen. Dann entdeckte ich, der ich eine Schwäche für den Glauben der alten Germanen habe, hinter dem Haus auch noch eine große, aus Holz gehauene Odinsfigur mit einer Midgardschlange.

Der Abschied fiel uns ziemlich schwer, und wir versprachen, in Kontakt zu bleiben. Tatsächlich haben wir uns seither bereits einige Male gegenseitig besucht.

Doch bevor Hans und Grit uns weiterziehen ließen, wollte mir Grit unbedingt noch Europäische Mufflons – in der Jägersprache: Muffelwild – zeigen.

»Und hab ein weit Revier ...«

Da in diesem Buch häufiger von Jägern die Rede sein wird, möchte ich hier ein paar grundsätzliche Worte über Jäger, Jagd und Jagdbrauchtum verlieren.

Das deutsche Bundesjagdgesetz ist vermutlich das perfekteste, aber auch das komplizierteste Jagdgesetz der Welt. Hier nur die wichtigsten Grundsätze: Das Jagdrecht ist grundsätzlich an Grund und Boden gebunden. Das heißt jedoch nicht, dass der Eigentümer jagen darf, denn das Recht auf die tatsächliche Ausübung der Jagd ist an weitere Bedingungen geknüpft, zum Beispiel einen Jagdschein und wie groß der Grund und Boden ist. Die Mindestgröße eines Reviers beträgt 75 Hektar oder umgerechnet 0,75 Quadratkilometer. Große Privatreviere gehören meist Adligen oder Industriellen. Wenn sie einen Jagdschein haben und jagdlich passioniert sind, fein.

Hat der Eigentümer allerdings keinen Jagdschein, muss er das Jagdrecht verpachten, da in Deutschland auch Jagdpflicht herrscht. Umfasst sein Grund und Boden weniger als 75 Hektar, kann er sich mit anderen Bauern und/oder Waldbesitzern zu einer Jagdgenossenschaft zusammenschließen. Sehr viele Reviere setzen sich aus verschiedensten Teilen zusammen, zum Beispiel aus Kommunalwald, Privatwald, Kirchenwald und Staatsforst. Wenn keiner der Jagdgenossen einen Jagdschein hat, verpachten sie das Revier ebenfalls an einen Jäger. Eine Pachtperiode beträgt neun oder zwölf Jahre. In dieser Zeit zahlt der Pächter beziehungsweise Jäger nicht nur die Pacht an den oder die Eigentümer, sondern zusätzlich jede Menge Jagdsteuer an Vater Staat. Außerdem muss er für den Schaden aufkommen, den das Wild auf den Feldern oder in den Wäldern anrichtet – obwohl Wild an sich eine herrenlose Sache ist. Das einzige Geld, das man als Jagdpächter aus einer Jagd zieht, stammt aus dem Verkauf des Wildbrets. Das deckt aber nur einen Bruchteil der Kosten. Da ein Jäger – ob nun Pächter oder Revierbesitzer – zudem ein gutes Gewehr braucht, schicke Jägerkleidung, einen Geländewagen, vielleicht ein Jagdhäuschen oder eine Jagdhütte und und und, ist die Jagd ein großer Wirtschaftsfaktor.

Für viele Deutsche hat das Jagen denn bis heute etwas Elitäres, Konservatives, nicht Volksnahes, einer der Gründe, weshalb es so kontrovers diskutiert wird. Zugegeben: Jäger wollten immer etwas Elitäres sein, weshalb sie sich vermutlich auch eine eigene Sprache zugelegt haben, die vom

Laien kaum verstanden wird. Ein Hirsch kackt nicht, der löst sich. Der pinkelt oder strullert auch nicht, der nässt. Die Paarungszeit ist bei den Hirschen die Brunft und bei den Wildschweinen die Rauschzeit, bei den Hasen ist es die Rammelzeit, bei den Füchsen die Ranzzeit – das soll mal einer verstehen. Wenn man unter Jägern sagt: »Der hat aber lange Ohren«, dann kann man abends gleich eine Runde ausgeben. Wildtiere haben nie Ohren! Der Hase hat Löffel, der Fuchs ein Gehör, das Rotwild Lauscher und das Wildschwein Teller. Ein Hirsch im Bast ist einer, dessen Geweih wie mit Samt überzogen aussieht. Und Geweihstangen sind keine Hörner! Kühe und so Bauernsachen haben Hörner, aber doch nicht so etwas Edles wie ein Hirsch!

Die Jagd ist bei uns zu etwas hochstilisiert, was man in Kanada, den USA, Russland, Skandinavien und vielen anderen Ländern gar nicht verstehen könnte. Da geht man in erster Linie zur Jagd, um Beute zu machen. Und wenn zwanzig Jäger auf Elchjagd gehen und nur ein Elch erlegt wird, dann wird das Fleisch halt durch zwanzig geteilt. Dass es in einem dicht besiedelten Land wie der Bundesrepublik Jagd- und Sachkundeprüfungen und Jagdverordnungen geben muss, ist ganz klar. Den Grundsatz, dass die Jagd ein Jedermannsrecht ist, gibt es in Deutschland aber leider schon seit über 1000 Jahren nicht mehr. Dabei waren wir Menschen etwa 99,8 Prozent unserer Evolution Jäger und Sammler. Jagd bedeutet für mich in erster Linie Leidenschaft. Beobachten, Sinne schärfen, Naturverständnis. Richtige Jäger wissen weit mehr über die Tierwelt, deren Biologie, über Pflanzen- und Umweltschutz als der Durchschnittsbürger. Auf der Jagd zu sein ruft aber auch Instinkte und Empfindungen wach, die man rational nicht erklären kann: Jagdleidenschaft. Und diese Jagdleidenschaft und Jagdfieber stecken in jedem von uns. Wer das nicht glauben will, soll sich einmal ganz kritisch fragen, ob er noch nie auf der Jagd nach etwas war, und sei es nur ein seltenes Stück für irgendeine Sammlung oder ein außergewöhnliches Fotomotiv.

Viele Menschen finden die Vorstellung, dass ein Jäger in den Wald geht und ein Tier tötet, abschreckend – und sitzen am Abend vor einem Schweineschnitzel aus dem Supermarkt, wo ich sage: die arme Sau. Und damit meine ich nicht den Menschen. In Mastanlagen stehen Zigtausende Schweine dicht an dicht in Dreck und Gestank, führen ein elendes, grausames Leben. Sie sind zum Nahrungsmittel degradiert. Wir sehen in ihnen, zerlegt und abgepackt, kein leidensfähiges Wesen mit einer Seele mehr. Ähnlich geht es auf großen Puten- und Hühnerfarmen zu. Zum Glück, möchte man fast sagen, ist den Tieren kein langes Leben beschieden. Wild dagegen ist in Freiheit geboren, wurde von der Mutter großgezogen, hat – sofern es nicht von Natur aus ein Einzelgänger ist – im Rudel oder in der Rotte gelebt, durfte sich paaren und Junge bekommen. Und dann kam irgendwann die ultraschnelle Kugel, es gab einen dumpfen Schlag, und das war's. Ein schneller und gnädiger Tod. Meine Familie und ich essen daher nur Wildfleisch, kein Geflügel oder anderes Fleisch aus Massentierhaltung. Natürlich kann sich nicht jeder ein Stück Wild schießen, aber wer die Jäger für ihr Tun kritisiert, sollte erst einmal über das ein oder andere nachdenken.

Doch nun zum Muffelwild.

Muffelwild

Mufflons gehören zur Gattung der Schafe, weshalb man wie bei den Hausschafen die Kleinen Lämmer, die Weibchen Schafe und die Männchen Widder nennt. Die Gattung Schafe wiederum zählt, wie beispielsweise auch Ziegen, Steinböcke und Rinder, zur Familie der Boviden (Hornträger). Boviden behalten ihren Kopfschmuck zeitlebens, im Unterschied zu den Cerviden (Geweihträgern), zum Beispiel Rotwild, die ihn jedes Frühjahr abwerfen. Beiden gemein ist, dass sich das Horn oder Geweih über einem Knochenzapfen bildet, bei Boviden allerdings wächst über diesem Knochenzapfen langsam, aber stetig ein hohler, leicht elastischer Überzug aus Außenhaut, während das Geweih eine massive Knochensubstanz ist. Dass Geweihe jedes Jahr abgeworfen werden, liegt vermutlich genau an diesem Unterschied: Knochen sind anfälliger für Brüche und Abnutzung als das vergleichsweise nachgiebige Horn.

In der Regel tragen beim Muffelwild nur die Widder ein Gehörn, ab und zu kann man allerdings Weibchen mit ganz kleinen Spießern sehen. Während wie so oft in der Tierwelt die Schafe eher unscheinbar sind, sind die Böcke sehr schön: Ihr glattes Haar ist fuchsrotbraun, und meist haben sie einen weißen Sattelfleck. Dazu kommt das imposante, schneckenförmig eingedrehte und bis zu über achtzig Zentimeter lange Gehörn.

Viele Deutsche kennen Muffelwild nur aus dem Tierpark oder dem Gehege eines Wildparks und wissen nicht, dass es in Deutschland in freier Wildbahn vorkommt. Tatsächlich sind Mufflons sogenannte Neozoen (griech. für »Neutier«): ursprünglich hier nicht heimische Tiere. Ihre eigentliche Heimat ist Korsika und Sardinien, wo sie in sehr bergigem und felsigem Gelände leben. Erst vor etwa zweihundert Jahren wurden die ersten Mufflons als Park- und Jagdwild nach Mitteleuropa gebracht. Deutschland »importierte« die ersten Exemplare sogar erst vor knapp hundert Jahren, wo sie in bestimmten Revieren oder Landschaftstypen prächtig gediehen. Was man damals noch nicht wusste: Die Aussetzung von Neozoen ist immer bedenklich, denn ein Fehlen natürlicher Fressfeinde kann zu ihrer ungehemmten Ausbreitung führen, wodurch sie zu einer regelrechten Plage werden. Außerdem gefährden sie unter Umständen einheimische Pflanzenarten oder verdrängen einheimische Tierarten und besetzen deren Lebensräume – manchmal auch beides.

Die meisten einheimischen Wildtierarten Deutschlands sind sehr robust und machen sich wenig aus der Gegenwart von Mufflons. Rotwild und Wildschweine zum Beispiel lassen sich von ihnen kaum stören. Wer hingegen sehr unter dem Muffelwild leidet, ist das Rehwild. Zum einen mag es den Schafgeruch nicht. Man wird auf einer Wiese, auf der eine große Herde von Hausschafen gegrast und ihren Kot hinterlassen hat, lange keine Rehe finden. Ähnlich ist es im Wald. Wo viel Muffelwild ist, gibt es so gut wie keine Rehe. Zum anderen sind Mufflons Nahrungskonkurrenten. Und da sie meist massiv auftreten, ziehen sich die Rehe, die zwar standorttreu sind, aber innerhalb ihres Heimatgebiets in der Regel als Einzelgänger leben – nur im Winter schließen sie sich zu kleinen Gruppen zusammen –, zurück und überlassen dem Muffelwild das Feld, besser gesagt: den Wald.

Die Reviere von Hans und Grit, die zu DDR-Zeiten wie gesagt Staatsjagdreviere waren, in denen man das Wild in übergroßen Beständen hegte, um den Parteigenossen und den Staatsgästen genug bieten zu können, weisen noch heute die höchste Muffelwilddichte in ganz Deutschland auf: geschätzte fünf Stück auf einen Quadratkilometer. Das klingt nach nicht viel, ist aber nur die *durchschnittliche* Zahl. Muffelwild ist ein Herdentier und lebt naturgemäß in Rudeln. Ein Rudel kann hier durchaus dreißig bis vierzig Tiere haben, es sind sogar schon welche mit bis zu 120 Tieren beobachtet worden, erzählte mir Grit.

Für den Wald ist ein so hoher Bestand ein echtes Problem. Muffelwild ist nämlich sehr reviertreu, bleibt also innerhalb bestimmter Grenzen, das können Wiesentäler sein, Flussläufe oder dergleichen. Innerhalb eines Reviers wiederum haben sie ihre Lieblingsplätze, und da richten sie als Pflanzenfresser an jungen Bäumen, deren zarte Triebe und weiche Rinde besonders verlockend sind, ziemlich hohen Schaden an.

Seit dem Mauerfall, seit etwa zwanzig Jahren also, versucht man daher den Bestand durch Jagd auf ein ökologisch sinnvolles Maß zu reduzieren. In erster Linie werden zu einer Bestandsregulierung schwache, kranke oder alte Tiere geschossen, aber auch Jungtiere, um die Fortpflanzung einzudämmen. Grit kennt mindestens fünf verschiedene Arten, Muffellamm mit Knoblauch zuzubereiten. Außerdem können Trophäenjäger auf Mufflons jagen; ein nicht ganz billiges Vergnügen: Für einen kapitalen Widder kassiert der Staat eine Abschussprämie von 2000 Euro.

Bislang zeitigten die Bemühungen allerdings nur mäßigen Erfolg. Muffelwild ist nämlich alles andere als leicht zu erlegen. Mufflons können wie alle Wildschafe extrem gut äugen. Einen Menschen zum Beispiel sehen sie auf 1000 Meter Entfernung. Insgesamt haben Mufflons eine sehr, sehr feine Wahrnehmung. Darüber hinaus sind sie clever. Normalerweise lebt das Muffelwild in kleinen Gruppen, wo es aber stark bejagt wird, wie hier in Thüringen, bildet es teilweise sehr große Rudel. Wir kennen das von anderen Tierarten: Große Verbände bieten dem einzelnen Tier einen besseren Schutz als kleine. Und sobald ein Schuss fällt, flüchtet das ganze Rudel in dichten Wald oder in die mit Schieferbruch übersäten Hänge und bleibt für Tage von der Bildfläche verschwunden. Was viele vielleicht nicht wissen: Diese Gegend ist wie im Hochgebirge, wie in den Alpen, nur dass die Höhenlage eine andere ist. Die Wege in den Forsthängen sind teilweise derart steil, dass man selbst mit einem Geländewagen in Schwierigkeiten geraten kann. Auch mit Treibjagden versucht man den Bestand zu reduzieren, was jedoch ebenfalls kaum von Erfolg gekrönt ist.

Nun also wollte Grit mir das ostthüringische Muffelwild vorführen. Da sie seit Jahren in ihrem Revier Dienst tat, kannte sie natürlich dessen Gepflogenheiten. Wildtiere generell haben in ihrem Revier oder sogenanntem Heimatgebiet bestimmte Wechsel – sprich: Wanderwege –, Lieblingsplätze, an denen sie nach Futter suchen, feste Paarungsplätze. Sie wissen, wohin sie flüchten müssen, wenn Gefahr droht, wo sie vor kalter Witterung Schutz finden und so weiter. Das ist etwas, was ich mir als Tierfilmer und Fotograf zunutze mache. Ich versuche, mich in das Tier hineinzuversetzen, und überlege mir: Okay, heute ist starker Nordostwind, es ist kalt, es gibt nur noch an bestimmten Stellen im Wald gutes Futter. Wo würdest du heute sein, wo würdest du dich heute aufhalten, wenn du ein Wildschwein wärst. Und meistens finde ich sie dann auch an der Stelle.

»Hier«, flüsterte Grit nach etwa einer Stunde Pirsch bergauf, bergab durch den Wald und deutete auf einen

Busch. »Nimm den als Deckung. Zusammen mit deiner Tarnkleidung sollte das reichen. Und halte die Kamera bereit. Siehst du den Wechsel da unten?«

Ich folgte ihrem Finger den Hang hinunter und sah einen großen Wechsel aus einer Dickung kommen. Er führte über einen Wanderweg, dann den Abhang hoch, ungefähr dreißig Meter von uns entfernt an einer Lichtung vorbei, bevor er schließlich wieder unter Bäumen verschwand.

»Mhm«, nickte ich.

»Ein Stück hinter der Dickung stehen sie häufig. Ich schlage einen großen Bogen und beunruhige sie ein bisschen, gerade so, als wär ich ein Wanderer; dann müssten sie eigentlich ganz langsam an dir vorbeiziehen.«

Wieder nickte ich, und Grit ging los. Ich baute die Kamera auf und suchte mir eine bequeme Sitzposition halb neben, halb hinter dem Busch, sodass ich freien Blick auf den Wechsel hatte. Cleo, die ich an die kurze Leine genommen hatte, vibrierte am ganzen Körper und reckte ständig die Nase, da sie das Wild schon witterte. Und dann warteten wir.

Nach geraumer Zeit hörte ich das Klappern von Hufen auf Schieferplatten und das Blöken von Lämmern. Cleo spitzte aufgeregt die Ohren.

»Gleich ist es so weit«, wisperte ich ihr zu.

Und dann kamen sie. Voran das Leittier. Leittier ist immer ein »führendes« Altschaf: ein älteres Weibchen mit Nachwuchs; verliert es den Nachwuchs, verliert es auch automatisch seine Funktion als Leittier. Mit seinen großen, weit hervorstehenden Augen mit der für Schafe und Ziegen charakteristischen waagerechten Längspupille äugte es aufmerksam über den Waldweg und die Lichtung, bevor es sich ganz aus der Dickung wagte. Ihm folgten zunächst

sein Junges, dann andere Mutterschafe mit ihren Lämmern, darauf nicht führende Schafe – mittlerweile eine
Riesenherde – und zum Schluss schließlich einige Widder.
Viele Widder, gerade die älteren, ziehen in Junggesellen-,
besser: Altherrenclubs ihres Weges und stoßen nur zur
Paarungszeit zum Rudel. Dann wird allerdings sehr ve-
hement um die Weibchen gekämpft, indem sie mit Anlauf
ihre Schnecken – ein anderes Wort für ihr Gehörn – gegen-
einanderrammen. Und zwar so oft, bis einer aufgibt.

Fasziniert beobachtete ich diese grazilen Tiere, die sich
in dem schwierigen Berggelände so geschickt wie Gämsen
oder Steinböcke bewegten. Kraftvoll und doch mit Leichtigkeit und Eleganz zogen um die sechzig Mufflons den
steilen Hang hoch. Die ostthüringische Landschaft war
aber auch perfekt für Muffelwild, da sie in ihrer Beschaf-
fenheit sehr deren korsischer und sardischer Urheimat äh-
nelte. Am Rand der Lichtung begannen einige Tiere zu
äsen, während andere die Umgebung im Auge behielten.

Plötzlich bemerkte ein Altschaf mich und Cleo, stieß
einen pfeifähnlichen Warnlaut aus, und das Rudel stob davon. Sekunden später war es, als wären sie nie dagewesen.

Cleo war völlig aus dem Häuschen, und es kostete mich
einige Mühe, sie zu beruhigen. Sie wollte nichts lieber, als
den Schafen hinterherjagen. Ein Urinstinkt, ein Erbe ihrer
Wolfsvorfahren. Muffelwild ist für Wölfe eine leichtere
Beute als zum Beispiel ein Reh, da ein Reh bis zum bitte-
ren Ende gehetzt werden muss, während sich Mufflons
irgendwann den Wölfen stellen. In Gebieten, in denen nun
wieder Wölfe heimisch sind, wie zum Beispiel in der Mus-
kauer Heide in der Lausitz, ist das Muffelwild mittlerweile
völlig verschwunden.

Wanderalltag

Mit der Zeit trat eine gewisse Gleichmäßigkeit ein: Zelt aufbauen, Zelt abbauen, mal eine Übernachtung in einer Pension.

»Für den Hund müssen wir aber fünf Euro berechnen.«

»Für was denn?«

»Weil das Zimmer danach unbedingt eine Sonderreinigung braucht.«

»Der haart nicht, der ist völlig stubenrein und riecht auch nicht – da rieche ich vielleicht noch ein bisschen strenger als der Hund.«

»Mag sein. Macht trotzdem fünf Euro für den Hund.«

Letztendlich bezahlte ich, blieb mir ja nichts anderes übrig. Später, im Harz, gab es in einem Hotel sogar eine Hundeetage, auf der zwei Zimmer für Gäste mit Hund reserviert waren. Die restlichen Stockwerke waren den Allergikern zuliebe für Hunde tabu.

Ich merkte schon bald, dass ich durch das Wandern Gewicht verlor, und auch Cleos Körper veränderte sich. Am Anfang hatte sie noch ein bisschen was Weiches, Welpenhaftes, aber mit der Zeit bekam sie eine richtig muskulöse Brust, was mir zunächst gar nicht so auffiel. Bis sie eines Morgens pudelnass aus einem Bach kam und ich dachte: Was hat denn der Hund da überall für Beulen am Körper? Dabei waren das alles Muskeln! Mit nassem Fell wirkte sie auf einmal so richtig definiert, wie ein Bodybuilder.

Seit Beginn unserer Wanderung waren Cleo und ich nur durch wenige, kleine Dörfer gekommen, die zudem oft recht verlassen wirkten. »Ja, hier ist nichts los im Dorf«, hörte ich immer wieder, »Sie sind heute der Zweite, den

ich sehe.« Und: »Die Kinder sind weg, die leben jetzt in ...,
weil es hier keine Arbeit gibt.« Das allerdings ist keine
Erscheinung des Grenzgebiets. Wenn ich, um nur ein Beispiel zu nennen, durch die Eifel wandern würde, würden
die alten Leute genau dasselbe erzählen.

Da mich aber die Menschen und ihre Geschichte oder
Geschichten am Grünen Band interessierten, schaute ich
über Gartenzäune, in Höfe, in jede Gasse, ob da nicht jemand wäre, mit dem ich mich ein bisschen unterhalten
könnte. Und wenn das nichts brachte, ging ich in den Kauf-
mannsladen – sofern es einen gab. Auch das nichts Grenz-
gebiettypisches: In unserem Dorf in der Eifel gibt es ebenfalls kein Lebensmittelgeschäft, weshalb wir für unsere
Einkäufe etliche Kilometer fahren müssen. Meist waren es
kleine Geschichten, die die Menschen mir erzählten, nichts
Tiefgründiges oder Weltbewegendes, aber doch irgendwie
recht spannend.

»Und wo wollen Sie mit der Kamera hin?«, wurde ich im
Gegenzug oft gefragt.

»Ich wandere die innerdeutsche Grenze entlang, vom
tschechisch-bayerisch-sächsischen Dreiländereck bis hoch
zur Ostsee.«

»Zu Fuß?«, fragten sie dann völlig überrascht nach.

Da dieses »Zu Fuß?« eigentlich »So weit?« heißen sollte,
verkniff ich mir regelmäßig die Bemerkung, dass man
eigentlich immer mit den Füßen wandert. Zwar wussten
nur wenige, wie lang genau die Strecke war, nur dass es
sehr weit war, war allen klar. Selbst in unserer, ich nenne es
mal, Autofahrergesellschaft, in der man in anderen Entfernungen oder Dimensionen denkt als früher. Wenn man
jemanden fragt, wie weit es bis zu dieser oder jener Stadt
ist, bekommt man zur Antwort beispielsweise: »Um die
zwei Stunden«, und damit sind zwei Stunden Autofahrt

gemeint. Nicht viel, aber wenn man es wandert – im Schnitt haben Cleo und ich am Tag so zwischen 25 und 35 Kilometer geschafft –, ist es eine ganz andere Sache. Und die innerdeutsche Grenze ist ja nicht dreihundert, sondern fast 1400 Kilometer lang! Dass man derartige Entfernungen zu Fuß zurücklegt, dieser Gedanke passt einfach nicht in unsere Welt, unsere Gesellschaft. In Deutschland sind wir aufs Auto geeicht. In anderen Weltgegenden ist es der Eselskarren, das Kamel oder, wie in Kirgisistan, das Pferd. Wenn ich dort auf der Suche nach Marco-Polo-Argalis, sehr seltenen und vor allem sehr scheuen Riesenwildschafen, auf einen Punkt meiner Landkarte deutete und fragte, wie weit es bis dahin sei, hieß es etwa: »Zweieinhalb Tagesritte«.

Der König der Wälder

Von Kirgisistan zurück in den Thüringer Wald. In Sonneberg schnupperten Cleo und ich etwas Stadtluft. Sonneberg war schon zu DDR-Zeiten eine große Spielzeugstadt, wovon das Deutsche Spielzeugmuseum kündet. Die Firma Piko baute – und baut bis heute – hier ähnlich wie Märklin und Fleischmann detailgetreue Modelleisenbahnen. Die »Weltspielwarenstadt« ist eine der wenigen Städte, wo der Pendlerstrom von »West« nach »Ost« verläuft, also entgegen der sonst üblichen Richtung. Viele Menschen aus den strukturschwachen Gebieten Frankens haben hier ihren Arbeitsplatz.

Was uns nach Sonneberg zog, war nicht die Stadtluft, auch nicht das Spielzeugmuseum, sondern die Hoffnung auf eine Thüringer Bratwurst. Bald entdeckte ich einen Bratwurststand, an dem reger Betrieb herrschte. Während ich im Kreis anderer genüsslich die Wurst verdrückte, zählte mir Cleo jeden Bissen vom Mund ab. Mit einem kurzen Nicken gesellte sich ein Mann zu uns, der sich, um nicht seinen schicken Anzug zu bekleckern, ziemlich weit nach vorn beugte. Das war für Cleo eine eindeutige Botschaft: Der will mir was geben. Und was macht sie? In dem Moment, wo der Mann in das eine Ende der Wurst beißen will, stellt sie sich auf die Hinterbeine, schnappt sich das andere Ende und zieht die Wurst aus dem Brötchen! Während der Mann noch verdutzt auf das nun leere Brötchen in seiner Hand schaute, brach unter den Umstehenden Gelächter aus. Natürlich kaufte ich dem Mann eine neue Wurst, und damit war es gut. Thüringer haben nämlich eine Menge Humor.

Cleo aber hatte sich mit dieser Aktion die volle Aufmerksamkeit gesichert.

»Das ist aber ein hübscher Kerl!«, hieß es nun nicht zum ersten Mal und: »Oh, ist das ein schöner Kerl!«

Cleo war in ganz Thüringen immer ein »Kerl«.

»Nein, nein«, stellte ich wie unzählige Male davor klar, »er ist eine sie, eine Französin und heißt Cleo.«

Gut dreißig Kilometer nach Sonneberg machten Cleo und ich einen Abstecher in das Biosphärenreservat Vessertal, das ein Stück abseits der früheren Grenze liegt. Das hatte natürlich einen Grund: Hirsche.

Der Rothirsch (in der Jägersprache Rotwild, im Allgemeinen aber meist nur Hirsch genannt) ist Mitteleuropas größtes frei lebendes Wildtier – vom Wisent einmal abgesehen. Ursprünglich in offenen Landschaften beheimatet, zog sich die sehr sensible und äußerst scheue Wildart, die die Nähe des Menschen meidet, in die Wälder zurück und avancierte schon bald zum »König der Wälder«. Heute findet das Rotwild, von den meisten Förstern als Schädling bejagt, auch dort immer weniger Rückzugsgebiete. Der Name Rotwild kommt übrigens vom glänzenden rötlichen Sommerfell (im Winter ist es eher gräulich-braun).

Größe und Gewicht des Rotwilds variieren je nach Vorkommen recht stark. Eine ausgewachsene Hirschkuh (mit ungefähr sechs Jahren) wiegt bis zu hundert Kilogramm, ein ausgewachsener Rothirsch (mit neun bis zehn Jahren) kann bis zu 250 Kilogramm schwer werden. Die stärksten Hirsche Deutschlands, auch von der Endenzahl her, leben erstaunlicherweise nördlich von Hamburg, wo sie zwischen dem Segeberger Forst und Duvenstedter Brok hin und her wechseln. Sehr kapitale Hirsche gibt es außerdem im Wittgensteiner Land und in einigen Gegenden in Niedersachsen. Dafür sind die Chancen, überhaupt Rotwild zu Gesicht zu bekommen, im Thüringer Wald recht gut, speziell im Naturschutzgebiet Vessertal. Wer Rotwild beobachten will, muss sehr gut gegen den Wind pirschen können, das Gelände nutzen, extrem leise sein und überaus wache Sinne haben, da Rotwild nicht nur scheu, sondern auch sehr vorsichtig und eher dämmerungs- und nachtaktiv ist. Da der Durchschnittswanderer damit in der Regel überfordert ist, bleibt ihm nur die Möglichkeit, das Wild von einem Hochsitz aus zu belauern – womit er, was die wenigsten wissen, in einem Privatforst Eigentumsrechte verletzt; natürlich nicht mit der Beobachtung der Tiere, sondern mit der Nutzung des Hochsitzes. In großen staatlichen Schutzgebieten oder in Nationalparks hingegen stehen meist an schönen Lichtungen, an Stellen, wo es gutes Futter gibt, oder an Brunftplätzen extra Beobachtungstribünen oder Hochsitze, von wo aus man »legal« Rotwild beobachten kann.

Tatsächlich bekamen Cleo und ich im Vessertal Hirsche zu sehen, sogar noch in größeren Gruppen. Rotwild lebt die meiste Zeit des Jahres in Rudeln – zumindest in Familienverbänden – mit einer klaren Hierarchie und Sozialstruktur. Allerdings: Wenn die Alttiere, das sind weibliche Tiere mit Nachwuchs, Ende Mai, Anfang Juni merken, dass sie in ein paar Tagen »setzen«, also gebären, vertreiben sie ihr Kalb vom Vorjahr. Diese sogenannten Schmaltiere stehen dann manchmal in kleinen Gruppen zusammen, einzelne folgen auch der Mutter. Da alle Alttiere mehr oder weniger zur gleichen Zeit setzen und die Rudel hauptsächlich aus weiblichen Tieren bestehen, bedeutet das, dass sich das Rudel zu dieser Zeit mehr oder weniger auflöst. Bald nach der Geburt findet es sich wieder zusammen, wobei die Rangordnung neu festgelegt wird, also auch, wer das Leittier ist. Leittier ist immer ein starkes, erfahrenes Tier. Die neuen Kälber bilden innerhalb des Rudels kleine Gruppen, fast eine Art Kindergarten, die meistens von nur einer Hirschkuh betreut werden; zum Säugen jedoch geht jedes Kalb zu seiner Mutter.

Obwohl es mehr Weibchen als Männchen gibt, wird in der Regel jede brunftige Hirschkuh gedeckt, wohingegen nur wenige Hirsche zum Zug kommen. Manche werden sich wahrscheinlich ihr Leben lang nicht paaren dürfen, weil sie nie dominant genug werden. Andere können ihre Gene über mehrere Jahre hinweg weitergeben. Das Paarungsverhalten ist sehr stark ritualisiert. Da wird geröhrt, da werden die Weibchen zusammengetrieben, da werden Kämpfe mit Rivalen ausgefochten. All das kostet Kraft, sodass selbst ein sehr kapitaler Hirsch sich nur für vielleicht ein, zwei Wochen als Platzhirsch behaupten kann und irgendwann einem ausgeruhten Widersacher, der später beiwechselt, das Feld überlassen muss. Da Hirsche während der drei bis vier Wochen dauernden Brunftzeit – etwa von Anfang/Mitte September bis Anfang/Mitte Oktober – so gut wie keine Nahrung zu sich nehmen, verlieren sie stark an Körpergewicht. Es kommt sogar vor, dass Hirsche nach der Paarungszeit, spätestens im folgenden Winter an Entkräftung sterben, weil sie sich in der Brunft völlig verausgabt haben. Die Paarung an sich ist eine Sache von wenigen Sekunden: ein Sprung nach vorn, der sogenannte Paarungssprung, der Hirsch reitet auf, ejakuliert, und das war's.

Den Hirschen wächst Jahr für Jahr ein neues Geweih. Eigentlich eine totale Verschwendung der Natur, da dazu jedes Mal beträchtliche Mengen an Kalzium, Eiweiß, Mineralstoffen und Spurenelementen benötigt werden. Die Geweihentwicklung ist daher außer von der genetischen Veranlagung oder der Wilddichte auch vom Nahrungsangebot abhängig. Wenn man etwa Hirsche in Gehegen mit Kraftfutter mästet und sie regelmäßig entwurmt, schieben sie zum Teil unglaubliche, bizarre Geweihe. Hirsche mit gewaltigem Kopfschmuck haben zwar im wahrsten Sinn des Wortes schwer daran zu tragen – ein Geweih kann bis zu zehn Kilogramm wiegen, in Ausnahmefällen noch mehr –, strahlen damit aber Stärke aus, nach dem Motto: »Ich hab da oben so 'n richtigen Weihnachtsbaum drauf, leg dich bloß nicht mit mir an«, und haben somit in der Brunftzeit sehr gute Chancen. Ein Geweih sagt also sehr viel über die Grundkondition und die Gesundheit eines Tieres aus. Ist ein Tier krank, hat es Parasiten, eine Schussverletzung oder Nährstoffprobleme, dann ist sein Fell struppig – das ist wie bei uns Menschen auch: Wenn wir mehr Haare verlieren als üblich, die Haare stumpf sind oder die Haut juckt, stimmt meistens was nicht, sind wir krank, gestresst oder psychisch angeknackst –, und es wächst nur ein kurzes, oft sogar verkrüppeltes Geweih.

Die erste Sprosse, dicht über dem Rosenstock – dem Knochen direkt am Schädel –, heißt Augsprosse, unmittelbar dahinter kommt die Eissprosse, weiter oben die Mittelsprosse, dann die Wolfssprosse und schließlich gegebenenfalls eine Krone. Bei der Bezeichnung eines Hirschs wird doppelt gezählt, also was er insgesamt an Enden hat. Ein Achter hat an einer Stange Augsprosse, Eissprosse, Mittelsprosse und dann den letzten Spieß, aber nie eine Krone, denn eine Krone muss immer mindestens drei Enden haben. Nicht jeder Hirsch schafft es zum kapitalen 16- oder 18-Ender. Der stärkste Hirsch, den ich jemals gesehen habe, war ein »ungerader« 18-Ender. Er hatte auf einer Seite neun und auf der anderen sieben Enden. Das macht natürlich nur 16, aber in der Jägersprache zählt die Stange mit den meisten Enden. Der kapitalste Hirsch der letzten Jahre, von dem berichtet wurde, war ein 28-Ender aus Mecklenburg-Vorpommern. Der unter Jägern berühmte 66-Ender von Friedrich August I. von Sachsen – besser bekannt als August der Starke –, dessen Geweih noch heute im Schloss Moritzburg in der Nähe von Dresden zu besichtigen ist, war nach heutiger Rechnung »nur« ein 27-Ender, da Enden erst ab zwei Zentimeter gezählt werden. Die Legende erzählt, dass eine Ladung Schrot, die das Tier in der Wachstumsphase des Geweihs abbekam, für die vielen Enden verantwortlich war, die in Wahrheit krankhafte Wucherungen waren.

Viele glauben immer noch, so viele Enden ein Hirsch hat, so viele Jahre ist er alt. Das ist Unsinn. Tatsächlich ist es so: Im ersten Lebensjahr ist ein Hirsch ein Spießer, das heißt, seine Geweihstangen sind noch nicht verzweigt. Im zweiten Lebensjahr ist er meist schon ein Sechser, im dritten Jahr kann er durchaus schon ein Kronenhirsch werden, und auf der Höhe seiner Kraft – zwischen dem zwölften und 14. Lebensjahr – hat er womöglich ein gigantisches Geweih. Im Alter verfällt nicht nur sein Körper – er bekommt ein graues, müdes Gesicht, einen Schlabberhals, einen Senkrücken und einen Hängebauch, wird knochiger, also alles wieder wie bei uns Menschen –, sondern in gewisser Weise auch das Geweih. Wenn er dann so alt ist, dass er auf dem Brunftplatz keine Chance mehr hat und sich nicht mehr paaren kann, hat er unter Umständen wieder ein so kleines Geweih wie als Spießer, nur dicker.

Zwischen Ende Januar und Ende Februar bilden Knochenfraßzellen am Rosenstock eine Sollbruchstelle. Und irgendwann schüttelt sich das Tier oder springt über einen umgestürzten Baum, dann macht es »Knack«, und eine oder beide Stangen fallen ab. Schon einen Tag später hat sich wieder eine Keimscheitelschicht, eine nährstoffreiche Haut, über dem Rosenstock gebildet und fängt ein neues Geweih zu wachsen an. In der ersten Zeit ohne Geweih sind die Hirsche ein bisschen irritiert, fühlen sich irgendwie nackt und hilflos, weil sie natürlich merken, dass sie ihrer Waffe, ihres Kopfschmucks beraubt sind. Das Geweih ist während der Wachstumsphase von einer stark durchbluteten, samtähnlichen Haut umhüllt, die der Jäger Bast nennt. Ende Juli, Anfang August, wenn das Geweih ausgewachsen ist, wird die Blutzufuhr unterbrochen. Dann beginnt die Haut zu jucken, und die Hirsche versuchen sich ihrer durch Reiben und Scheuern – in der Jägersprache: Schlagen und Fegen – an Bäumen und Büschen zu entledigen. Dabei nehmen sie keine Rücksicht darauf, ob das ein edler Bergahorn ist oder eine ordinäre Erle, die für den Forstmann nichts wert ist. Die dunkle Färbung des Geweihs entsteht übrigens durch die Gerbsäure der Baumrinde.

Ein weiterer, noch heute verbreiteter Irrglaube ist, dass das Reh ein weiblicher oder ein junger Hirsch sei. Zwar zählen beide, wie auch etwa das Ren oder der Elch, zur Familie der Cerviden, also den Geweihträgern, doch zu verschiedenen Unterfamilien, und die Unterschiede zwischen Rotwild (Echter Hirsch) und Reh (Trughirsch) sind enorm: Rehe sind weit zahlreicher, dafür deutlich kleiner und somit leichter. Ein Rehbock wiegt bis maximal 25 Kilogramm, eine Ricke bis höchstens 22 Kilogramm. Rehe leben in kleinen Familienverbänden oder meist als Einzelgänger. Sie sind untereinander sehr streitsüchtig und haben ein ausgeprägtes Territorialverhalten; sie würden sich daher nie, wie Rotwild es tut, zu größeren Rudeln zusammenschließen, um Feinddruck durch Wölfe oder andere Beutegreifer besser zu widerstehen. Da der Schutz von Artgenossen fehlt, bleibt ein neugeborenes Kitz »gedrückt«, das heißt flach auf den Boden gepresst, in Deckung liegen, bis es mit der Mutter Schritt halten kann. Rehwild hat mit der Nähe des Menschen kein Problem. Es lebt nicht nur im Wald, sondern ebenso in Stadtparks, rund um Schrebergartenkolonien oder auf Friedhöfen. Rehe sind sogenannte Konzentratselektierer und bei der Nahrungssuche ständig in Bewegung, hier mal ein Kräuterchen, da mal ein Blättchen, dort ein Zweiglein. Rotwild dagegen ist ein Flächenäser, das, hat es einen schönen, ruhig gelegenen Kleeacker mitten im Wald gefunden, dort so lange bleibt, bis der Klee vollständig abgefressen ist. Ein Rehbock wirft sein Geweih nicht erst Ende Januar oder im Februar ab, sondern schon zwischen Oktober und November. Außerdem haben Rehe zwischen den beiden Geweihstangen eine Duftdrüse. Durch Schlagen und Fegen dieser Duftdrüse an Bäumen und Büschen markieren sie ihr Revier. Fazit: Aus Bambi kann nie und nimmer ein Hirsch werden.

Der Hirschvater

Frauenwald am Rennsteig ist ein kleiner Ort im Naturschutzgebiet Vessertal in der Nähe des Autobahndreiecks Suhl, mit seinen gerade mal 1000 Einwohnern eher ein Dorf, aber meines Wissens das einzige in Deutschland, wo man dem »König der Wälder« ein Denkmal gesetzt hat. Gleich am Ortseingang thront auf einem mehrere Meter hohen Monument ein röhrender Hirsch.

»Guck mal, Cleo«, sagte ich auf unserem Weg durch Frauenwald, »das Haus da sieht aus wie ein Jagdschloss der Herzöge von Bayern.«

Ich stützte meine Unterarme, Cleo ihre Vorderpfoten auf dem Gartentor ab, und so schauten wir uns dieses Haus an, das nicht so recht in diese Gegend passen wollte.

»Das muss das Haus eines Jägers sein. Wer sonst sollte hier wohnen? Los, wir fragen mal.«

Tatsächlich war Karl Obringer zu DDR-Zeiten Staatsförster und Staatsjäger.

»Wie groß war Ihr Revier, und wer jagte denn da?«, fragte ich.

»Das Staatsjagdgebiet, so hieß das ja damals«, erzählte Karl Obringer, »zog sich von hier, also vom Rennsteig, über Oberhof und Luisenthal bis nach Ohrdruf kurz vor Gotha. Erich Honecker, Willi Stoph und wie sie alle hießen – das halbe Politbüro bestand ja aus Jägern – kamen hierher zur Jagd. Honecker veranstaltete in den Feldrevieren zwischen Erfurt und Leipzig auch riesige Hasentreibjagden für Diplomaten. Am Ende des Tages mussten da in großen runden Mustern 1000 Hasen auf der Erde liegen. Und wenn nur siebenhundert geschossen worden waren, schummelten wir halt aus dem Kühlhaus dreihundert dazu.«

Verwundert schüttelte ich den Kopf. »Warum das denn?«
»Na, damit die Strecke ja perfekt aussah.«

Jagd in der DDR und generell im Ostblock hatte extrem feudalistische Auswüchse. So wie früher Leibeigene dafür sorgen mussten, dass dem Adel genügend und vor allem prächtige Tiere vor die Büchse kamen, mussten der Hirschvater und seine Kollegen für die Politiker das Wild hegen. Da gab es sogar eigens Futtermeister, die nur dafür verantwortlich waren, dass das Wild das ganze Jahr über gefüttert wurde, damit nur ja die Geweihe kräftig wuchsen. Überhege, so nenne ich es mal, gab es natürlich auch in der Bundesrepublik in großen Privatforsten, aber nicht so ausgeprägt.

»Wir haben hier in der Region immer noch viel Rotwild, und die Brunft ist eine echte Touristenattraktion. In kalten, klaren Septembernächten und Anfang Oktober kann man hier ohne weiteres sechzig Hirsche röhren hören.« Nun war Karl Obringer, der, wie er mir nebenbei erklärte, in Frauenwald als der »Hirschvater« bekannt war, in seinem Element.

Er erzählte mir, dass er viele Hirsche am Geweih erkennt. Da das Geweih vom nächsten Jahr von der Form, vom Wuchstyp her dem vorherigen ähnelt, erstaunte mich das nicht sonderlich. Eher, dass er behauptete, er könne die Hirsche zur Brunftzeit an der Stimme wiedererkennen. Jüngere Hirsche klingen nämlich dünner und blecherner als ältere, und wenn die Brunft lange dauert, dann schreien sich die Hirsche regelrecht heiser. Aber, so sagte ich mir, den Spitznamen Hirschvater wird er nicht von ungefähr haben.

Wie sich herausstellte, war Karl Obringer außerdem ein Meister des Hirschrufs. Als Hilfsmittel dienen dabei unter anderem Ochsenhörner, Tritonmuscheln, Kunststoffrohre oder die Stängel der Herkulesstaude (Riesenbärenklau), im Grunde alles, was einen Resonanzkörper hat, mit dem man einen tiefen Ton erzeugen kann, der weit trägt. Der Hirschvater schwor auf die Gießkanne.

Seine große Leidenschaft aber war das Sammeln von Geweihen, möglichst von einem Hirsch, den er schon von klein auf kannte. Die besondere Herausforderung lag darin, jedes Jahr beide Passstangen, also die rechte und die linke, zu finden. Früher, als die Tiere das ganze Jahr an großen Heuraufen oder Wannen mit Kraftfutter gefüttert wurden, war das weit einfacher als heute. Wenn die Hirsche während der Notzeit im Januar und Februar ihr Geweih abwarfen, standen sie in der Regel in der Nähe der Fütterungsstelle, und der Hirschvater brauchte die Stangen nur noch aufzusammeln. Geweihe mitzunehmen galt und gilt heute noch als Jagdwilderei. Früher stand sogar Zuchthaus darauf, da die Geweihstangen eine wichtige Mineralienquelle für kleine Nagetiere sind. In manchen Gegenden allerdings, zum Beispiel im Harz oder in Bayern, gibt es eine besondere Regelung: Wenn man die Stangen bei sogenannten Zackelschauen vorzeigt, damit sich die Förster und Jäger ein Bild von der Geweihentwicklung der Hirsche machen können, wird Straffreiheit gewährt und der Finder darf die Geweihe in der Regel mit nach Hause nehmen. Der Hirschvater hatte gleich zwei Garagen bis unter die Decke voll mit Geweihen. Alle schön mit Zetteln versehen, wann und wo gefunden, von welchem Hirsch.

Wie viele Menschen, denen ich bislang begegnet war und die ich bis zum Ende der Wanderung noch treffen sollte, trauerte Karl Obringer der guten alten Zeit nach, als die Welt noch in Ordnung und alles geregelt war. Vielleicht hing das damit zusammen, dass diese Menschen früher mehr geachtet wurden. Staatsförster etwa war ein hoch angesehener Beruf. Und man selbst neigt ja mit zunehmendem Alter ebenfalls dazu, das Vergangene zu romantisieren und das Unschöne auszublenden. Zwar erinnere ich mich noch gut an die schlimmen Zeiten mit meinem Stiefvater und an meine Flucht – und daran gibt es wahrlich nichts zu romantisieren –, der Groll und der Hass aber sind verschwunden, weil ich mir sage, letztendlich hat es mich zu dem gemacht, der ich heute bin, und mir in gewisser Weise den Weg dahin gewiesen. Und ich habe ein sehr erfülltes und privilegiertes Leben. Jedenfalls bin ich von Menschen wie Karl Obringer immer sehr beeindruckt, tief berührt und höre ihnen unheimlich gern zu, da es in einigen Jahren kaum mehr jemanden geben wird, der vom Leben, von den Erfahrungen und Erlebnissen an der ehemals innerdeutschen Grenze aus erster Hand wird berichten können.

Von der Rhön zum Eichsfeld

Wenn man aus dem Thüringer Wald mit seinen dunklen und großen geschlossenen Waldflächen in die Rhön kommt, öffnet sich die Landschaft. Große Teile des Mittelgebirges, das man auch »Land der offenen Fernen« nennt, sind vulkanischen Ursprungs, was man an den vielen runden Kegeln und Kuppen, die die Landschaft prägen, gut erkennen kann. Helle Mischwälder wechseln sich mit Hochmooren, Wiesen und Weiden ab, die durch Beweidung und Berglandwirtschaft entstanden sind und bewusst so erhalten werden, weil sie etwas ganz Besonderes sind. Dazwischen lockern Buschgruppen oder einzelne Sträucher das Bild auf. Die Rhön ist in ihrer Vielfalt außergewöhnlich, weshalb sie von der UNESCO als Biosphärenreservat anerkannt wurde.

Cleo führte mich mit ihrer feinen Nase und ihren guten Ohren auch hier zu vielen Dingen, die ich gar nicht wahrgenommen hätte. Manchmal waren es Kleinigkeiten am Wegesrand, das Nest einer Feldlerche, ein toter Fuchs oder ein totes Wildschein. Einmal entdeckte sie ein Rehkitz auf einer Wiese. Donnerwetter!, dachte ich, was für eine feine Nase sie hat, denn Rehkitze geben in den ersten Tagen nach der Geburt so gut wie keinen Geruch von sich. Selbst ein Fuchs läuft in kurzer Entfernung daran vorbei, ohne es wahrzunehmen. Ich nahm Cleo sofort hoch und trug sie weg, damit nicht noch mehr ihrer Witterung in der Nähe bleibt. Die alte Mär, dass eine Ricke ihr Kitz nicht mehr

130

annimmt, wenn ein Beutejäger, in dem Fall Cleo, seine Witterung hinterlassen oder ein Mensch es angefasst hat, kann ich zwar nicht bestätigen, aber die Ricke wird ihr Junges zumindest wegführen wollen. Schon deshalb sollte man ein Kitz nicht anfassen oder streicheln. Ein anderes Mal entdeckte Cleo in einem Bach kleine Forellen und jagte ihnen im flachen Wasser nach, worauf sich die Fische unter Steinplatten versteckten und mein Hund und ich wie zwei kleine Kinder im Wasser herumtollten und sie zu fangen versuchten.

Häufig kamen wir an für die Rhön so typischen klassischen Bergwiesen vorbei, die ihre Farbenpracht gerade erst zu entfalten begannen. Die weiße Ährige Teufelskralle und der violette Wiesen-Storchschnabel blühten bereits, bald würden dunkelvioletter Großer Wiesenknopf, gelbe Arnika, weiße Mädelsüß, violett-weiß gesprenkelte Türkenbund-Lilie, lila Pechnelke, blaue Kugelige Teufelskralle, gelbe Sonnenröschen, blaue Glockenblume und etliche mehr dazukommen und ein prächtiges Naturgemälde schaffen. Bei all der Vielfalt mochte man fast denken, da hätte jemand nachgeholfen und eifrig ausgesät, doch Gärtner war hier allein die Natur. Über allem hing der süße Duft der Blumen und der herbe Geruch von Wildkräutern und lockte unzählige Insekten und Vögel an. Solche Magerwiesen sind Lebensräume von vielen seltenen und bedrohten Arten und insofern von unschätzbarem Wert.

Die starken Hanglagen hier sind nicht geeignet für große Mähmaschinen, weshalb die Wiesen von Vieh beweidet werden. Kein Vergleich zur heute meist üblichen Viehhaltung, bei der die Kühe viel zu eng in Laufställen (sie heißen tatsächlich so) mit Boxen und Spaltenböden gehalten werden und eine Wiese, wenn überhaupt, nur von Weitem sehen: Das Gras wird mit riesigen Maschinen abgemäht, in den Stall gefahren und dort verfüttert. Höchst effektiv, da die Kühe zum Melken nicht in den Stall getrieben werden müssen und die Wiese nicht verkoten und platt trampeln, wodurch mehr Futter zur Verfügung steht. Das nennt man dann »moderne« Landwirtschaft (die es natürlich auch am Grünen Band gibt). Kommerz schlägt Naturschutz, denn die Kreiselmäher töten viele Tiere: Bodenbrüter, Wild, das sich »drückt«, wie Rehkitze oder Junghasen. Die Intensivierung schadet zudem der Artenvielfalt auf den Wiesen: Futtermasse ist gefragt, da stören Wildkräuter nur. Auf einer Wirtschaftswiese blüht es denn auch nur gelb; alles ist voll mit Löwenzahn, besser bekannt als Pusteblume. Natürlich sieht das hübsch aus, aber viel Löwenzahn bedeutet nichts anderes, als dass der Boden mit Stickstoff überdüngt ist. Je mehr Stickstoff und Ammoniak, ob nun durch Gülle, Jauche oder Kunstdünger, desto mehr Löwenzahn. Ökologisch gesehen höchst bedenklich. Nichtsdestotrotz fand Cleo eines Tages am Rand einer solchen Wirtschaftswiese zwei junge Hasen, die sich dort drückten.

Sein Name ist Hase

1994 wurde der Hase als »gefährdete« Art in die Rote Liste Deutschlands aufgenommen; in Brandenburg und Sachsen-Anhalt gilt er sogar als »stark gefährdet«. Entlang dem Grünen Band sahen Cleo und ich trotz alledem häufig Hasen – ein Indikator für die Artenvielfalt der Pflanzen. Der Hase kann nämlich nicht nur den ganzen Tag Löwenzahn fressen wie unsere Stallkaninchen. Er braucht, um gesund zu bleiben, eine abwechslungsreiche Ernährung aus Gräsern, Getreide, Feldfrüchten, Knospen, Trieben und Rinde.

Vor allem aber braucht er Wildkräuter, also das, was der Bauer als »Unkräuter« bezeichnet und gern mit Herbiziden bekämpft. Weitere Ursachen für die Gefährdung des Hasen sind Faktoren wie die Wetterverschlechterung, zum Beispiel sehr feuchte Frühjahre, in denen viele Junghasen an Lungenentzündung eingehen; der Befall mit Parasiten, speziell mit Kokzidien, die den Darm angreifen; oder intensive und großflächige Landwirtschaft. Früher konnte sich der Hase, der sich bei Gefahr zunächst auf den Boden drückt und erst im allerletzten Moment flieht, auf kleinen Feldern und in den Büschen am Feldrand relativ gut verstecken. Die riesigen Nutzflächen von heute bieten dagegen kaum Deckung. Nach der Ernte bekommt der Hase gar einen regelrechten Ernteschock (man nennt das tatsächlich so), weil er plötzlich auf einem schier endlos scheinenden freien Feld sitzt und für seine Feinde – Greifvögel, Fuchs, Marder und andere – sehr gut zu sehen ist.

Junghasen kommen im Unterschied zu Kaninchen, die nackt und blind in einer Höhle geboren werden, an einer geschützten Stelle unter einem Busch oder einer Hecke, der sogenannten Sasse, mit Fell und offenen Augen zur Welt – sozusagen als »fertige« kleine Hasen; winzige Fellknäuel, die mit ihren großen Augen einfach nur putzig aussehen. Die Hasenmutter hat übrigens mit die fettreichste Milch (über 23 Prozent Fettanteil!) von allen Säugetieren, weshalb die Jungen erstaunlich schnell wachsen, obwohl sie nur einmal pro Tag gesäugt werden. Junghasen geben am Anfang überhaupt keine Witterung ab, was wirklich erstaunlich ist, denn sie koten ja und sondern Harn ab, werden gesäugt; alles Dinge, die mit Gerüchen verbunden sind. Sie liegen völlig regungslos da, sodass selbst Cleo sie nur entdeckt, wenn sie praktisch drüber stolpert. Da ihr Instinkt den Junghasen sagt, dass sie sich bei Gefahr ganz ruhig verhalten müssen, werden im Frühjahr bei der Feldbearbeitung viele von den schnellen Monsterlandmaschinen einfach untergepflügt. Aus all diesen Gründen wird die Hälfte der Junghasen kein Jahr alt.

Wegen seiner sehr hohen Vermehrungsrate – drei bis vier Würfe pro Jahr mit zwei bis fünf Jungen – war der Hase seit jeher Fruchtbarkeitssymbol. Und er gilt als wahrer Sex-Maniac. Wenn man mal die Chance hatte, die Sexspielchen, die die Hasen auf den Feldern vollführen, zu beobachten, weiß man, warum. Während der Paarungszeit wird eine Häsin auf ihrer sogenannten Lockflucht zum Teil von drei, vier liebestollen Rammlern verfolgt, die ihr derart heftig auf den Rücken trommeln, dass sie dort manchmal überhaupt kein Fell mehr hat. Manchmal dreht sich die Häsin auch blitzschnell um, richtet sich auf, und dann trommeln beide Hasen mit den Vorderpfoten gegeneinander, wie beim Boxen. Über eine Stunde können sich solche Verfolgungsjagden hinziehen und verlangen den Tieren viel Kondition ab. Irgendwann hält die Häsin dann in ihrer Lockflucht inne, und der Rammler mit den besten Lungen und dem stärksten Herz reitet auf. Er hat das Rennen gewonnen – und der Tanz ist beendet.

Unterwegs mit Torsten

In den letzten Jahren findet man vermehrt Ansätze zu einer Landschaftspflege mithilfe von Rückzüchtungen domestizierter Tiere, zum Beispiel von Pferd, Ziege oder Schaf. Solche Versuchsprojekte verfehlen zwar manchmal ihre Wirkung, etwa wenn die Tiere zu viel abfressen, aber generell sind sie recht erfolgreich, beispielsweise mit Heckrindern (die dem Ur oder Auerochsen sehr nahe kommen) oder den recht ursprünglichen schottischen Hochlandrindern, die beide das ganze Jahr über draußen bleiben können. Ein weiteres Beispiel ist die Heidschnucke, ein höchst genügsames Schaf, das, wie der Name schon vermuten lässt, Heideflächen beweidet. Die Heide ist, was kaum jemand weiß oder auch nur vermutet, eine klassische Kulturlandschaft. Würde sie nicht von Heidschnucken beweidet, würde sie mit Birken und Erlen verbuschen und hätte man statt der geliebten Heide, auf die Hermann Löns so stolz war, einen ganz anderen Landschaftstyp.

In der Rhön wird sehr häufig das wetterfeste und krankheitsresistente Rhönschaf, eine der ältesten Nutztierrassen Deutschlands, zur Landschaftspflege eingesetzt. »Wieder eingesetzt« muss man sagen, denn bis man in den 60er-Jahren des 20. Jahrhunderts endlich den Wert alter, bodenständiger Rassen erkannte, war der Bestand an Rhönschafen auf wenige Hundert Tiere geschrumpft. Mittlerweile werden sie nicht nur als Landschaftspfleger geschätzt, sondern aufgrund ihres sehr zarten und würzigen Fleisches auch von Feinschmeckern.

Als ich eine große Herde dieser sehr scheuen Tiere entdeckte, ließ ich Cleo sich ablegen, damit sie die Tiere nicht verschreckte. Unter viel »Böö, Böö« meinerseits ging ich im Zickzack auf die Herde zu. Ein Altschaf guckte ganz neugierig, blieb aber entspannt. Und als ich in die Hocke ging, kamen einige Schafe sogar so nahe, dass ich dachte, jetzt rammen sie mich gleich über den Haufen. Doch nichts dergleichen.

Schließlich ging ich zurück zu Cleo. Und guckte nicht schlecht, denn auf einmal waren da zwei von der Sorte.

»Erstaunlich! Normalerweise lassen die Schafe einen nicht so nah ran«, rief ein Mann verblüfft, der ebenfalls auf die Hunde zumarschierte und den ich erst jetzt bemerkte.

Torsten Kirchner, Gebietsbetreuer der Rhön bei der Wildland Gesellschaft, war für mich der Inbegriff des Wildschutzwartes: Lederhosen, eine derbe Jacke drüber, Käppi auf, Fernglas um den Hals, weil es immer etwas zu schauen und zu beobachten gibt, und immer einen Hund dabei. In dem Fall war es eine Mischung aus Dachs- und Brandlbracke, von der Familie her eng verwandt mit Cleo. Und weil es bei Hunden wie bei uns Menschen ist: Wenn sich Gleichgesinnte treffen, die dieselben Vorlieben und Leidenschaften haben und sich darüber hinaus ähneln, ist man sich in der Regel gleich sympathisch. Die zwei waren bald völlig aus dem Häuschen, jagten über die Wiese und spielten ausgelassen miteinander. Für Cleo war es eine tolle Abwechslung, mal einen ihresgleichen, sprich einen Jagdhund, zu treffen. Wobei Cleo ein Herz für viele Hunde hat und sich immer freut, wenn sie einen sieht, während Schweißhunde aufgrund ihres starken Egos und Selbstbewusstseins normalerweise nicht gern mit anderen Hunden zusammen sind.

Torsten erinnerte mich in seiner Art an Hans und Grit. Solide Typen, handfest, autark, die – und das finde ich das Entscheidende – nicht von irgendwelchen Theorien erzählen, die sie in irgendeinem Institut entdeckt haben oder erforschen, sondern ihr Wissen und ihre Kenntnisse aus der Praxis, aus ihren eigenen Erlebnissen in der Natur beziehen. Und als ich Torsten fragte, ob ich eine Chance hätte, Birkwild – für mich die Hauptattraktion der Rhön – zu sehen, antwortete er: »Klar, ich weiß, wo der Balzplatz von unserem Birkwild ist.«

Früher war Birkwild, das Moore und offene oder mit Birken und Kiefern bestandene Heiden besiedelt, recht häufig; so häufig, dass es sogar als Arme-Leute-Essen auf der Speisekarte vieler Waldarbeiter stand. Heute ist es unter anderem infolge der massiven Umgestaltung der Landschaft, vor allem der Trockenlegung von Feuchtbiotopen, und der Zunahme seiner Feinde eine der seltensten Vogelarten Deutschlands, weshalb es in einigen Alpenregionen, dem Hohen Venn oder eben hier in der Rhön, um nur einige Gebiete zu nennen, Projekte zum Schutz dieser Tiere gibt. Torsten zum Beispiel koordiniert die Anstrengungen, die den Lebensraum des Birkwilds erhalten oder verbessern sollen, hält engen Kontakt zu den Jägern vor Ort, mit denen gemeinsam er die Fressfeinde des Birkwilds – allen voran der Fuchs, aber auch Krähe, Elster und Wildschwein, die die Gelege des Bodenbrüters plündern – bejagt, wertet die Daten zu Fauna und Flora aus, die er während seiner Tätigkeit sammelt, und betreibt Öffentlichkeitsarbeit für die Erhaltung des Birkwilds und anderer seltener Tier- und Pflanzenarten.

Das Birkwild zählt wie das Auer- und das Haselwild zu den Raufußhühnern. Ihren Namen verdanken die Raufußhühner ihren befiederten und mit stiftförmigen Horngebilden versehenen Füßen. Das Birkwild ist ein Bodenbrüter, und die Jungen sind wie fast immer in solchen Fällen Nestflüchter. Nestflüchter haben, sobald sie aus dem Ei schlüpfen (bei Birkwild ist das nach etwa 28 Tagen), die Augen auf, jede Menge Flaum und sind gleich auf den Beinen, laufen los und suchen sich ihre Nahrung selbst. Gefüttert werden die Kleinen nicht. Die Mutter passt nur auf, ob sich Feinde, etwa ein Greifvogel, ein Fuchs oder ein Marder, nähern und gibt ihre Erfahrung und das Wissen, ständig wachsam sein zu müssen, an die Küken weiter. Im Unterschied zu Nestflüchtern werden Nesthocker, wie zum Beispiel Greifvögel, blind und fast nackt geboren und sind bis zum Ausfliegen aus dem Nest darauf angewiesen, von den Eltern mit Nahrung versorgt zu werden.

Küken von Raufußhühnern ernähren sich zunächst hauptsächlich von Insekten, Würmern und Spinnen, um genügend Eiweiß aufzunehmen. Erst später fressen sie wie ihre Eltern vorwiegend pflanzliche Kost: Knospen, Gräser, Samen, Beeren oder Triebe. Diese Eigenheit ist ein weiterer Grund, warum das Birkwild in seinem Bestand bedroht ist.

Unsere Frühlinge sind immer häufiger von langen Schlechtwetterperioden gekennzeichnet – was ich bei meiner Wanderung im wahrsten Sinn des Wortes am eigenen Leib zu spüren bekam –; da verkriechen sich die Beutetiere der Küken oder hängen klamm an einem Ast. Und da die Küken nur auf Bewegungsreize reagieren, finden sie kein Futter und sterben.

Was mich am Birkwild so fasziniert, ist zum einen der unglaublich melodische Balzgesang, der für mich zu den schönsten Vogelgesängen zählt, und zum anderen ist es die Schönheit der Hähne. Die Weibchen sind wie bei den meisten Vögeln unscheinbar. Die Birkhenne trägt mit ihrem schwarz-braun gefleckten Gefieder regelrechte Tarnkleidung, die sie während der Brutzeit optisch mit dem Untergrund verschmelzen lässt. Der Birkhahn hingegen hat ein blauschwarz, metallisch schillerndes Gefieder mit auffallend weißem Unterstoß (das sind die Federn, die man sieht, wenn er sein Hinterteil in die Höhe reckt) und einzelnen weißen Federn an den Flügeln. Die eigentlichen Schwanzfedern sind sichelförmig und wurden früher von Jägern, aber auch Wildschützen als Trophäe am Hut getragen. Ein richtiger »Schwarzgeher« (Wilderer) musste mindestens einen Balzhahn im Leben erlegt haben. Zur Balzzeit schwellen dem Hahn, auch Spielhahn genannt, die kleinen knallroten Hautwülste über den Augen zu sogenannten Balzrosen an.

Am nächsten Morgen machten Torsten und ich uns noch vor Tagesanbruch auf den Weg. Wir mussten vor den Hähnen, die kurz vor der Morgendämmerung eintreffen würden, gut getarnt am Balzplatz sein. Zum einen haben die sehr scheuen Tiere eine ausgezeichnete Wahrnehmung, zum anderen wollten wir sie natürlich nicht stören. Ein Grund, warum die Balzplätze in Deutschland oft gesperrt beziehungsweise geheim gehalten werden. Vielleicht sollte ich noch erwähnen, dass es seit einigen Tagen wieder regnete und für die Jahreszeit viel zu kalt war. Ganz offensichtlich hatten Cleo und ich uns nicht gerade das beste Jahr für diese Wanderung ausgesucht. Gerade jetzt aber war der Regen sehr unangenehm, da wir nicht mehr im Schutz des Waldes, sondern über offenes Gelände liefen.

»Viel wird da nicht mehr los sein, die Balzzeit ist fast vorüber«, dämpfte Torsten meine Erwartungen.

»Wie viele, glaubst du, werden kommen?«

»Vier? Fünf?«, meinte er und zuckte die Schultern.

»Nicht viel. In Skandinavien können auf einem Balzplatz zehn Hähne einfallen und zwanzig oder 25 Hennen.«

»So viele haben wir in der ganzen Rhön nicht. Da sind es gerade mal fünfzehn bis zwanzig«, warf Torsten ein.

»Ich bin einmal sogar bis nach Schweden gefahren, um Birkwild zu drehen«, erzählte ich. »Die Schweden haben nur den Kopf geschüttelt, dass man dafür so weit fahren und einen solchen Aufwand betreiben kann. Für die ist Birkwild nichts Besonderes. ›Die kann man ja nicht mal essen‹, sagten sie, ›die schmecken nicht.‹«

»Ich habe noch nie Birkhuhnfleisch gegessen. Warum schmeckt das nicht?«, wollte Torsten wissen.

»Die Schweden sagen, dass das Fleisch wegen der Knospen, die die Tiere so gern fressen, einen ganz eigenwilligen, irgendwie harzigen Geschmack hat. Jungtiere, die ja noch

Insekten fressen, könne man essen, aber ältere Tiere müssen furchtbar schmecken.«

»Klingt logisch«, meinte Torsten und legte dann zum Zeichen, dass wir nun besser unseren Mund halten sollten, einen Finger an seine Lippen.

So leise wie möglich schlichen wir zu seinem kleinen Versteck, aus dem heraus er die Tiere immer beobachtete. Ich war sehr gespannt, denn auf einem Balzplatz geht es richtig zur Sache. Die Birkhähne vollführen die verschiedensten Sprünge und Posen, stolzieren im wahrsten Sinn des Wortes wie die Gockel in der Balzarena umher, stimmen ihren Balzgesang aus Fauchen und Kullern an, vor allem aber kämpfen sie wie die Berserker gegeneinander, hacken aufeinander ein, dass die Federn fliegen, reißen sich gegenseitig an den Balzrosen.

Wir saßen seit etwa einer halben Stunde stumm in der Finsternis, als wir durch den Regen hindurch ein Zischen hörten. Der erste Birkhahn war eingetroffen. Wieder zischte es, und dann noch ein drittes und viertes Mal. Mit den Hähnen nahm der Regen zu. Sobald das erste Tageslicht zu erahnen war, begannen die vier Birkhähne mit der Balz und bekamen sich gleich in die Wolle. Nach ein paar Minuten flogen schließlich ein paar Hennen ein und ließen sich auf den vereinzelt die Balzarena umstehenden Birken nieder. Da saßen sie dann und schauten ziemlich desinteressiert dem Geschehen am Boden zu. Na ja, zum einen war die Hauptzeit der Balz vorüber, zum anderen war das Wetter wirklich nicht einladend. Dann kam eine weitere Henne, lief ein bisschen orientierungslos durch die Arena. Die Hähne jagten hinter ihr her, jeder wollte sie besteigen, aber sie war irgendwie auch nicht so recht in Paarungsstimmung. Mir kam es so vor, als hätte sie den Balzplatz nur halbherzig angeflogen – mal gucken, was sich da noch so tut –, ohne echtes Interesse. Dann wurde es richtig hell, Hähne wie Hennen flogen in die Deckung, und der Spuk war vorbei. Tja, das war nun nicht unbedingt das, was ich mir erhofft hatte.

»Lust auf ein bisschen Edgar Wallace?«, fragte Torsten, nachdem wir aus dem Versteck gekrochen waren.

Verständnislos schaute ich ihn an. »Willst du jetzt mit mir alte Schwarz-Weiß-Krimis gucken?«

»Nein«, lachte er, »aber ich kann dir eine Gegend zeigen, in der ›Der Hund von Baskerville‹ hätte gedreht werden können. Das berühmte Schwarze Moor der Rhön.«

»Wieso berühmt?«, wollte ich wissen.

»Es zählt mit seinen gut sechzig Hektar zu den bedeutendsten Hochmooren nicht nur Deutschlands, sondern ganz Mitteleuropas und wird außerdem in der ›Liste der 100 schönsten Geotope Bayerns‹ geführt.«

»Klingt interessant. Allerdings muss ich gestehen, dass ich von Mooren so gut wie nichts weiß. Gerade mal, dass es aus toten Pflanzen besteht«, gestand ich Torsten.

»Damit sind wir auch schon mittendrin. Fangen wir am Anfang an. Durch die Erosion des Firns und massive Bodenbewegungen nach der letzten Eiszeit vor 12 000 Jahren entstanden große Hangmulden, die durch Ton oder Lehm schon ziemlich abgedichtet waren. Darin wuchsen – und wachsen bis heute – mehr Pflanzen als verrotteten. Die abgestorbenen Pflanzenteile setzten sich am Boden ab und machten ihn vollkommen dicht. Dadurch wurde das Moor zum Regenmoor, das heißt, es wird nur durch Regen gespeist und hat keine Verbindung zum Grundwasser – zumindest in der Mitte; beim Sumpfgürtel beziehungsweise Niedermoor, der das Hochmoor umgibt, sieht es anders aus. Das Wasser eines Hochmoors hat einen sehr niedrigen pH-Wert und wenig Sauerstoff, was die Zersetzung von Pflanzen hemmt, wodurch sich immer mehr Torf ansammelt und das Moor immer höher wird, ein Hochmoor eben. Das Schwarze Moor beispielsweise hat eine sogenannte Torfmächtigkeit von über sechs Metern. So viel zum Allgemeinen. Charakteristisch für das Schwarze Moor sind die sogenannten Flarken und Kolke, Wasseransammlungen, die teilweise bis zu zwei Meter tief sind und ihre Form und Größe immer wieder ändern. Ein Grund, warum man nicht durch ein Moor laufen sollte. Flarken sind Risse in der Moorvegetation, die durch Bewegungen des Moorkörpers entstehen. Das kannst du dir wie bei einem Gletscher vorstellen, wo sich auch immer wieder Spalten im Eis bilden. Kein anderes Moor in Mitteleuropa hat so viele Flarken wie das Schwarze Moor. Die hiesigen Kolke oder Mooraugen sind ebenfalls etwas Besonderes. Normalerweise liegen sie nämlich in den zentralen Teilen eines Hochmoors, hier aber sind sie am Rand der zentralen Hochfläche. Und das größte ist fast 500 Quadratmeter groß und etwa zweieinhalb Metern tief.«

Um es vorwegzunehmen: Das Schwarze Moor sollte für mich zu dem Highlight der Rhön werden, das ich mir eigentlich vom Birkwild erwartet hatte.

Der Tag war perfekt für ein Moor à la Edgar Wallace. Es regnete und war so neblig, dass man zum Teil nur zehn Meter weit sehen konnte und die vereinzelten Birken, mickrigen Fichten und Krüppelkiefern nur als Schemen wahrnahm. Mir fielen die ganzen alten Geschichten ein, von Menschen, die in einem Moor versunken und nie mehr aufgetaucht waren, von Hinrichtungen, Kult- und Opferstätten. Es war fast schon gruselig – auch wenn das Informationscenter am Rand des Moors die Wirkung ein klein bisschen entzauberte.

Wir liefen über den Rundwanderweg aus Holzbohlen, auf dem man durch das Moor wandern kann, ohne den einzigartigen Mikrokosmos zu sehr zu stören. Dazu gehören Tierarten wie etwa das Birkhuhn, der Baummarder, das Hermelin, die Zwergschnepfe oder der Feuersalamander und gefährdete Pflanzenarten. Eine Besonderheit der Moore ist, dass sich in ihrem Zentrum, der Heimat der anspruchslosen Torfmoose, auch fleischfressende Pflanzen ansiedeln, zum Beispiel das Fettkraut oder der hübsche Rundblättrige Sonnentau. Da Moore in ihrer Mitte einen sehr sauren Boden und saures Wasser haben – was man sogar schmecken kann; als hätte jemand einen Spritzer Zitronensaft zugefügt –, fehlt es an Nährstoffen, beispielsweise Stickstoff, Kalium, Phosphor und all dem, was auch in handelsüblichen Düngemitteln zu finden ist. Für fleischfressende Pflanzen kein Problem; sie holen sich ihre »Nährstofftablette« in Form von Insekten.

Der Torf – das fand ich interessant – roch nur ein bisschen modrig. Ich hatte mir eine Handvoll herausgeholt und das Wasser herausgepresst, um daran zu riechen. Danach hielt ich ihn Cleo unter die Nase, damit sie ebenfalls daran schnuppern konnte, aber sie schnappte sofort danach und fraß ihn. Und er schien ihr auch noch zu schmecken. Na ja, wer Schildkröten frisst!

Torsten und ich waren, von unseren Hunden abgesehen, weit und breit die Einzigen, aber Torsten erzählte mir, dass im Sommer bei schönem Wetter hier der Bär steppte.

Cleo und ich hatten die Nase gründlich voll von Regen und Kälte, von klammen Nächten im Zelt, und so machte ich mich auf die Suche nach einer Übernachtungsmöglichkeit im Trockenen. Als ich in einem kleinen Dorf mitten im

Nirgendwo die Tür zum Schankraum des etwas heruntergekommen wirkenden Wirtshauses aufstieß, blieb ich erst
einmal wie angewurzelt stehen. Es war, als wäre ich in
einem Ludwig-Ganghofer-Film gelandet: Ein alter Kachel-
ofen bullerte vor sich hin, dicke Rauchschwaden hingen
in der Luft – das Rauchverbot in Gaststätten schien sich
noch nicht bis hierher durchgesprochen zu haben, oder,
was wahrscheinlicher war, es kümmerte niemanden. An
großen Tischen saßen richtige Kerle, das, was der Bayer
»gstandne Mannsbilder« nennen würde, die meisten mit
Hut, einige mit Rauschebart, vor sich ein Bier und einen
Schnaps, und spielten, wie sollte es anders sein, Karten.

Und nun stand da also ein langhaariger Fremder mit
Indiana-Jones-Hut und Hund in der Tür. Schlagartig wurde
es still, und alle Augen richteten sich auf Cleo und mich.
Doch schon im nächsten Moment ging es los: »Ja, wo
kommt ihr denn her bei dem Sauwetter?«, »Was macht ihr
denn hier?« und das obligatorische »Schöner Hund«. Während ich meine tropfnassen Sachen auszog und Cleo sich
erst einmal kräftig schüttelte, erzählte ich in Stichpunkten
von unserer Wanderung entlang der ehemaligen innerdeutschen Grenze.

»Du redest aber komisch, wo kommst du denn her?«,
fragte einer. Komisch?, dachte ich, wieso komisch, ich rede
ganz normales Hochdeutsch.

»Du wirst es nicht glauben, ich komme aus Thüringen,
aber das hört man nicht mehr. Normalerweise ist der dor-
tige Dialekt eine Strafe fürs Leben, gerade der aus der Gegend, aus der ich stamme. Aber ich bin ein paar Jahre zur
See gefahren und lebe jetzt schon seit vielen Jahren in der
Eifel, da hat er sich weggeschliffen.«

»Aus Thüringen kommst?«, fragte ein anderer. »Mit
Thüringen hast du doch Erfahrungen, Schorsch?!«, wandte

Frühjahr im Wald; für Cleo und mich die schönste Zeit. Die Natur ist jetzt voller Kraft und Leben. Es wird gebalzt, gebrütet und neues Leben geboren. Obwohl ich jedes Jahr diesem uralten Rhythmus nachspüre, gibt es immer wieder Neues zu entdecken.

Flussperlmuscheln sind vom Aussterben bedroht. Sie stellen an die Wasserqualität ihrer Lebensräume allerhöchste Ansprüche. Nach neuesten Erkenntnissen können Flussperlmuscheln etliche Hundert Jahre alt werden.

Das Dreiländereck zwischen Böhmen, Bayern und Sachsen. Hier beginnt unsere 1400 Kilometer lange Wanderung. Ein Filmteam wird uns auf dem Weg zur Ostsee begleiten *(oben links)*.

Obwohl nach der Wende der Todesstreifen systematisch von Landminen geräumt wurde, werden bis heute mehrere Hundert dieser heimtückischen Sprengfallen vermisst *(Mitte)*.

Etwa 20 000 Hunde taten an der innerdeutschen Grenze Dienst. Cleos Blick spiegelt mein Urteil: ein scheußliches Hundeleben *(unten links)*.

Als Dreijähriger auf großer Tour: Mit unserem Adler Trumpf Junior, Baujahr 1936, fuhren meine Eltern mit mir vom Thüringer Wald an die Ostsee. Wahrscheinlich habe ich daher meine Leidenschaft für Oldtimer.

Meine Mutter 1968 – warten auf Wolodja *(oben links)*.

Als Fünfjähriger mit meinem Vater bei einem unserer häufigen Besuche auf der Wartburg *(Mitte)*.

Mein erstes Tierfoto schoss ich mit sechs Jahren. Meerschweinchen Hansi wurde elf Jahre alt *(oben rechts)*.

Reise in exotische Welten: »Löwensafari« im Ostberliner Zoo.

Grenzverletzung durch NVA-Soldaten der DDR. Die beiden Aufklärer befinden sich bereits auf dem Territorium der Bundesrepublik. Ich hatte mich an sie herangepirscht, um sie zu fotografieren. Als sie mich bemerken, verschwinden sie wieder über die Grenze.

Minenexplosion im Todesstreifen. Dadurch sind viele Menschen ums Leben gekommen oder verstümmelt worden *(unten)*.

Wendland 1981. Mit meinem zahmen Uhu Kobold ging ich, wie andere Falkner mit ihrem Greifvogel, zur Beizjagd *(oben links)*.

Die Falknerei, das heißt die Jagd mit Greifvögeln und Eulen, ist eine große Leidenschaft von mir *(Mitte)*.

Corax, mein zahmer Kolkrabe, im Clinch mit dem Rauhaardackel Schweinemann *(unten links)*.

»Apocalypse now« auf Wendländisch. Das Hüttendorf der »Republik Freies Wendland« ist von mehreren Tausend Polizisten und BGS-Männern umzingelt. Die Hubschrauber sollen die Atomkraftgegner einschüchtern.

Es gab auch nachdenkliche Staatsdiener, die mit dem rücksichtslosen Vorgehen des Staates nicht einverstanden waren.

Der Tag danach: Tiefbohrstelle 1004 ist wieder »sauber«. Innerhalb kürzester Zeit wurden die Hütten dem Erdboden gleichgemacht. Dabei zeigten sich weder die Fahrer der schweren Räumgeräte noch die Polizei zimperlich *(rechts)*.

»Onkel Sam« auf DDR-Art – das Abenteuer ruft. So wurden wir für die Fallschirmjägerausbildung angeworben.

Mit 14 Jahren – einer meiner ersten Absprünge aus einer russischen Antonov 2 *(oben rechts)*.

Die 1400 Kilometer lange ehemalige innerdeutsche Grenze ist heute das größte Naturschutzgebiet Deutschlands und trägt den harmlosen Namen »Grünes Band« *(Mitte)*.

Bundeswehrappell am »Point Alpha«. »Hat er gedient?«, fragt mich der Feldwebel in scharfem Ton. Nach dem langen Regen habe ich einfach gute Laune *(unten rechts)*.

Mit einem Luftboot, Modell Schweinsblase, paddeln Cleo und ich viele Kilometer auf der malerischen Saale.

Blick auf Hirschberg an der Saale. Direkt vor dem Fluss standen die Grenzbefestigungen. Der Kolonnenweg ist noch gut erkennbar *(oben links)*.

Selbstbildnis mit Frauenschuhorchideen in den Hörselbergen *(Mitte)*.

Karpfen-Klaus an seinem fängigsten und geheimsten Angelplatz *(oben rechts)*.

Zwei Wanderer bei der Rast.

In Thüringen wird mindestens dreimal die Woche Kuchen gebacken. Unser Filmteam und Einstein beim Nachdreh in der Küche der schönen Försterin.

Die Försterin und ein verblüffter Wanderer *(oben links)*.

Grits Liebe zu den Hirschen geht so weit, dass sie die Tiere sogar in Schiefer am Forsthaus verewigen ließ *(Mitte)*.

Bache mit Frischling im Morgengrauen. Tipp für alle Wanderfreunde: Beim Zusammentreffen beherzt reden und Abstand halten! *(unten links)*

Im Ostthüringischen Schiefergebirge fühlt sich das Muffelwild besonders wohl. Seine Urheimat ist allerdings die schroffe Bergwelt Korsikas und Sardiniens.

Wie alle Wildschafarten der Erde kann das Muffelwild hervorragend äugen (sehen). Das Mutterschaf mit seinen Lämmern hat uns schon auf große Entfernung wahrgenommen.

Deutsche Mittelgebirgsromantik wie aus dem Bilderbuch: der Blick vom Falkenstein in das Werratal. Cleo und ich waren von der großen Artenvielfalt an Tieren und Pflanzen im Eichsfeld begeistert.

Schwarzes Moor in der Rhön. Nach zwei Tagen Dauerregen fällt Torsten Kirchner und mir das Lachen nicht mehr ganz so leicht.

Torstens Brackenrüde Pit hätte gern
eine kleine Affäre mit Cleo angefangen.

Die Schlingnatter ähnelt der Kreuzotter sehr, ist aber eine reine Würgeschlange und ungiftig *(oben rechts)*.

Das scheue und sehr schmackhafte Rhönschaf – fast wäre diese Rasse ausgestorben *(Mitte)*.

»Stoi« – Stoppschild für russische Angreifer mit den dazu passenden Panzersperren. Eher was zur Dekoration *(unten rechts)*.

Stasi-Röhre – durch solche Tunnel wurden Agenten in den Westen geschleust. Ihre Lage war streng geheim. Heute finden Füchse und Dachse darin Schutz.

Blick vom Kalimandscharo Richtung Philippsthal *(oben links)*.

Nichts für sensible Hundenasen – Bärlauchblüte im Hainich, dem größten zusammenhängenden Laubwaldgebiet Deutschlands *(Mitte)*.

Bruder Rolf vom Kloster Hülfensberg. Der naturbegeisterte Franziskanermönch und Cleo waren sich gleich sympathisch *(unten links)*.

Seit über 25 Jahren gräbt sich der Vollblut-Paläontologe Dr. Ralf Nielbock durch den Boden der Einhornhöhle – in der festen Überzeugung, irgendwann auf Aufsehenerregendes zu stoßen *(oben)*.

Mit Brocken-Benno beim Gipfelsturm. Über 6000 Mal hat der fast 80-jährige Asket den deutschesten aller deutschen Berge bestiegen *(unten)*.

Luchskater auf der Lauer im Harzwald. An Schönheit und Anmut ist die größte europäische Wildkatze nicht zu übertreffen. Ihr Beutespektrum reicht von der Waldmaus bis zur Hirschkuh.

Patchwork-Familie. Als verwaistes Rotwildkalb kam die Hirschkuh zu den Konik-Pferden. Seit vier Jahren ist die Gruppe unzertrennlich.

Das hätte Cleo nicht gedacht: Der selbstbewusste Hauskater Peter zeigt ihr, wer der Chef auf dem Hof ist *(oben links)*.

Heiko, der Berufstaucher vom Arendsee. In 35 Meter Tiefe war das Wasser nur noch 1 cm (sprich 4 °C) kalt *(Mitte)*.

Männertreff am »Checkpoint Harry«. Hier gibt es die beste Currywurst des Nordens. Markus hatte Cleo das letzte Mal als Welpen gesehen *(oben rechts)*.

Achtung, Seeadler in Sicht! Mit Jan Poggensee, dem Berufsfischer vom Schaalsee, und Markus Lanz geht es in aller Frühe zum Fotoshooting und Kontrollieren der Netze hinaus *(oben links)*.

Sommertage am großen Strom. Tagelang folgen wir dem Lauf der Elbe, die regelmäßig zum Baden einlädt *(Mitte)*.

Milchkaffee mit Sahne. Nora Jahns, die starke Frau aus Ostpreußen, erzählt mir am Schaalsee ihre Lebensgeschichte *(oben rechts)*.

Der Seeadler ist der mächtigste Greifvogel Europas und gleichzeitig Wappenvogel Deutschlands. In den 1970er-Jahren lebten in der Bundesrepublik nur noch drei Brutpaare. In der DDR waren es deutlich mehr. Mittlerweile ist sein Bestand in Gesamtdeutschland wieder auf sagenhafte 580 Brutpaare angestiegen.

Keine Fotomontage, sondern lebensbedrohliche Wirklichkeit! Cleo wird von einem wütenden Nanduhahn gejagt. Über 100 wilde Nandus leben am Ostufer des Ratzeburger Sees. Die aus Südamerika stammenden selbstbewussten Straußenvögel greifen jeden an, der ihren Jungen zu nahe kommt.

Nach sieben Wochen und 1400 Kilometern kommen Cleo und ich an der Ostsee an. Die Wanderung quer durch Deutschland war für mich die schönste und gleichzeitig emotionalste Unternehmung meines Lebens.

er sich an einen dritten Mann, der daraufhin etwas vor sich hin murmelte. »Erzähl doch mal!«

»Naa, keine Lust, schon dreißig Mal erzählt«, erwiderte jener Schorsch unwirsch.

Keiner insistierte, und so suchte ich mir einen Platz, bestellte zu essen und zu trinken. Nach einer Weile gab einer der Männer eine Runde Schnaps aus, die nächste ging auf meine Rechnung, und schon waren wir mitten im Gespräch. Die anfängliche Reserviertheit mir gegenüber legte sich schnell, als ich erzählte, dass ich gelernter Förster und Jäger bin. Das wirkte wie immer. Ein Jäger und Förster? Aha, also einer von uns, kein eingebildeter Schnösel aus der Stadt.

Da mir die Bemerkung vom Anfang – »Mit Thüringen hast du doch Erfahrungen, Schorsch?!« – nicht aus dem Kopf ging und ich ja auf der Suche nicht nur nach Natur- oder Tier-, sondern auch Grenzgeschichten war, hakte ich nach. Und das war die Geschichte, die sie mir dann erzählten: 1961, kurz nachdem die Grenze abgeriegelt wurde – bis dahin war sie »nur« Sperrgebiet, teilweise zwar schon mit Stacheldrahtzaun gesichert, aber noch ohne Minen, Selbstschussanlagen und so weiter –, saßen Schorsch und die anderen abends auch schon in dieser Wirtschaft und zechten. Eines Tages unterhielten sie sich zu fortgeschrittener Stunde über die Grenze, und einer schimpfte: »Scheißgrenze! Mensch, da drüben, das Bier war so gut.«

»Ja, ist eine Schande. Und der Schnaps war auch nicht schlecht, der Wurzelpeter aus Thüringen.«

Und irgendwann sagte Schorsch: »Ich geh da jetzt rüber und hol Bier.«

»Das traust du dich nicht.«

»Wetten, dass ich das mach? Um eine Flasche Schnaps!«, konterte Schorsch, schnappte sich seinen Rucksack und zog los. Die Leute kannten sich in der Gegend natürlich aus, Schorsch besonders, da er Waldarbeiter war. Er kletterte über den Stacheldraht, kaufte beim Wirt des thüringischen Nachbarorts fünf Flaschen Bier sowie eine Flasche Schnaps und machte sich auf den Rückweg. Wahrscheinlich wäre alles gut gegangen, wenn ihn nicht der Wirt »von drüben« verpfiffen hätte.

Zurück am Zaun, hörte Schorsch hinter sich plötzlich ein »Hände hoch! Stehen bleiben!« und einen Schuss. Die nächsten zwei Jahre verbrachte er in einem DDR-Gefängnis. Man wollte ein Exempel an ihm statuieren, den Leuten klarmachen, dass man es ernst meinte mit dem antifaschistischen Schutzwall. Und die DDR-Propaganda schlachtete das Ganze in ihrem Sinne aus: Spione aus dem Westen würden nachts über die Grenze schleichen ... Nach der Haft schob man Schorsch in den Westen ab. Eine absolut schräge Geschichte, eine der schrägsten, die ich je gehört habe. Zwei Jahre Zuchthaus für fünf Flaschen Bier und eine Bottle Schnaps!

Am nächsten Morgen traf ich mich ein weiteres Mal mit Torsten, der mich zu Kreuzottern führen wollte. Ich mag Schlangen, generell Reptilien, und die Kreuzotter ist sogar eines meiner Lieblingsreptilien. Die unter Naturschutz stehende Kreuzotter war nie sehr häufig, aber in den letzten zwanzig Jahren ist sie noch seltener geworden. Neben Lebensraumveränderungen ist möglicherweise die wachsende Anzahl an Wildschweinen dafür verantwortlich, die als Allesfresser auch Schlangen vertilgen. So hat man zum Beispiel festgestellt, dass es im italienischen Zentralapennin in wildschweinfreien Gebieten drei Mal mehr Aspisvipern gibt als in Regionen mit hoher Wildschweindichte.

Die Kreuzotter ist neben der Aspisviper, die in Deutschland nur in einem relativ kleinen Gebiet im Schwarzwald vorkommt, die einzige in Deutschland heimische Giftschlange. Sie ist die robusteste Giftschlange überhaupt und extrem kälteresistent: Die Kreuzotter ist als einzige Schlange noch jenseits des Nördlichen Polarkreises anzutreffen. Bei uns lebt sie vorwiegend in den nördlichen Heidegebieten, in den östlichen Mittelgebirgen und in Teilen Süddeutschlands.

Die Kreuzotter ist nachtaktiv, tagsüber kommt sie nur ans Licht, um sich zu sonnen, da sie wie alle Reptilien Wärme liebt. Ihre Hauptnahrung sind Mäuse, Eidechsen und Frösche. Um Beute zu machen, lauert sie bewegungslos, bis ihr eine kleine Spitzmaus oder eine Waldeidechse nahe kommt, dann schnellt sie vor, beißt zu, injiziert eine kleine Menge Nervengift und lässt das Opfer erst einmal wieder laufen. Nun wartet sie, dass das Neurotoxin zu wirken beginnt. Nach ein paar Minuten macht sie sich dann auf die Suche: Mit ihrer Zunge fängt sie Duftmoleküle ein, die an das Jacobsonsche Organ, ein Riechorgan im Gaumendach, weitergeleitet werden und ihr so die Spur zu dem verendeten Tier weisen. Eine Maus macht eine Kreuzotter, die im Schnitt nur sechzig bis siebzig Zentimeter lang wird, für mehrere Tage satt, sodass die Schlange bis zur nächsten Mahlzeit faul in der Sonne liegen kann.

Bei den Schlangen in unseren Breitengraden war jetzt im Frühjahr Paarungszeit. Kreuzottern gehören zur Familie der Vipern, abgeleitet von »vivipar«, was »lebendgebährend« heißt. Genaugenommen sind sie ovovivipare Schlangen, was bedeutet, dass sie ihre Eier im Mutterleib ausbrüten und – im August, September – etwa regenwurmgroßen Nachwuchs gebären. Da Vipern wie die meisten Schlangen keine Brutpflege betreiben, sind die Kleinen nach der Geburt gleich auf sich gestellt und gehen auch allein in Winterruhe, eine Art Kältestarre.

Was mich an Kreuzottern unter anderem fasziniert, ist ihre Farbenvielfalt. Es gibt sie in verschiedenen Grautönen, von Silber- über Hell- und Dunkel- bis hin zu Blaugrau, in Braun oder Orange und, in seltenen Fällen, in Kupferrot und Schwarz. Schwarze Exemplare nannte man früher übrigens auch Höllenvipern oder Höllenottern. Ein charakteristisches Merkmal ist das Zickzackband auf dem Rücken, das bei roten und schwarzen Kreuzottern allerdings auch fehlen kann – wobei man es bei Letzteren ohnehin nicht sieht.

Über die Kreuzotter kursieren seit jeher zahlreiche Gerüchte und Unwahrheiten, etwa dass sie springen können und einen Menschen über weite Strecken verfolgen. Die meisten Geschichten ranken sich natürlich um die Giftigkeit des Tieres. Im Thüringer Wald erzählt man sich noch heute ein Schauermärchen, das ich schon aus meiner Kindheit kenne: Ein junges Liebespaar fuhr mit Decke und Rucksack auf seinem Moped in den Wald, um sich dort ungestört zu lieben. Sie waren so mit sich beschäftigt, dass sie nicht bemerkten, wie eine Kreuzotter es sich im Rucksack bequem machte. Während der Fahrt zurück in die Stadt kroch die Schlange aus dem Rucksack, den sich die Frau umgeschnallt hatte, und biss die Frau in den Hals, die daraufhin tot vom Moped fiel. Das ist völliger Quatsch. Zwar ist das Gift der Kreuzotter giftiger als das der Diamantklapperschlange, aber eine Kreuzotter hat nur einen sehr geringen Giftvorrat, und sie injiziert bei einem Biss so gut wie nie die gesamte Menge, da sie ansonsten bis zur Auffüllung ihres Giftvorrats wehrlos wäre. Um einen gesunden Menschen mit einem Durchschnittsgewicht von 75 Kilogramm zu töten, bräuchte es das Gift von mindestens

fünf Kreuzottern. Todesfälle sind daher sehr unwahrscheinlich. Oft passiert gar nichts. In anderen Fällen kann sich
um die Bissstelle herum eine Schwellung bilden. Da das
Gift der Kreuzotter ein Nervengift ist, kann es in manchen
Fällen zu Atemnot und Herzbeschwerden kommen, unter
Umständen zu Lähmungen, speziell bei kleinen Kindern,
alten oder kranken Menschen.

Schlangen gehören wie Spinnen zu den Tieren, die bei
vielen Menschen eine unbestimmte, irrationale Angst auslösen – bei der Kreuzotter verstärkt durch die falsche Ein-
schätzung ihrer Gefährlichkeit –, weshalb sie oft erschlagen
werden. Giftschlangen sind aber nicht dazu da, Menschen
zu töten. Sie erfüllen andere Aufgaben, wie das Vertilgen
von Kleinnagern. In der Regel flüchten Schlangen nämlich
bei der Annäherung eines Menschen, wobei die Kreuzotter
allerdings gern erst einmal liegen bleibt, zischt und sich
darauf verlässt, dass der andere das Weite sucht. Verteidi-
gungsbisse macht sie nur, wenn sie angegriffen oder in die
Enge getrieben wird.

Als Torsten und ich uns auf den Weg zu den Kreuzottern
machten, war es zwar noch morgendlich kalt, aber wenigstens schien die Sonne, sodass wir mit etwas Glück eine
Kreuzotter beim Sonnenbad erwischen konnten.

Die insgesamt nur etwa zwei Hektar große Fläche,
auf der an mehreren Stellen seit Längerem Kreuzottern
leben, liegt interessanterweise direkt am Kolonnenweg.
Die Kreuzotter, die wir an der ersten Stelle entdeckten, verschwand, sobald sie uns wahrnahm, in ihrer Höhle. An der
zweiten Stelle fanden wir – nichts. Die Kreuzotter an der
dritten Stelle vertraute wohl auf den Schutz des Reststücks
rostigen DDR-Stacheldrahts, der wenige Zentimeter über
ihr quer zum Weg durchs Gras verlief, denn sie blieb einfach liegen.

149

Natürlich wollte ich sie fangen, um sie aus der Nähe betrachten zu können. Nach allem, was ich vorhin über die
Giftigkeit von Kreuzottern geschrieben habe, kein sonderlich gefährliches Vorhaben – eigentlich. Doch auf einem
meiner Drehs war ich auf einer kleinen Insel in Indonesien
von einer Seeschlange, deren Gift zu den stärksten Schlan-
gengiften überhaupt zählt, gebissen worden und, da es weit
und breit keinen Arzt, geschweige denn ein Antiserum
gab, fast daran gestorben. Später sagten mir die Ärzte, es
wäre keine gute Idee, in meinem Leben noch einmal mit
einem starken Gift, schon gar einem Schlangengift in Be-
rührung zu kommen. Ich gehöre also zu den wenigen
Menschen, denen das Gift der Kreuzotter gefährlich werden kann. Auf der anderen Seite sind Schlangen am frühen Morgen noch kältestarr und Kreuzottern zudem relativ langsam – wohlgemerkt »relativ«.

Torsten sagte nichts zu meinem Vorhaben, weder »Mach
mal!« noch »Lass es!«, allerdings wusste er nicht, was in
Indonesien passiert war. Kurz schwankte ich noch zwischen der Angst vor einem erneuten Schlangenbiss und
dem Wunsch, die Kreuzotter zu fangen, dann zwang ich
mich zu höchster Konzentration und schob meine Hand in
Zeitlupentempo an die Schlange heran. Verdammter Stacheldraht, fluchte ich innerlich, denn das Tier lag mit seinem Kopf genau unter einer der Drahtspitzen. Dann eine
letzte, blitzschnelle Bewegung, und – *zack!* – hatte ich sie
hinter dem Kopf und drückte sie leicht gegen den Boden.
Im nächsten Moment spürte ich eine Bewegung an meiner
Hand. Eine zweite Kreuzotter! Mir blieb vor Schreck fast
das Herz stehen. Ich hatte mich so sehr und so ausschließlich auf diese eine Schlange konzentriert, dass ich die andere, die nur wenige Zentimeter daneben lag, gar nicht
wahrgenommen hatte. Die eine hatte eine richtig schöne

kupferblaue Grundfärbung mit einem auffallend schönen Zickzackband, während die andere, eine graugrüne, zwischen dem Gras, den jungen Trieben irgendwelcher Sträucher und ein paar kleineren, teilweise mit Moos und Flechten bewachsenen Felsen perfekt getarnt war. Und als ich nach der einen griff, streifte ich die andere. Die wollte aber offenbar einfach nur ihre Ruhe haben und schlängelte sich ohne weitere Reaktion davon. Da hatte ich unglaubliches Glück gehabt.

Nachdem ich mich von meinem Schreck erholt hatte, schaute ich mir die gefangene Kreuzotter genauer an. Sie hatte sich offensichtlich erst vor Kurzem gehäutet, weshalb ihre Farben so intensiv waren. Sie war wunderschön! Seltsamerweise machte sie keine Anstalten, sich mir zu entwinden oder mich zu beißen, sondern ließ sich in aller Ruhe von allen Seiten betrachten. Schließlich setzte ich das Tier behutsam an seinen Platz zurück, und im nächsten Moment war es verschwunden.

Cleo hatte ich vor dieser Aktion übrigens in sicherer Distanz sich ablegen lassen.

In luftigen Höhen

Was ich bislang von der Rhön gesehen hatte, gefiel mir so gut, dass ich sie nun unbedingt noch von der Luft aus sehen wollte, und so machte ich mich auf den Weg zur Wasserkuppe, dem mit 950 Metern höchsten Berg der Rhön und Heimat der ältesten Segelflugschule der Welt.

Um es kurz zu fassen: Bei herrlichem Wetter hatte ich einen phantastischen Blick auf die wunderschöne Landschaft unter mir. Allein dieses Erlebnis war den Ausflug zur Wasserkuppe wert. Der Segelflieger, der mich auf den Rundflug mitnahm, steuerte während des Flugs aber auch ein Kapitel zu meiner Sammlung kurioser Grenzgeschichten bei.

Als der Pilot als junger Mann seine Fluglizenz für einen Motorsegler machte, war sein Fluglehrer ein bisschen betrunken und dazu das Wetter nicht besonders gut. GPS gab es damals noch nicht, und so musste er mehr oder weniger auf Sicht fliegen. Natürlich hatten sie Karten mit, um ihren Standort abgleichen zu können. So flogen sie also eine Weile dahin, das da unten ist Kassel, das da drüben muss die Wilhelmshöhe sein ... Auf einmal fiel ihnen auf, dass alles so komisch aussah: Die Felder waren größer, die Dörfer verfallen. Da war ihnen klar, dass sie vom Kurs abgekommen sein mussten und nun im Luftraum der DDR unterwegs waren. Ach, du Sch..., kehrt, marsch, marsch und nichts wie zurück in den Westen.

Zu dem Zeitpunkt war die Maschine längst vom Radar des DDR-Militärs erfasst. Plötzlich hörten sie ein Dröhnen hinter sich, im nächsten Moment flog ein riesiger russischer Kampfhubschrauber an ihnen vorbei und setzte sich direkt vor sie. Das kleine Flugzeug wurde in den Luftturbulenzen, die die gewaltigen Rotorblätter erzeugten, so heftig durchgeschüttelt, dass es kaum mehr zu halten war. Dann setzte sich der Pilot des Kampfhubschraubers neben sie, und zwar so dicht, dass sie sein Handzeichen, mit denen er ihnen eine Landung signalisierte, erkennen konnten. Dem Kampfhubschrauber zu entkommen war aussichtslos, also ergaben sie sich in ihr Schicksal. Nach der Notlandung auf irgendeinem Acker sprangen Soldaten aus dem Hubschrauber, rissen ihre Maschinenpistolen hoch und schrien »Hände hoch!«. Kurz darauf wurden die beiden in einen Militärwagen verfrachtet und nach Berlin gebracht.

Für die DDR-Behörden war klar: Die beiden waren illegal in den Luftraum der DDR eingedrungen und hatten ihn dann wieder verlassen wollen; das konnten nur Spione sein. Zwei Wochen lang wurden die beiden verhört, das sichergestellte Flugzeug auf der Suche nach belastendem Material bis in seine Einzelteile zerlegt. Gefunden wurde natürlich nichts, denn die beiden waren einfach nur Sportpiloten, die vom Kurs abgekommen waren. Nicht einmal einen Fotoapparat hatten sie dabei gehabt. Schließlich schaltete sich das Ministerium für innerdeutsche Angelegenheiten ein und kaufte die zwei Unglücksraben frei. Seither, so erzählte mir der Mann, nennen sie ihn hier nur Quax den Bruchpiloten.

»Äh«, fragte ich im Scherz, »wie weit sind wir hier von der Grenze weg?«

»Die Zeiten sind zum Glück vorbei«, lachte er.

»Point Alpha«

Bei einer Wanderung entlang dem Grünen Band wird man unweigerlich immer wieder mit Geschichte und Politik konfrontiert.

Eine wichtige Station auf meinem Weg war der »Observation Post Point Alpha«. »Point Alpha« war der erste von vier an der innerdeutschen Grenze errichteten US-Beobachtungsstützpunkten und neben »Checkpoint Charly« in Berlin einer der wichtigsten Grenzabschnitte überhaupt. »Point Alpha« lag im Zentrum der NATO-Verteidigungslinie »Fulda Gap« (Fuldaer Lücke) zwischen Herleshausen und Bad Neustadt, einer der vier Einfallschneisen, wo der Westen eine Invasion der Truppen des Warschauer Pakts für am wahrscheinlichsten hielt: Für ihre gewaltige Panzerarmee hätten die Sowjettruppen ein riesiges Aufmarschgebiet, einen breiten Korridor gebraucht, denn bei einem

Vormarsch durch kleine Täler und auf schmalen Bergstraßen hätte ein Panzer nach dem anderen außer Gefecht gesetzt werden können. Die »Fulda Gap« war dabei von besonderer strategischer Bedeutung, denn hier ragte der Ostblock am weitesten in den Westen hinein und hätte innerhalb von zwei Tagen bis zur Rhein-Main Air Base vorstoßen können, die zeitweise der wichtigste Standort der US-Luftwaffe in ganz Europa und daher höchstwahrscheinlich vorrangiges Angriffsziel war. Wer das Frankfurter Becken kontrollierte, hätte den Krieg schon halb gewonnen gehabt. Der Hamburger Hafen, Hannover oder München waren dagegen strategisch unwichtig.

So errichtete das amerikanische Militär am »Point Alpha« Wachtürme, patrouillierte entlang der »Fulda Gap« und überwachte den Funkverkehr. Auf der anderen Seite des Eisernen Vorhangs taten die Sowjettruppen natürlich dasselbe, und so standen sich am »Point Alpha« die waffenstarrenden Systeme der NATO und des Warschauer Pakts im wahrsten Sinn des Wortes Auge in Auge gegenüber – die Grenzposten nicht einmal hundert Meter Luftlinie voneinander entfernt. Heute ist »Point Alpha« eine Mahn-, Gedenk- und Begegnungsstätte.

Als Cleo und ich zum »Point Alpha« kamen, lauschten knapp zwanzig Bundeswehrsoldaten, schön ordentlich aufgestellt, gerade einem Vortrag, wie eine Invasion hätte vonstattengehen können, welche Verteidigungsstrategien es gab und so weiter. Weil ich gute Laune hatte und die Sonne ausnahmsweise mal schien, stellten Cleo und ich uns einfach neben den Rekruten in der ersten Reihe.

Fragte mich doch der Hauptmann, der den Vortrag hielt, glatt: »Hat er auch gedient?« Das klingt ja wie zu Kaiser Wilhelms Zeiten, dachte ich mir und konnte ein Schmunzeln nicht unterdrücken.

»Selbstverständlich. Drei Jahre. Marine, davor Fallschirmjäger«, konterte ich, während ich zum Spaß Haltung annahm. Die Jungs neben mir hielten zwar, wie ich aus dem Augenwinkel wahrnahm, brav den Blick geradeaus, aber den ein oder anderen hörte ich glucksen.

»Na ja, die Haare sind ein bisschen lang geworden. Und ein komischer Hund ist das auch«, meinte er daraufhin, bevor er seine Ausführungen wieder aufnahm.

Cleo und ich blieben noch ein Weilchen und hörten aufmerksam zu. Sehr zu meinem Erstaunen hörte man aus beinahe jedem Satz Angst vor den Russen und dem Kommunismus heraus, obwohl doch die Zeiten längst vorbei waren.

Anschließend gingen Cleo und ich die beeindruckende Grenzanlage ab, die Türme, den Metallstreckzaun, die Selbstschussanlagen, einen Grenzbalken mit dem Warnschild »CTO« (»Stoi« = »Stopp«), die Hundelaufleinen. Bei dem Pappmachéhund, der an einer der Laufleinen hing, ist den Betreibern der Gedenkstätte allerdings ein peinlicher Fehler unterlaufen: Er sollte einen DDR-Schäferhund darstellen, hatte aber den abfallenden Rücken seines westdeutschen Artgenossen. Mit der Teilung der deutschen Staaten hatten sich nämlich die Zuchtlinien auseinanderentwickelt; während man im Westen weiterhin Wert auf einen abfallenden Rücken als Schönheitsideal legte, standen im Osten die typischen Eigenschaften eines Diensthundes im Vordergrund. Einen abfallenden Rücken sah man bei DDR-Schäferhunden erst ab den späten 8oer-Jahren, und selbst dann nur in abgeschwächter Form.

»Cleo, kannst du dir das vorstellen?«, gab ich weiter, was ich auf einer der Informationstafeln las. »20 000 Hunde haben an der Grenze Dienst tun müssen. Waren nur in der Hütte und an diesen Laufleinen.«

Ich erinnerte mich, dass es nach der Wende, als man die Grenzhunde loswerden wollte, einen Aufruf vom Tierschutzverein gab, sich doch dieser armen Tiere zu erbarmen und sich eines nach Hause zu holen. Jetzt, wo ich mir eine Vorstellung davon machen konnte, was sie für ein fürchterliches Leben gehabt hatten, hielt ich es für keine gute Idee, diese mit Sicherheit wachsamen, aber bestimmt auch extrem gestörten Hunde Privathaushalten anzudienen.

Hier, am »Point Alpha«, tauchten vor meinem inneren Auge noch ganz andere Bilder auf. AWACS Aufklärungsflugzeuge mit ihren riesigen Radarschirmen, die zu uns in den Osten rüberguckten, um zu sehen: Tut sich da was? Halten die nur ein Manöver ab, oder machen die mobil? Bei den Fallschirmjägern hatte man uns eingebläut, dass eine militärische Auseinandersetzung mit dem Klassenfeind unvermeidlich sei, offen wäre letztlich nur der Zeitpunkt. Mit dem Wissen um diese Einstellung der DDR hatte ich bis zum Schluss nicht an eine Wiedervereinigung geglaubt. Ich dachte, das kann nicht sein, die NATO, der Warschauer Pakt, zwei solche Extreme. Das ist wie Rot und Schwarz, wie Heiß und Kalt, wie Sommer und Winter, das geht einfach nicht. Auch war uns in der GST gelehrt worden, dass die Russen die größten Luftlandestreitkräfte der Welt hatten, worauf wir Fallschirmjägeranwärter natürlich unglaublich stolz waren. Wir durften sogar einmal einem Manöver mit dem Namen »Waffenbrüderschaft« auf einem großen Truppenübungsplatz in Mecklenburg zusehen. Es war ein nebliger Herbsttag, und damals gab es, ich wiederhole mich hier bewusst, noch kein GPS, nur relativ einfache Navigationssysteme. Trotzdem setzten die Russen eine komplette Division aus der Luft ab. Panzer, leichte Panzerfahrzeuge, Jeeps, Sturmgeschütze und etliche Tausend

Fallschirmjäger landeten präzise da, wo sie landen sollten. Eine unglaubliche Leistung!

Die Luftballons mit Propagandaflugblättern fielen mir ein, die in meiner Kindheit bei Westwind zu uns herüberwehten. Und der »Deutsche Soldatensender 935«, kurz DSS. Seine Sendungen wurden 1972 im Zuge der einsetzenden Entspannungspolitik eingestellt, aber ältere DDR-Bürger werden sich noch an sein Programm erinnern. Der DSS war ein DDR-Sender, der sich als Piratensender ausgab, dessen Sendeanlagen in Westdeutschland stünden. Mit neuester Rock- und Popmusik, die in den 60er-Jahren von den westlichen Rundfunkanstalten kaum gespielt wurde, zielte der DSS eigentlich auf die westdeutschen Soldaten als Zuhörer, aber natürlich hörten auch wir im Osten gern diesen Sender. Zwischen Musik von Deep Purple und Alice Cooper, den Beatles oder den Rolling Stones, von Slade oder Creedence Clearwater Revival wurde zum Beispiel gemeldet, dass der soundsovielte Starfighter abgestürzt war, der Pilot Frau und drei Kinder hinterließ. Tatsächlich gab es bei der Bundesluftwaffe in den 60er- und 70er-Jahren fast dreihundert Abstürze der F-104, die bald den Beinamen »Witwenmacher« erhielt. Mit solchen Meldungen sollte in erster Linie der Eindruck erweckt werden, dass das Waffensystem des Westens nichts tauge.

Die Täuschungsmanöver der DDR-Partei SED (Sozialistische Einheitspartei Deutschlands) trieben manchmal wirklich bizarre Blüten, so etwa im März 1970. Damals kam Bundeskanzler Willy Brandt zum ersten deutsch-deutschen Gipfeltreffen mit Willi Stoph, damals Vorsitzender des Ministerrats, nach Erfurt, und zwar mit dem Zug. Ich war damals junger Pionier und weiß noch, dass wir an jenem Tag zu irgendwelchen Pionierarbeiten eingeteilt wurden, damit nur ja keiner auf die Idee kam, sich an die Bahn-

157

strecke zu stellen und Willy Brandt zuzuwinken. Die Eisenbahnstrecke verlief von Bonn über Kassel, Bebra, Herleshausen, Eisenach und Gotha nach Erfurt, die heutige Landeshauptstadt von Thüringen. In Thüringen war damals alles ziemlich heruntergekommen, und da sagten sich die Genossen: Das sieht hier wirklich nicht gut aus, lasst uns mal die Häuser anstreichen. Da Farbe aber knapp war, konnten nur die Fassaden aufgehübscht werden, die zur Eisenbahnlinie zeigten. Doch wie sich schnell herausstellte, würde selbst dafür die Farbe nicht reichen. Was tun? Irgendwann fiel einem pfiffigen Genossen ein, dass man, wenn der Zug nahe an Häusern vorbeifuhr und man sich nicht gerade den Hals verrenkte, ja nur einen Teil der Fassaden sah, also wurden diese Häuser, je nach Entfernung zur Bahnlinie, nur bis zum zweiten, dritten oder vierten Stockwerk angestrichen, und darüber schaute der alte, schmutzige Ostputz raus. Völlig schräg.

Ich setzte mich mit Cleo ins Gras, schaute über die wunderschöne Landschaft und versuchte mir vorzustellen, wie es wäre, wenn da jetzt ein paar Tausend Panzer ankämen. Ich hatte noch in Erinnerung, wie in meiner Kindheit die Luft dröhnte und der Boden vibrierte, wenn nur hundert Panzer daherrollten. Wenn die Situation zwischen NATO und Warschauer Pakt eskaliert und es zu einem Krieg gekommen wäre, einem atomaren, bakteriologischen oder chemischen – es gab ja damals schon ABC-Waffen –, wäre Deutschland wieder zu einem Schlachtfeld geworden, mit wahrscheinlich apokalyptischem Ausmaß. Bei dem Gedanken bekam ich eine Gänsehaut, denn wie oft waren wir kurz davor gestanden?

Vielleicht damals, als die russische Kaserne bei Gotha in die Luft flog? Mein Freund Andreas Tormann und ich waren gerade mit unseren Fahrrädern auf dem Rückweg aus dem Thüringer Wald, wo wir Forellen gefangen hatten, als es am Rand der Stadt eine riesige Explosion gab und ein gewaltiger Feuerball in den blauen Himmel stieg. Das kommt von der Russenkaserne, sagten wir uns, und traten in die Pedale. Wir wollten natürlich wissen, was da los war. Die Zufahrtsstraßen zu dem Gebiet waren in null Komma nix abgesperrt, aber wir kannten Schleichwege über Felder und zwischen Gärten hindurch. *Buff!* – wieder eine Riesenexplosion. Vielleicht fünfhundert Meter vor der Kaserne gab es auch für uns kein Weiterkommen mehr. Ich kletterte auf einen Baum, weit raus auf einen Ast, um mehr sehen zu können. Die ganze Kaserne brannte, Soldaten liefen über die Dächer der flachen Panzerhallen, um sich in Sicherheit zu bringen. *Paff!* – eine weitere enorme Explosion. Ein paar Soldaten rannten weiter, einige blieben liegen. Die Druckwelle der nächsten Explosion riss mich von dem Ast, auf dem ich stand. Auf meinem Weg nach unten schrappte ich an etlichen Ästen und der rauen Rinde des Stammes entlang, bis ich ziemlich lädiert, aber zum Glück ohne größere Verletzungen auf dem Boden landete. Es war ein richtiges Inferno. Man hat nie erfahren, was genau passiert war, da die Russen sich komplett abschotteten. Die DDR war immer gespickt mit Parolen, selbst an der Wartburg hingen über dem Eingangstor Sprüche wie »Es lebe die deutsch-sowjetische Freundschaft« oder »Auf ewige Zeiten miteinander brüderlich verbunden«. Tatsache aber war, dass Russen und Deutsche für sich blieben. Die einfachen russischen Soldaten durften die Kaserne ohnehin nur in Gruppen mit Begleitung, etwa einem Unteroffizier, verlassen. Natürlich pfiffen sie mal einer hübschen Frau hinterher, aber das war es dann auch schon. Ein Verhältnis, wie es meine Mutter mit Wolodja hatte, war die Ausnahme. In der Gothaer Zeitung *Das Volk* vom nächsten

Tag stand jedenfalls nur, dass es in der sowjetischen Kaserne einen kleinen Zwischenfall gegeben hatte. Dabei waren in Teilen des angrenzenden Neubauviertels die Scheiben aus den Fenstern geflogen! Wir vermuteten, dass das Munitionsdepot in die Luft geflogen war. Unachtsamkeit? Fahrlässigkeit? Oder Sabotage, die einen Gegenschlag herausforderte?

Oder im Januar 1995, also Jahre nach der »Entspannung«? Damals zündete die NASA eine nicht nukleare Forschungsrakete in Norwegen, also nicht sehr weit weg vom Eismeerhafen Murmansk, in dem russische Atom-U-Boote lagen. Zwar war der Raketenstart bereits im Dezember 1994 dem russischen Außenministerium angekündigt worden, dennoch wurde er offenbar von einigen sowjetischen Dienststellen als Angriff interpretiert, worauf Boris Jelzin erstmals den berühmten schwarzen Koffer – ein tragbares Sendegerät, das den Geheimcode für einen Atomschlag-Befehl enthielt – öffnete.

Der Gedanke daran, wie oft wir an einem dritten Weltkrieg entlanggeschrammt waren – Koreakrieg 1950, Ungarnaufstand 1956, Kubakrise 1962, Prager Frühling 1968, Jom-Kippur-Krieg 1973, um nur ein paar Beispiele zu nennen – und wie Deutschland wohl danach ausgesehen hätte, trieb mir Tränen in die Augen. Eines war klar: Über eine Wildkatze, einen Schwarzstorch oder einen Luchs, auf der Suche nach deren Fährten ich entlang dem Grünen Band wanderte, würden wir uns heute keine Gedanken machen.

Cleo spürte, dass Herrchen in einer seltsamen Verfassung war, und so marschierten wir beide in gedrückter Stimmung weiter.

Das »Land der weißen Berge«

Etwa zehn Kilometer vor »Point Alpha« hatte die innerdeutsche Grenze, die bis dahin grob einer Ost-West-Rich-
tung gefolgt war, einen Bogen geschlagen, und verlief nun
mehr oder weniger direkt nach Norden.

Vor uns lag ein Kuriosum: das »Land der weißen Berge«.
Deutschland hat nicht viele Bodenschätze, im Osten
Braunkohle, im Westen Steinkohle – und dazwischen Kali,
so zum Beispiel bei Zielitz in Sachsen-Anhalt, bei Bokeloh
in der Region Hannover oder hier bei Heringen im thürin-
gisch-hessischen Grenzgebiet. Kali beziehungsweise Kali-
umchlorid findet Verwendung als Dünger, Geschmacks-
verstärker (Lebensmittelzusatz E 508), Härtesalz in der
Metallindustrie, Streusalz, in Zahncremes für schmerz-
empfindliche Zähne und und und. Die Abraumhalden
der Kaligruben sehen sehr bizarr aus, wie riesige Zucker-
berge – nein, das trifft es nicht so ganz, denn richtig weiß
sind sie eigentlich nicht. Sie sehen eher aus wie Vul-
kane, genauer: wie enorme Haufen heller Vulkanasche.
Und sie haben so skurrile Namen wie Kalimandscharo
oder Monte Kali. Und solche Berge tauchten nun vor Cleo
und mir auf.

Als Cleo den ersten sah, knurrte sie. Sie würde auch
knurren, wenn ein großer Findling in der offenen Landschaft läge.

Hunde haben eine andere Wahrnehmung als wir Menschen, und wenn Cleo etwas sieht, was sie nicht kennt
und von dem sie keine Witterung bekommt, das ihr nicht
geheuer ist und für sie daher Gefahr bedeutet, wird halt
geknurrt. Und wenn das nicht hilft und das Ding sich nicht
verkrümelt, dann wird richtig gebellt.

»Hey Cleo«, beruhigte ich sie, »das ist der Kalimand-scharo. Das ist was ganz Tolles, da wollen wir heute noch hoch.«

Der Kalimandscharo der Grube Wintershall ragt unge-fähr 530 Meter über dem Meeresspiegel auf, was hier be-deutet, dass er nur zweihundert Meter hoch ist. Aber was heißt schon »nur«? Zum Vergleich: Die Panoramaetage des Berliner Fernsehturms liegt in 203 Meter Höhe, das Dreh-restaurant des Münchner Olympiaturms auf 182 Meter, und die beiden Türme des Kölner Doms sind gerade mal 157 Meter hoch. Der Monte Kali hat eine Fläche von 55 Hek-tar und besteht aus etwa 150 Millionen Tonnen Abraum-salz, das wiederum zu 96 Prozent aus Natriumchlorid, also Kochsalz, besteht; der Rest sind zwei Prozent Kali, das nicht extrahiert werden kann, sowie Ton, Lehm oder andere Se-dimente. Und täglich kommen knapp 20 000 Tonnen Ab-raum dazu. Da die Kaliberge eine bestimmte Höhe nicht überschreiten dürfen, um die Landschaft nicht komplett zu verschandeln, muss neues Material an den Seiten aufge-schüttet werden. Wobei diese Berge eigentlich recht hübsch aussehen und die wahren Probleme ganz andere sind.

Das eine ist wirtschaftlicher Natur: Die hiesige Lager-stätte erstreckte sich zwischen Kassel, Fulda und Eisenach, also beiderseits der Grenze, und wurde von konkurrieren-den Unternehmen ausgebeutet. Als die DDR zusammen-brach, übernahm das westdeutsche Bergbauunternehmen Kali und Salz AG (die heutige K+S) von der Treuhandan-stalt die Mitteldeutsche Kali AG (MDK). Unwirtschaftliche Werke wurden geschlossen – in Ost wie West –, und an die 20 000 Menschen verloren ihre Arbeit. Kein Wunder, dass sowohl ostdeutsche wie westdeutsche Kumpel nicht gut auf die K+S zu sprechen sind, wiewohl die Kaligruben noch immer vielen Menschen in der Region Arbeit geben.

Natürlich darf nicht jeder einfach so den Monte Kali hochlaufen, denn in der Grube wird noch gearbeitet. Cleo und ich hatten Glück und bekamen eine Führung ganz für uns allein, sogar gleich von zwei Bergbauingenieuren: einem aus dem Westen in weißem Schutzanzug, dem offiziellen Führer, den ich hier einfach mal Herr W nenne, und einem aus der ehemaligen DDR in Lederjacke und Jeans, Herr O, der sich uns zugesellte.

»Einen Moment bitte«, sagte ich, bevor es losging, und kramte aus meinem Rucksack kleine Schühchen für Cleo hervor, wie sie auch Schlittenhunde tragen und die ich für solche und ähnliche Gelegenheiten eingepackt hatte.

»Was wollen Sie denn damit?«, fragte Herr W erstaunt, als ich Cleo die Schuhe über die Füße streifen wollte.

»Na, damit sie sich auf dem Salz nicht die Füße wundläuft«, erwiderte ich irritiert.

»Ach«, lachte er, »da brauchen Sie sich überhaupt keine Sorgen zu machen. Das Zeug ist hart wie Beton.«

Und so war es tatsächlich. Und nicht nur steinhart, sondern auch ganz schön abschüssig. Ich schätzte die Steigung auf vierzig Grad. Während Herr W ohne ersichtliche Mühe den Weg hochstapfte, ging mir und Herrn O bald die Puste aus. Respekt, dachte ich, denn Herr W war nicht mehr der Jüngste; aber, so vermutete ich, wahrscheinlich läuft er jeden Tag hier hoch, vielleicht sogar mehrmals am Tag, der ist das gewöhnt. Cleo fand es übrigens super, da hochzulaufen, warum auch immer. Ich eigentlich ebenfalls, denn es kommt einem vor, als würde man über Bimsstein einen Vulkan besteigen.

Während Herr W mich mit Fakten über den Berg und die Grube fütterte, war Herr O nur am Schimpfen, wie viele Arbeitsplätze nach der Wende vernichtet worden waren, wie schön doch alles vorher war, dass Bergleute in der DDR viel Geld verdient hatten, dass man als Bergmann nicht zum Militär musste, dass es der Region so gut gegangen war und jetzt alles so schlimm war und und und. Herr W hielt dagegen, dass es doch so arg nicht sei und es den Menschen hier sehr gut gehe. Das mochte Herr O überhaupt nicht so sehen, und auf einmal war er verschwunden.

»Nanu, wo ist denn Herr O?«, fragte ich.

»Weg«, meinte Herr W lapidar und zuckte nur ratlos die Schultern.

Oben hatte man einen unglaublichen Rundumblick. Im Osten sah man den Großen Inselsberg, den zweithöchsten Berg im Thüringer Wald; im Süden schauten wir Richtung Wasserkuppe und »Point Alpha«; im Südwesten zum Vogelsberg, von dort über den Knüll zum Meißner. Und im Norden, bildete ich mir ein, sogar schon den Harz mit dem Brocken sehen zu können. Ein grandioser Blick, dazu dieses Umfeld; es war wirklich sehr beeindruckend. Man musste nur das riesige Förderband ausblenden, auf dem ständig Abraum transportiert wurde. Als die Sonne allmählich auf die niedrige Wolkendecke im Westen herabsank, wurde alles in ein weiches, romantisches Abendlicht getaucht. Cleo und ich kamen aus dem Staunen nicht mehr heraus. Wir blieben da oben sitzen und genossen den Anblick, bis die Sonne hinter den Wolken verschwand. Das »Land der weißen Berge« löste eine eigenartige Faszination in mir aus, was Menschen vollbringen können. Vielleicht sollte ich das nicht sagen, aber wer schon einmal in Kimberley oder Jagersfontein in Südafrika war, kann das vermutlich nachvollziehen. Das »Big Hole« der Diamantmine von Kimberley gilt als das »größte je von Menschenhand gegrabene Loch«. Diesen Rekordstatus beansprucht auch Jagersfontein südwestlich von Bloemfontein, dessen Tagebaumine zwar nicht ganz so tief ist, dafür aber ein größeres Volumen hat.

Das zweite Problem des Kaliabbaus ist ökologischer Natur.

»Geh mal in der Werra schwimmen, oder putz dir mit ihrem Wasser mal die Zähne! Dann wirst du sehen, wovon wir reden«, riet mir einer der Männer, mit denen ich mich abends bei einem Glas Bier in einer Kneipe unterhielt.

Da Cleo und ich im Zelt übernachteten, putzte ich mir am nächsten Morgen wie geheißen an der Werra die Zähne. Das Wasser schmeckte fast so salzig wie die Ostsee. Leicht salzig war die Werra schon früher gewesen, schlicht durch die natürliche Auswaschung der Salzlagerstätten. Mit dem industriellen Kaliabbau erhielt das Ganze aber eine völlig neue Dimension. Nicht nur, weil Salzabwasser ganz bewusst in die Werra eingeleitet wird. Schuld sind auch die Abraumhalden, da starker Regen selbst steinhartes Salz löst und auf die umliegenden Felder, Wiesen und eben in die Werra spült. Mit dem Werra-Cup unter dem Motto »Laufen für ein sauberes Werratal« – 285 Kilometer von der Quelle bei Fehrenbach bis zur Einmündung der Werra in die Weser bei Hann. Münden – laufen die Teilnehmer Jahr für Jahr gegen die Verschmutzung und eine weitere Versalzung des Flusses Sturm, der an sich ein sehr romantisches Gewässer mit schönen Wehren und grünen Ufern ist. Nebenbei bemerkt, hat ja die DDR jahrzehntelang ihren sämtlichen Dreck in Flüsse gepumpt, nach dem Motto: Uns völlig egal, wie die im Westen drüben ankommen. Die Elbe war biologisch tot, bis sie den Westen erreichte.

Während ich das Zelt verstaute, fiel mir ein Mann auf, der über die Wiesen entlang der Werra lief und sich immer wieder Notizen machte.

»Was machen Sie denn hier?«, fragte ich ihn neugierig.

»Ich kartiere die Wiesen«, antwortete er freundlich.

Aha.

»Ich bin Biologe«, ergänzte der Mann, als er meinen verständnislosen Blick sah.

»Darf ich fragen, wozu?«, hakte ich nach, weil ich noch immer keinen rechten Sinn erkennen konnte.

»Natürlich. Sehen Sie mal.« Er winkte mir, ihm zu folgen. Nach einigen Metern deutete er auf eine braune Stelle mit seltsamen Pflanzen. »Das ist ein sogenannter Salzflecken.«

Ich ging in die Hocke und schaute mir die Pflanzen genauer an.

»Hoppla, das ist ja Queller!«, entfuhr es mir überrascht, denn Queller wächst normalerweise im Tidebereich der See, weshalb er auch »Meeresspargel« oder »Friesenkraut« genannt wird. Queller ist, als einzige Salzwiesenpflanze übrigens, ohne Salzzufuhr gar nicht lebensfähig. Der leicht pfeffrige und natürlich salzig schmeckende Meeresspargel scheint gerade in Mode zu kommen, denn man kann in mittlerweile sogar entfernt der Küste kaufen. »Wie kommt der denn hierher?«

»Das weiß keiner so genau. Wahrscheinlich haben ihn irgendwann einmal Vögel mitgebracht«, vermutete der Biologe. »Queller und Salzflecken gab es hier ja schon, bevor man den Kaliabbau intensiv betrieb, weil das Salz unter der Erde auch ohne unser Zutun hochgespült wird. Jetzt ist es halt extremer. Das heißt, selbst wenn man alle Kaligruben schließen würde, gäbe es hier, weit weg vom Meer, immer eine Fauna und Flora, die an einen bestimmten Salzgehalt im Boden gebunden ist. Und die Werra wird wohl bis in ewige Zeit einen höheren Salzgehalt haben als andere Flüsse.«

Ein Stück Indien mitten in Deutschland

Wenige Tage später machte Cleo eine faszinierendere Entdeckung. Während wir durch ein naturbelassenes Tal mit vielen kleinen Bächen, Sumpfwiesen, Erlenbrüchen und Birkenanflug hangabwärts wanderten, reckte Cleo die Nase und begann sich ganz komisch zu verhalten, als hätte sie Witterung von etwas bekommen, was sie noch nie vorher wahrgenommen hatte. Mit der Zeit kennt man als Hundeführer ja das Verhalten seines Hundes und merkt, ob da etwas Banales oder etwas ganz Außergewöhnliches ist. Jedenfalls verhielt sich Cleo recht seltsam. Ich folgte ihrem Blick und sah auf einer sumpfigen Wiese mit hohem Gras und jeder Menge Sumpfdotterblumen große schwarze Tiere stehen, die so überhaupt nicht nach Deutschland passten: indische Wasserbüffel. Okay, dachte ich mir, du bist heute schon ein bisschen weit gegangen, muss ein leichter Schwächeanfall sein, der dir da was vorgaukelt. Ich schloss die Augen, guckte dann noch einmal.

»Das glaube ich einfach nicht«, sagte ich zu Cleo. »Das sind doch nicht wirklich Wasserbüffel, oder?«

Das wollte ich nun genau wissen, und so marschierten Cleo und ich auf die Tiere zu. Cleo machte ein Riesenwauwau und brummte, worauf sich die ziemlich scheuen Tiere auf ihrer Weide immer weiter zurückzogen. Aus dem Augenwinkel sah ich einen recht stämmigen Bauern mit hochgekrempelten Ärmeln auf uns zukommen, dachte schon, oh, oh, das gibt jetzt Ärger, doch der Mann grüßte uns ganz freundlich. Er wollte wissen, woher wir kämen, wohin wir wollten, warum und weshalb, schöner Hund ... Das Übliche also.

»Ich kenne Sie, ich habe Sie schon mal irgendwo gesehen«, meinte er schließlich.

»Das kann schon sein«, sagte ich daraufhin kurz, und dann: »Sie haben so einen schönen Akzent. Wo kommt der denn her?«

Der Bauer sprach weder wie ein Thüringer noch wie ein Bayer. Er hatte eher einen leicht slawischen Anklang.

»Ich bin Siebenbürger Sachse, Spätaussiedler, heiße übrigens Peter. Bin vor zwanzig Jahren hierher gekommen und –« Und auf einmal fiel bei ihm der Groschen. »Sie sind doch der Bärenmann, Ihren Namen weiß ich jetzt nicht, aber Sie sind der Bärenmann, und das ist der Hund, der immer bei Ihnen ist.« Er wurde regelrecht euphorisch. »Dass ich das mal erleben kann – Sie persönlich kennenzulernen.«

»Na ja, irgendwo muss ich ja sein«, lachte ich lapidar, weil ich nicht über mich, sondern über die Wasserbüffel reden wollte. Daher klärte ich ihn auch nicht darüber auf, dass der Hund neben mir nicht Cita war, die er aus dem Fernsehen kannte.

»Aber Sie sind doch sonst immer in Alaska und in Kanada!«

Nachdem sich der Mann schließlich beruhigt hatte, sprachen wir über seine Wasserbüffel.

»Wie kommt es, dass Sie hier Wasserbüffel züchten?«, wollte ich wissen.

»Ja, das ist so. Fleckvieh, Schwarzbunte oder Holsteiner kann man hier nicht weiden lassen, weil die Wiesen zu sumpfig sind und zu wenig normales Weidegras haben. Da werden die gleich von Leberegeln befallen oder anderen Parasiten. Die Wasserbüffel sind viel robuster und widerstandsfähiger. Die haben kein Problem mit feuchten Wiesen, dem Wetter oder Leberegeln. Die sind genügsam und anspruchslos. Außerdem ist ihre Milch besonders gesund und das Fleisch fettarm. Das verkauf ich sehr gut, weil hier ja alles biologisch-dynamisch ist«, erklärte er mir und beschrieb mit seinem Arm einen weiten Bogen. »Meine Tiere sind immer draußen.«

Peter hatte sich auch deshalb für die Züchtung von Wasserbüffeln entschieden, weil sich die Tiere für eine extensive Haltung und die Landschaftspflege feuchter Grünland- und Moorstandorte eignen. Dieses Wissen hatte er von seinem Vater und seinem Großvater, die schon in Rumänien Wasserbüffel gezüchtet hatten.

Zwar stammten seine Tiere von weit her, doch er hatte ihnen allen deutsche Namen gegeben. Die Stiere hießen Franz und Fritz, die Kühe Paulinchen, Gerda und so weiter. Als ich mich verabschieden wollte, bat mich Peter, doch noch zu warten, bis er seine Frau geholt habe, denn er wünsche sich so sehr, dass sie mich kennenlernt.

»Na gut«, stimmte ich schmunzelnd zu, »wenn es nicht zu lange dauert; Cleo und ich müssen nämlich weiter.«

»Nein, nein, bin gleich zurück«, versicherte mir Peter, »und bringe Ihnen eine Wasserbüffelsalami mit, die müssen Sie unbedingt probieren!«

Cleo lief beim Stichwort Salami das Wasser im Mund zusammen, und erwartungsvoll schaute sie zwischen dem Bauern und mir hin und her. Peter sprang in seinen Wagen und bretterte davon. Es dauerte wirklich nur wenige Minuten, da kam er nicht nur mit seiner Frau, sondern der ganzen Familie im Schlepptau zurück. Stolz überreichte er mir die viel gepriesene Büffelsalami, schenkte mir ein Horn seines ersten selbst gezüchteten und selbst geschlachteten Wasserbüffels und eine Flasche selbst gebrannten Schnaps aus Rumänien. Er fuhr, wie er mir bei der Gelegenheit erzählte, jedes Jahr in die alte Heimat. Und dann mussten natürlich Fotos gemacht werden, und ich musste irgendwo mein Autogramm hinterlassen.

Peter hatte diese südländische Herzlichkeit, Freundlichkeit und Offenheit, wie ich sie in dieser Form nur aus Rumänien oder vom Balkan kenne. Osteuropäer sind ja nicht sonderlich beliebt bei uns, als würden sie sich alle zu kriminellen Banden zusammenschließen, die stehlen und betrügen oder junge Mädchen als Prostituierte nach Deutschland schmuggeln. Ich habe in Rumänien ganz andere Erfahrungen gemacht. Als ich im Karpatenbogen Braunbären und Wölfe filmte, überhäuften die Einheimischen mich mit kleinen Aufmerksamkeiten und Geschenken, überall wurde ich eingeladen, dieses oder jenes zu probieren, ein Schnäpschen zu trinken; und auch an Cita, die mich damals begleitete, wurde immer gedacht. Stets erhielt sie ein Schüsselchen mit Wasser oder Milch, noch bevor ich darum bitten konnte.

Peters Herzlichkeit wurde durch sein charmantes, grammatisch manchmal nicht ganz korrektes Deutsch noch unterstrichen. Durch seinen Akzent klang alles irgendwie lieblich und freundlicher, als wenn jemand in barschem Bayerisch oder Hessisch redet. Peter, der sich – darauf ließ sein kugelrunder Bauch schließen – wohl selbst sehr gut von seinen Wasserbüffeln ernährt, ist ein Typ Mensch, bei dem ich ohne Bedenken für ein paar Tage meinen Rucksack samt meinem ganzen Bargeld unterstellen würde und sicher sein könnte, dass alles noch da wäre, wenn ich wiederkomme.

Die Wartburg

»Was für ein Anblick! Guck dir das an, Cleo!«, rief ich begeistert.

Vor uns ragte die Wartburg, seit 1999 Weltkulturerbe, über der Stadt Eisenach auf. Cleo aber hatte keinen Blick für die Burg, sondern schaute mich verwundert an und fragte sich wohl, warum mich dieser Steinhaufen so in Erregung versetzte. In der Tat verspürte ich ein aufgeregtes Kribbeln, denn mit der Wartburg sind für mich viele schöne Kindheitserinnerungen verbunden, zum Beispiel an den ersten Eselsritt meines Lebens. Damals war ich vielleicht fünf Jahre alt und besuchte mit meinen Eltern die Wartburg. Von meiner Heimatstadt Gotha war sie ja nur einen Katzensprung entfernt. Mein Esel hieß Lotte, und eine Lotte gibt es heute noch, aber natürlich nicht mehr die von damals. Die berühmten »Wartburg-Esel«, auf deren Rücken bis Mitte des 19. Jahrhunderts Wasser und Proviant den Berg hinaufgeschafft wurden, sind bereits seit dem 15. Jahrhundert nachweisbar.

Die Wartburg ist – zumindest für mich – nicht nur eine der schönsten Höhenburgen Deutschlands, sie liegt auch in einer herrlichen Umgebung. Sie ist umrahmt von lichten Wäldern, zwischen denen sich bizarre Felsformationen und düstere Schluchten finden, wie zum Beispiel die schaurige Drachenschlucht mit ihrer zum Teil nur siebzig Zentimeter breiten Klamm, die Landgrafenschlucht mit ihren steinernen Kaskaden oder die Elfengrotte.

Erbaut wurde die Wartburg von Graf Ludwig dem Springer, dem der Grund und Boden beziehungsweise das vierhundert Meter hohe, schroff abfallende Felsplateau, das er für den neuen Stammsitz seiner Familie auserkoren hatte, allerdings gar nicht gehörte. Der Begründer der Ludowinger, die bald zu den einflussreichsten Geschlechtern im Heiligen Römischen Reich Deutscher Nation gehören sollten, wusste sich aber zu helfen. Er ließ von seinen anderen Grundstücken säckeweise Erde herbeiholen und auf dem Felsplateau verteilen. Als es zur Gerichtsverhandlung bezüglich der Eigentumsrechte kam, rammten seine Ritter ihre Schwerter in den Boden und beschworen, dass diese Erde Eigentum ihres Herrn sei. Und damit war die Sache erledigt.

Die Wartburg ist nicht nur sehenswert, sondern auch sehr geschichtsträchtig. Luther übersetzte hier das Neue Testament der Bibel aus dem Lateinischen ins Deutsche, sah dort den Teufel und warf sein Tintenfass nach ihm. Die Stelle, an der das Wurfgeschoss die Wand getroffen hatte, war mindestens 35-mal aufgefrischt worden, weil jeder Besucher früher ein Stück von dem Tintenfleck von der Wand kratzte – und jeder dachte, er würde am Originalklecks kratzen. Heute ist von Tinte nichts mehr zu sehen, weil man das Schummeln irgendwann aufgegeben hat. Johann Wolfgang von Goethe weilte mehrmals hier, Richard Wagner besang die Wartburg im *Tannhäuser*. 1817 fand die erste bürgerliche demokratische Versammlung Deutschlands hier statt, als sich fünfhundert Studenten zum »Wartburgfest« trafen.

In das Reich der Legenden gehört wahrscheinlich das »Rosenwunder« der Elisabeth von Thüringen. Demnach soll Landgraf Ludwig IV. seiner mildtätigen Frau verboten haben, den Hungernden von Eisenach Brot zu bringen. Als er sie eines Tages auf ihrem Weg aufhielt und wissen wollte, was sie in ihrem Korb habe, antwortete sie: »Rosen«, obwohl Brot darin war. Als sie auf sein Begehr hin das Tuch lüftete, lagen in dem Korb tatsächlich Rosen. Die heilige Elisabeth lebte zwar tatsächlich auf der Wartburg und hatte ein großes Herz für arme Menschen, wurde aber, nach allem, was man weiß, in ihrer Barmherzigkeit von ihrem Gemahl unterstützt. Ganz sicher eine Sage ist der berühmte »Sängerkrieg«, in dem sich sechs Sänger und Dichter, unter ihnen Wolfram von Eschenbach und Walther von der Vogelweide, zu einem Wettstreit zusammengefunden haben sollen.

Eine weitere tierische Besonderheit neben den Eseln sind die hübschen weißen »Elisabeth-Tauben«, Pfauentauben, die Elisabeth aus ihrer ungarischen Heimat mitgebracht hatte und deren Nachkommen heute in Massen die Wartburg bevölkern. Während ich die Aussicht genoss, spürte ich, wie Cleo neben mir leicht zu vibrieren begann. Im nächsten Moment stob sie davon, samt Leine, die ich nur locker in der Hand gehalten hatte. Bis ich mich umdrehte, stand sie inmitten einer weißen Federwolke. Ach, du Schande, dachte ich, stürzte zu ihr hin und hieß sie das Tier loslassen, das bis auf den Verlust etlicher Federn unverletzt, aber etwas benommen davonflatterte. Vermutlich sind die Tauben durch die lange Inzucht leicht degeneriert und haben, weil sie ständig von den Touristen gefüttert werden, keine große Feindwahrnehmung. Normalerweise hätte ein Hund nämlich keine Chance, eine Taube zu erwischen.

Cleo und ich machten uns auf den Rundgang durch den Palas (das Hauptgebäude), das einzige noch erhaltene Fürstenschloss byzantinischen Stils auf deutschem Boden. Wir wanderten durch den Rittersaal, das Speisezimmer – in früheren Zeiten quasi das Wohnzimmer – und die Kemenate der Elisabeth mit zehn nachträglich angebrachten, nichtsdestotrotz beeindruckenden Mosaikdarstellungen aus dem weltlichen Leben der Heiligen. Über einen Aufstieg kamen wir in die Kapelle. Von dort ging es über die

Elisabethgalerie in den Sängersaal und weiter in das Landgrafenzimmer. Das gesamte dritte Stockwerk nimmt der vierzig Meter lange gewaltige Rittersaal ein. Die Vogtei mit der Lutherstube, die sich nördlich anschließt und in der sich der Reformator von 1521 bis 1522 versteckt hielt, war natürlich ein Muss. Im sogenannten Dirnitz, in dem das Museum der Wartburg untergebracht ist, bewunderten wir unter anderem Gemälde von Lucas Cranach d. Ä. und einen Schrank von Dürer. Die historische Waffensammlung »von europäischem Rang« mit siebzig Rüstungen bedeutender Persönlichkeiten, die sich früher in der großherzoglichen Rüstkammer befunden hatte, konnten wir leider nicht besichtigen, da sie nach dem Krieg in die UdSSR gebracht worden war, wo sie vermutlich heute noch ist.

Abstecher nach Gotha

Thüringen hat so viele wunderschöne historische und kulturell wertvolle Denkmäler und Bauten, dass man als Tourist gar nicht so recht weiß, wo man zuerst hinfahren soll. Nach Eisenach schon allein der Wartburg wegen, klar. Weimar mit seiner elendlangen Liste an Sehenswürdigkeiten muss sowieso sein. Erfurt mit kaum weniger Touristenmagneten kommt gleich danach. Was dabei in aller Regel auf der Strecke bleibt, ist Gotha.

Gotha liegt zwar ein Stück abseits der ehemaligen Grenze, aber natürlich wollte ich meine Heimatstadt nicht links – in dem Fall: rechts – liegen lassen.

Der Weg führte mich durch die sagenumwobenen Hörselberge, wo Ritter Tannhäuser in der Venushöhle lebt und Frau Holle die Kissen schüttelt. Die Region ist geprägt vom Muschelkalk und den dafür typischen Trockenwiesen.

Kalkreiche Böden mit hohem pH-Wert sind ideale Voraussetzungen für Orchideen, und die findet man hier reichlich. Unsere heimischen Orchideen sind zwar mit Ausnahme des Frauenschuhs winzig im Vergleich zu ihren prächtigen tropischen Verwandten, aber wenn man die Blüten mit der Lupe betrachtet, wird man feststellen, dass sie genauso wunderschön sind. In Deutschland wachsen an die siebzig verschiedene Orchideenarten mit zum Teil so hübschen Namen wie Weißes Waldvögelein oder Rotes Kohlröschen.

Wobei ich mich bei solchen und anderen Namen oft frage, ob der Namensgeber, als er sich die Bezeichnung ausdachte, vielleicht high oder betrunken war. So gibt es zum Beispiel Orchideen, wenn auch vielleicht nicht hier in den Hörselbergen, die Hängender Mensch, Grüne Hohlzunge oder Angebranntes Knabenkraut heißen. Auch viele Tiere haben einen schrägen, oft irreführenden Namen. Die Blumentopfschlange zum Beispiel lebt nicht in Blumentöpfen. Ein Waschbär im Haus sorgt höchstens für Chaos, mit Sicherheit aber nicht für saubere Wäsche. Und wer, der sie nicht kennt, käme auf die Idee, dass es sich bei der Spanischen Tänzerin um eine Meeresnacktschnecke handelt? Oder beim Kiefernheiden-Sackträger um einen Schmetterling? Wie eindeutig dagegen die lateinischen Bezeichnungen: Alle karpfenartigen Fische beispielsweise fangen mit Cyprinus an. Wenn man das liest, weiß man sofort: Aha, dieser Fisch gehört nicht zu den Salmoniden, also zu den lachs- oder forellenartigen, sondern eben zu den Cypriniten. Solchen Aufschluss geben Namen wie Schleie oder Karausche nicht.

Zurück zu den Orchideen. Orchideen haben unglaubliche Strategien zu ihrer Vermehrung entwickelt. Manche senden Duftstoffe aus, die dem Sexuallockstoff eines bestimmten Insekts täuschend ähnlich riechen. Nichttropische Arten bieten dem Bestäuber für seine Dienste häufig ebenfalls keine Nahrung als Belohnung an, sondern erreichen ihr Ziel durch Mimikry, also Täuschung. Die Ragwurze zum Beispiel: Die Blüte des Bienen-, Spinnen-, Hummel- oder Fliegenragwurz ahmt weibliche Insekten nach und verströmt darüber hinaus deren Sexuallockstoff. Die männlichen Insekten, die daraufhin mit der Blüte kopulieren, fallen in der Regel nur einmal auf diesen Trick herein, dennoch ist diese Strategie sehr erfolgreich. Neben Fremdbestäubung gibt es auch Selbstbestäubung und die sogenannte vegetative Vermehrung durch Knollen oder Rhizome (unter oder knapp über der Erde wachsende Wurzelstöcke). Die größte und prächtigste Orchidee bei uns, die auch in den Hörselbergen wächst, ist der Gelbe Frauenschuh. Er ist eine sogenannte Kesselfallenblume, was bedeutet: Insekten, die in den mit einem Ölfilm überzogenen Blütenkessel geraten sind, können ihn nur in der Nähe des Lippenansatzes wieder verlassen. Während sie sich durch die schmale Öffnung zwängen, streifen sie zunächst die von anderen Blüten mitgebrachten Pollen an der Narbe ab und nehmen dann neuen Pollen auf. Sehr raffiniert.

Gotha hat zwar keine Wartburg wie Eisenach, kein Wohnhaus Schillers oder Goethes wie Weimar und kann auch nicht wie Erfurt auf die einst bedeutendste Bildungsanstalt des Heiligen Römischen Reiches verweisen, nämlich die Universität, deren berühmtester Student Martin Luther war, und hat dennoch unglaublich viel zu bieten.

Weltweit bekannt wurde Gotha im 18. Jahrhundert durch den Justus Perthes Verlag, genauer dessen *Gothaischen Genealogischen Hofkalender*, der, obwohl 1944 letztmals erschienen, noch heute unter dem Begriff *Der Gotha*

in der ganzen Welt bekannt ist. Ein weiterer Publikations-
schwerpunkt waren Landkarten und Atlanten. Adolf Stie-
lers *Hand-Atlas über alle Theile der Erde und über das Weltge-
bäude* setzte Maßstäbe hinsichtlich der Präzision, und *Der
Stieler* wurde zum Inbegriff guter Kartografie. Die bis heute
existierende Gothaer Versicherung begründete 1820 das
deutsche Versicherungswesen, und 1875 wurde in Gotha
die Sozialistische Arbeiterpartei Deutschlands (SAP) geboren, die sich später in SPD umbenannte.

In Gotha steht das größte frühbarocke Schloss Deutschlands, Schloss Friedenstein, mit dem ältesten vollständig
erhaltenen Schlosstheater der Welt – dem Ekhof-Theater
mit originaler (!) Bühnenmaschinerie –, mit dem ältesten
Englischen Garten auf dem europäischen Kontinent und
einer wunderschönen Orangerie. Die mittelalterliche Altstadt ist einfach nur grandios. Der Hauptmarkt mit seinem historischen Rathaus und die umliegenden Straßen
sind gesäumt von schmucken Patrizierhäusern, die bis
heute vom einstigen Reichtum der Stadt künden. Während
des Zweiten Weltkriegs war Gotha weitgehend verschont
geblieben. Im April 1945 entschied sich Kampfkomman-
dant Josef Ritter von Gadolla entgegen seinen Befehlen die
Stadt aufzugeben, wurde aber auf dem Weg zur Übermitt-
lung der Kapitulation an die US-Amerikaner von Wehr-
machtssoldaten abgefangen und einen Tag darauf zum
Tode verurteilt und standrechtlich erschossen. Gotha hatte
Glück, denn dank der bereits gehissten weißen Fahnen
wurde ein im Anflug befindlicher schwerer Bomberver-
band umgeleitet. Heute stehen in der kleinen, nur knapp
46000 Einwohner zählenden Stadt über dreihundert Gebäude unter Denkmalschutz.

Während Weimar sich unter den Herzögen von Sach-
sen-Coburg und Gotha zu einem künstlerischen Zentrum

aufschwang, entwickelte sich Gotha zu einem naturwissenschaftlichen. Hauptanziehungspunkt während meiner Kindheit war für mich das »Museum der Natur Gotha«. Es war aus dem Mineralien- und Kuriositätenkabinett Herzog Ernsts II. hervorgegangen, der von seinen Reisen durch Europa und sogar Afrika unzählige Mineralien, Tierpräparate oder Kultgegenstände mitgebracht hatte. Ich kann seine Sammelleidenschaft gut nachvollziehen, ich sammle nämlich selbst alles Mögliche: Mineralien, Tierschädel, Jagdwaffen – meine älteste ist etwa 12 000 Jahre alt, die jüngste aus der Jetztzeit –, Traktoren, Oldtimer, Motorräder, Modellautos, Fossilien, Bernstein, Tierpräparate, Filmkameras, Fotoapparate, Bücher, historische Landkarten ... Die Kartensammlung wurde erst kürzlich durch ein sehr schönes Stück ergänzt, das mir Knut Kreuch, der Bürgermeister von Gotha, der mich im Rahmen einer großen Kampagne in die Stadt eingeladen hatte, als Präsent überreichte.

Das Naturkundemuseum von Gotha war eine stets aufs Neue meine Neugier und Wissbegier weckende Welt voller Geheimnisse, Entdeckungen und Schönheiten. Bei schlechtem Wetter verbrachte ich jeden Tag im Museum – bei schönem war ich lieber im Freien, meistens im Wald –, ohne dass es mir je langweilig geworden wäre. Da gab es Diaramen, Darstellungen hinter Glas, die ganze Biotope nachbildeten; staunend stand ich vor Unterwasserwelten, Gebirgsbächen oder Kulturlandschaften. Ganz außergewöhnlich war Miss Baba. Miss Baba war eine indische Elefantenkuh, die im 19. Jahrhundert von einer Wandermenagerie durch Mitteldeutschland getrieben worden war. Nach ihrem Tod hatte man die Haut dem Gothaer Naturkundemuseum überlassen. Heute ist Miss Baba das älteste erhalten gebliebene Hautpräparat eines Elefanten. Miss Baba und die unzähligen anderen Tierpräparate konnte ich mir wieder und wieder anschauen. Sie faszinierten mich derart, das ich sogar anfing, die lateinischen Bezeichnungen der Tiere zu lernen. Tiere, Tiere und wieder Tiere.

Ich muss in der fünften Klasse gewesen sein, da begann ich sogar ein Buch über die Haltung von Reptilien und Amphibien zu schreiben. In der beengten Neubauwohnung, die meine Mutter und ich damals bewohnten, stand alles voller selbst gebastelter Aquarien und Terrarien. Ich hielt Feuersalamander, Laufkäfer, Schnecken, Kaltwasserfische, Libellenlarven, irgendwelche Falterpuppen, eine Ringelnatter, Wald- und Zauneidechsen, eine Sumpfschildkröte, Kammmolche, Bergmolche, eine Blindschleiche, Laubfrösche, einen handzahmen Maulwurf und einen bissigen Feldhamster – alle selbst gefangen. Und nach der Schule war ich erst einmal eine kleine Ewigkeit damit beschäftigt, nach all den Tieren zu schauen und sie zu füttern.

Das Museum der Natur Gotha hat zweifellos sein Teil zu meinem späteren beruflichen Werdegang beigetragen.

Im Hainich

Unmittelbar hinter den Hörselbergen erstreckt sich ein weiterer Naturschatz Deutschlands: der Hainich. Der Hainich ist mit 16 000 Hektar das größte zusammenhängende Laubwaldgebiet Deutschlands. Trotz früherer jahrhundertelanger Nutzung blieb er relativ naturnah, und der Nationalpark Hainich, der insgesamt 7500 Hektar (75 Quadratkilometer) einnimmt, umfasst die größte nutzungsfreie Waldfläche (5000 Hektar) Deutschlands, also unseren größten Urwald. Teile des Hainichs wurden zwischen 1935 und 1993 als Truppenübungsplatz genutzt, zunächst von der Wehrmacht, nach dem Zweiten Weltkrieg von der Sowjetarmee und ab der Wiedervereinigung von der Bundeswehr. Seit 1993 holt sich der Hainich in einem beeindruckenden Wiederbewaldungsprozess die einst militärisch genutzten Flächen zurück.

Der Nationalpark Hainich ist mit seinen Kalk-Buchenwäldern weltweit einzigartig. Naturfremde Bestände nehmen nur geringe Anteile ein; der Nadelholzanteil beträgt lediglich um die drei Prozent. Der dominierende Baum im Hainich ist die Rotbuche – umgangssprachlich nur Buche genannt –, ein typischer europäischer Baum, der nährstoffreiche, schwach saure bis kalkreiche Böden liebt. Daneben wachsen hier Esche, Ahorn, Linde und die seltene Elsbeere.

Große Laubwälder haben ihr eigenes Mikroklima. Durch die Beschattung des dichten Blätterdachs ist es in solchen Wäldern selbst im Sommer sehr feucht und einigermaßen frisch. Das Herbstlaub bildet am Boden eine Humusschicht, aus der andere Pflanzen sprießen, etwa die hübsche Waldorchidee Breitblättriger Stendelwurz, vor allem aber Bärlauch, Bärlauch und noch mehr Bärlauch. Riesige Flächen des Hainichs sind von April bis Juni mit dieser altbekannten Gemüse-, Gewürz- und Heilpflanze bestanden, die vor etlichen Jahren so richtig in Mode gekommen ist und seither in Wurst, Käse, Pestos, Dips, Brotaufstrichen und vielem mehr auftaucht. Schon von Weitem trieb der Wind Cleo und mir den Duft des auch Wald- oder wilder Knoblauch genannten Gewächses in die Nase. Cleo, die wie fast jeder Hund den Geruch von Knoblauch nicht ausstehen kann, rümpfte angewidert die Nase und hätte am liebsten auf der Stelle kehrtgemacht. Während wir durch das weiße Blütenmeer stapften, warf sie mir zu Anfang hin und wieder einen vorwurfsvollen Blick zu, doch zum Glück gewöhnte sich ihre Nase bald an den Geruch.

Bäume, die im Nationalpark Hainich umfallen, bleiben liegen und dürfen in diesem in sich geschlossenen Ökosystem dem Naturkreislauf dienen. Während sie verrotten, bieten sie einer Unzahl unterschiedlichster Insekten, Käfern, Würmern und Larven Unterschlupf und Nahrung, was wiederum viele Spechte und andere insektenfressende Vögel auf den Plan ruft.

Obwohl Nationalpark, wird im Hainich übrigens gejagt. Grund dafür ist, dass die großen Prädatoren fehlen – es gibt hier weder Luchse noch Bären oder Wölfe – und die kleinen, wie Füchse, Dachse oder Marder, den Rehen, Hirschen, Mufflons und Wildschweinen nicht Herr werden. Neben den für mitteleuropäische Laubmischwälder typischen Tierarten wie Reh, Wildschwein, Buchfink, Buntspecht, Grasfrosch oder Erdkröte kann der Hainich dank seiner Großflächigkeit und des hohen Strukturreichtums mit einigen Seltenheiten aufwarten, etwa dem Baummarder, der Wildkatze, dem Schwarzstorch oder der Gelbbauchunke.

Die Gelbbauchunke ist eigentlich ein Kulturfolger, der gern in Kulturlandschaften lebt. Und dazu gehören zum Beispiel Truppenübungsplätze: In den Spurrinnen und Mulden, die Panzer hinterlassen, verdichtet sich der Boden und bilden sich kleine Tümpel, in denen die Gelbbauchunke ablaicht. Natürlich wird bei der nächsten Übungseinheit viel Laich zerstört und auch mal eine Kröte plattgefahren, doch im Großen und Ganzen ist das Terrain für die Gelbbauchunke ideal. Als die Bundeswehr sich aus dem Hainich zurückzog, verlandeten die Tümpel allmählich und wurde die Gelbbauchunke eines Großteils ihres Lebensraums im Hainich beraubt. Dies ist einer der seltenen kuriosen Fälle, in denen der Rückzug des Menschen eine wild lebende Tierart gefährdet.

Das große Projekt »Rettungsnetz Wildkatze« des Naturschutzvereins BUND mag ein Ausgleich dafür sein. In seinem Rahmen wurden zunächst der Lebensraum und die Wanderwege der Wildkatzen im Hainich untersucht. Dazu wurden Wildkatzen gefangen und mit einem kleinen Peilsender versehen. Die Verfolgung der Signale offenbarte, dass die Tiere echte Waldbewohner sind und sich nie weiter als zweihundert Meter vom Hainich entfernten. Weite Felder und Wiesen scheuen sie. Andererseits weiß man aufgrund von DNA-Proben, die man aus Haaren gewonnen hat, die Katzen zum Beispiel an Bäumen hinterlassen, wenn sie sich an der Rinde reiben, dass es früher größere Wanderbewegungen unter den Wildkatzen gegeben haben muss. Will man isolierte Vorkommen vernetzen, um eine genetische Verarmung der einzelnen Populationen zu verhindern, muss man daher bewaldete Wanderkorridore schaffen. Ein erster solcher »Katzenpfad« verbindet den Nationalpark Hainich mit dem Thüringer Wald. Weitere sollen folgen und Brücken zwischen Schwarzwald, Pfälzer Wald, Hunsrück, Eifel sowie Harz einerseits und dem Thüringer und dem Bayerischen Wald andererseits schlagen. Für den ersten Wanderkorridor wurde ausgerechnet eine Autobahn genutzt: die A4 von Bad Hersfeld nach Dresden, die bislang Hainich und Thüringer Wald voneinander trennte. Beim Neubau der Trasse wurde nämlich eine Talbrücke über das Nessetal eingeplant, dessen Wald – oder zumindest ein Stück davon – direkt bis zum Hainich reicht. Die Wildkatzen können nun also mehr oder weniger gefahrlos die neue Autobahn überqueren und müssen dazu noch nicht einmal den Wald verlassen. Auf der anschließenden Wegstrecke durch die Hörselberge, auf der eine gut einen Kilometer breite Waldlücke klaffte, wurden 20 000 Bäume zu einem Waldstreifen gepflanzt, der bis zum Thüringer Wald reicht.

Der Hainich hat mich schwer beeindruckt. Dieser Wald ist von unglaublicher Schönheit, zumal in den frühen Morgenstunden, wenn die ersten Sonnenstrahlen durch das grüne Blätterdach fallen und den noch nächtlich kühlen Boden dampfen lassen. Und der Baumkronenpfad, der sich in zwei Schleifen von 238 beziehungsweise 308 Meter Länge und in bis zu 44 Meter Höhe durch die Kronen schlängelt, gewährt einen einzigartigen Blick auf einen ansonsten unzugänglichen Bereich des Waldes.

Langsam näherten Cleo und ich uns der nächsten Landesgrenze und, was in den nächsten Tagen deutlich hörbar werden sollte, der Sprachgrenze zwischen dem Mittel- und dem Niederdeutschen, die mitten durch das Eichsfeld verläuft.

Das Eichsfeld

Das Eichsfeld, ein gut vierhundert Meter hohes Plateau mit einer Fläche von 1500 Quadratkilometern, ist eine wunderschöne Landschaft, die mich an die Gemälde von Caspar David Friedrich und anderen Romantikern erinnerte, eine richtige Bilderbuchlandschaft. Was mich überraschte, weil ich hier, mitten in Deutschland, nicht damit gerechnet hatte, war, dass die Menschen des Eichsfelds durch und durch katholisch sind. Überall kleine Kirchen, an bald jedem Wegkreuz stand ein Kruzifix, und ich dachte mir, nanu, das ist ja wie im tiefsten Bayern. Ich war wirklich verblüfft. Nun kamen Cleo und ich auch noch ausgerechnet an Fronleichnam ins Eichsfeld, und überall, selbst mitten durch den Wald, zogen singend und betend Bittprozessionen. Obwohl ich nicht religiös bin, hat mich dieses Zeichen fest verwurzelten Glaubens tief berührt. Bei einer dieser Prozessionen musste ich allerdings auch schmunzeln. Ein Stück hinter der Hauptgruppe von gut 25 Leuten liefen nämlich zwei dicke kleine Jungen, die es nur mit Ach und Krach den Berg hinaufschafften – und dabei fluchten, was das Zeug hielt.

Schon 1815 war das Plateau auf dem Wiener Kongress entlang der Werra zwischen Hannover und Preußen aufgeteilt und damit der Grundstein dafür gelegt worden, dass nach dem Zweiten Weltkrieg der Eiserne Vorhang mitten durch das Eichsfeld verlief. Damit wurde – wie so oft an der innerdeutschen Grenze – ungewollt ein weiteres Schutzgebiet für seltene Tiere geschaffen. Heute ist das Eichsfeld ein Gebiet mit enormer Artenvielfalt, speziell was Vögel, Amphibien und Reptilien angeht.

An einer steilen Felsenkante, die Cleo und mir freien Blick auf die herrliche Landschaft unter uns bot, trafen wir auf einen älteren Mann, der durch ein Fernglas den Himmel absuchte.

»Wonach halten Sie denn Ausschau?«, wollte ich wissen, nachdem ich ihn gegrüßt hatte.

»Ach, ich bin Ornithologe und gucke nach allen möglichen Vögeln.«

Komisch, dachte ich, dass es keine jungen Ornithologen gibt; zumindest habe ich noch nie einen getroffen.

»Gibt es hier Wanderfalken?«, fragte ich neugierig, »Ich meine nämlich, einen gehört zu haben, bin mir aber nicht sicher.«

»Ja, das haben Sie sich nicht eingebildet, hier gibt es tatsächlich Wanderfalken. Wieder, um genau zu sein«, erklärte mir der Vogelexperte Wolfram Brauneis. »Ende der 1970er-Jahre gab es in Westdeutschland nur noch wenige Brutpaare, aus Ostdeutschland war der Wanderfalke sogar völlig verschwunden. Ähnlich katastrophale Bestandseinbrüche oder sogar das völlige Verschwinden dieser Art waren in fast allen Ländern Mittel- und Nordeuropas zu beobachten.«

»Ich weiß, dass Wanderfalken hauptsächlich Tauben schlagen und ihnen deswegen früher die Taubenzüchter nachstellten. Aber das kann ja wohl nicht der Grund gewesen sein, oder doch?«

»Die Taubenzüchter haben den Wanderfalken zwar ganz schön zugesetzt, aber nicht so wie die großflächige Anwendung von DDT in der Land- und Forstwirtschaft ab 1946. Das DDT sorgte dafür, dass die Eischalendicke massiv abnahm, sodass es bald kaum mehr Nachkommen gab. Mit dem Verbot dieses Pestizids in den westlichen Industriestaaten, dank des Schutzes der Brutplätze und zahlreicher Auswilderungsaktionen konnten sich die Bestände seither erholen. In Deutschland leben derzeit etwa 1000 Brutpaare. Dieser Erfolg wäre undenkbar ohne eine denkwürdige Zusammenarbeit zwischen Ost und West. 1968 –«

»Wie? Moment mal, Zusammenarbeit zwischen Ost und West? 1968? Zum Schutz von Wanderfalken?«, unterbrach ich Herrn Brauneis verblüfft.

»Ja, wie ich sagte: ›denkwürdig‹. Damals wurden aus den letzten noch bebrüteten Horsten der DDR zwei Falken entnommen. Das Männchen wurde Professor Christian Saar in Westberlin – Stellen Sie sich vor! Westberlin! – übergeben, dem in der Folge als erstem europäischem Züchter die künstliche Besamung von Wanderfalken gelang. Die Eier der verschiedenen Weibchen ließ er in Brutmaschinen ausbrüten, die Jungen, insgesamt fünfzig, zog er mit der Hand auf. Der unfreiwillige Samenspender aus Mönchsheide nördlich von Berlin wurde somit zum Stammvater eines Großteils des heutigen mitteldeutschen Bestands.«

Gemeinsam suchten Herr Brauneis und ich nun den Himmel ab, und tatsächlich kam nach einiger Zeit ein Wanderfalke angeflogen, der sich direkt vor uns in der Thermik treiben ließ. Durch das Fernglas konnte ich ihn in Ruhe betrachten, seine hellbeige, mit schwarzen Sprenkeln übersäte Brust, die gleich gemusterten Flügelunterseiten und Beine, die auffallend gelben Füße, den weißen Hals und den schwarzen Kopf mit den riesigen Augen. Welch majestätischer Greifvogel! Dann, ich konnte mein Glück kaum fassen, tauchte ein zweiter mit einer geschlagenen Taube in den Fängen auf. Leider steuerte er direkt seinen Horst an, der außerhalb unseres Blickfelds lag.

Der Wanderfalke ist der größte heimische Falke. Größere Falken sind nur noch der Saker- oder Würgefalke und der Gerfalke, die beide allerdings nicht in Deutschland vorkommen. Die Größe der Wanderfalken variiert je nach Lebensraum, in Mitteleuropa erreichen Männchen eine Körperlänge von etwa 35 Zentimeter und eine Flügelspannweite von bis zu 85 Zentimetern, Weibchen eine Körperlange von zirka fünfzig Zentimeter und eine Flügelspannweite von gut einem Meter. Lange Zeit wurde dem Wanderfalken eine enorme Geschwindigkeit zugeschrieben – es war von 250 Stundenkilometern und mehr die Rede –, neueste Radarmessungen in freier Wildbahn ergaben bislang jedoch nur eine Maximalgeschwindigkeit von 140 Stundenkilometer. Das ist immer noch so schnell, dass der Wanderfalke seine Beute eigentlich nur in der Luft schlagen kann, da er für einen Angriff am Boden sein Tempo nicht rechtzeitig drosseln könnte, um nicht wie eine Rakete einzuschlagen.

Die Verletzungsgefahr wäre für einen derart schnellen Vogel viel zu hoch. Die hohe Geschwindigkeit des Wanderfalken gereicht, so skurril dies auf den ersten Blick klingen mag, seiner Jagdbeute nicht selten zum Vorteil. Vögel, die den anfliegenden Räuber rechtzeitig bemerken, beginnen sofort sehr eng zu kreisen oder lassen sich ein Stück fallen. Solchen Manövern kann der Wanderfalke aufgrund seines hohen Tempos nicht folgen.

»Solch urige Lebensräume, so nenne ich sie jetzt mal, wie das Eichsfeld hier – dünn besiedelt, mit steilen Felswänden zum Brüten, tiefen Wäldern und einem reichen Bestand an Vögeln sowie Kleinsäugern – sind eigentlich auch ideal für meinen Lieblingsvogel, den Uhu«, nahm ich das Gespräch wieder auf.

»Wir haben hier tatsächlich Uhus«, bestätigte mir Herr Brauneis. »Und das führt immer wieder zu Konflikten.«

»Wie das denn?«, wollte ich wissen. »Uhus und Falken haben doch völlig verschiedene Jagdstrategien und Beutespektren! Uhus jagen nachts und in der Regel am Boden. Außerdem sind sie eher hinter Nagetieren her.«

»Jaaa«, meinte er gedehnt, »die Konflikte gibt es ja nicht zwischen den Tieren, sondern den Tierschützern. Wir haben hier welche, die sich dem Schutz des Wanderfalken, und andere, die sich dem Schutz des Uhus verschrieben haben. Und ab und an wurden in Uhuhorsten halt Rupfungen und im Gewölle irgendwelche Knöchelchen von Wanderfalken gefunden. Der Uhu jagt ja, wie Sie eben selbst gesagt haben, nachts, und nachts ist ein Wanderfalke ziemlich hilflos. Der sitzt vielleicht auf seinem Horst in einer hellen Felswand, wärmt seine Jungen und wirft eine für einen Uhu gut sichtbare Silhouette.«

»Na gut, aber die Federn und das Gewölle lassen sich doch genau analysieren. Vielleicht war es ein kranker Vogel, den der Uhu geschlagen hat. Uhus jagen ja in gewisser Weise selektiv, also in der Regel kranke, schwache oder unvorsichtige Tiere. Die sind praktisch die Gesundheitspolizei des Waldes. Und der Uhu ist in Deutschland fast genauso selten wie der Wanderfalke.«

»Sie wissen das, und ich weiß das«, stimmte mir Herr Brauneis zu und zuckte vielsagend die Schultern.

Es war hier im Eichsfeld wie so oft. Menschen, die sich voll und ganz einer Sache – oder in dem Fall einem Tier – widmen, verlieren nicht selten den Blick aufs große Ganze.

Es sind übrigens mehr Vogelarten, als man gemeinhin vermuten möchte, die Gewölle produzieren, das heißt, unverdauliche Nahrungsreste hochwürgen und ausspeien. Neben Eulenvögeln, zu denen der Uhu gehört, und Greifvögeln zählen dazu unter anderem Kormoran, Möwe, Krähe, Storch und Eisvogel. Da Eulenvögel, egal ob Waldkauz, Uhu, Schleiereule, Sperlings- oder Steinkauz, eine weniger aggressive Magensäure als andere Vögel haben, sind Analysen ihrer Gewölle besonders aufschlussreich. Das ein oder andere Mal fand man dabei Knochen, die man nicht zuordnen konnte, und stellte dann beim Vergleich mit einem Skelett aus einer Sammlung oder einer anderen Ecke Deutschlands fest: Donnerwetter, die Haselmaus – oder die Rötelmaus oder den Siebenschläfer – gibt es in unserer Region ja doch noch!

Am Abend, nachdem ich auf einer Waldlichtung das Zelt aufgebaut hatte, saßen Cleo und ich um ein kleines Feuer und träumten vor uns hin. Ich ließ den Tag Revue passieren. Cleo und ich waren durch eine traumhaft schöne Landschaft gewandert, mit sanften bewaldeten Hügeln, schroffen Felshängen, herrlichen Bergwiesen mit seltenen Orchideen, und das erste Mal in Deutschland hatte ich wild lebende Wanderfalken gesehen. Plötzlich glitt direkt über unsere Köpfe ein riesiger Schatten hinweg. Wenige Minuten später ein weiteres Mal. Absolut lautlos. Ein Uhu. Der krönende Abschluss eines wunderschönen Tages.

Am nächsten Tag entdeckte Cleo etwas abseits des Kolonnenwegs eine etwa hüfthohe Betonröhre.

»Sag bloß, die Dinger gab es wirklich!«, rief ich laut, und tatsächlich: An den oberen Rand hatte jemand »Stasi-Röhre« geschrieben. Als ich noch in der DDR lebte, gab es Gerüchte, dass über solche Röhren Agenten in den Westen eingeschleust würden, aber keiner wusste Genaueres. Ihre Standorte unterlagen höchster Geheimhaltung, denn diese Röhren wären gute Fluchttunnel gewesen. Angeblich wusste nicht einmal der Bundesgrenzschutz davon.

»Jetzt fragst du dich bestimmt, wieso der Westen, speziell der Bundesgrenzschutz und der BND, nichts von diesen Röhren mitbekommen haben sollen, nicht wahr, Cleo?« Mein Hund guckte einigermaßen interessiert, also fuhr ich fort: »Die Röhren endeten zwar jenseits des Metallstreckzauns, aber noch auf DDR-Gebiet. Nach dem Zaun kam ja noch das Sperrgebiet bis zur eigentlichen Staatsgrenze, die nur durch schwarz-rot-goldene Pfosten gekennzeichnet war. Theoretisch war das Sperrgebiet also zugänglich und hätte man einen Stasitunnel entdecken können, nur traute sich der Bundesgrenzschutz in der Regel nicht hinter die Grenzpfosten. Die Röhren wurden außerdem an sehr abgelegen Stellen gebaut und die Enden gut getarnt.«

Cleo hatte längst das Interesse an meinen Ausführungen verloren und schnüffelte begeistert am Einstieg der Agentenschleuse herum. Kein Wunder, da roch es nach Fuchs, nach Dachs, nach Steinmarder und anderem Getier, das in dem Schlamm und Laub, die sich am Boden der Röhre angesammelt hatten, seine Düfte und andere Spuren hinterlassen hatte. Natürlich musste ich durch den Tunnel, keine Frage. Auf Händen und Knien wäre es relativ leicht gewesen, doch dann wäre ich völlig verdreckt drüben angekommen. Daher quälte ich mich in der Hocke über die knapp fünfzig Meter, während Cleo leichtfüßig hinter mir her tippelte.

Etwa eine Stunde später standen Cleo und ich vor dem WestÖstlichen Tor auf dem Kutschenberg zwischen Teistungen und Ecklingerode: zwei zwölf Meter hohen Eichenstempen, umsäumt von 66 jungen Roteichen.

»Hm«, meinte ich zu Cleo, nachdem ich das erste Kunstprojekt am Grünen Band, das die überwundene Teilung symbolisieren soll, eine Weile betrachtet hatte. »Dieses ›Kunstwerk‹ soll für alles Mögliche stehen: den Schutz von Naturräumen, Durchlässigkeit und Verbundenheit, das Zusammenwachsen deutscher Landschaften, den Blick zurück und den Blick nach vorn und was weiß ich noch alles. Kannst du das alles aus diesen paar Bäumen herauslesen? Ich nicht. Außerdem frage ich mich, warum der BUND und die anderen Verantwortlichen sich ausgerechnet für Roteichen entschieden haben. Einen Baum, der ursprünglich in Deutschland gar nicht heimisch war!«

Die Deutsche Bundesstiftung Umwelt hatte dieses Projekt mit 100 000 Euro gefördert. Was es insgesamt gekostet hat, will ich gar nicht wissen. Die 66 Jungeichen zumindest können hier noch in zweihundert oder dreihundert Jahren stehen und was auch immer symbolisieren. Bei den beiden Eichenstempen habe ich so meine Zweifel, denn Hornissen sind bereits eifrig dabei, das Holz abzuraspeln.

Was mir am WestÖstlichen Tor am besten gefallen hat, war, dass ich einen Großen Raubwürger sah, der in Deutschland in den letzten Jahren sehr selten geworden ist. Dieser hübsche, drosselgroße Singvogel aus der Familie der Würger jagt vorwiegend Insekten, vor allem Käfer und Heuschrecken, aber auch kleine Vögel und Mäuse. Um die Beute leichter zerlegen zu können und um einen Nahrungsvorrat anzulegen, spießt der Raubwürger seinen Fang auf die Dornen eines Busches, zum Beispiel eines Weißdorns oder einer Schlehe, oder auch auf Stacheldraht. Interessante Technik.

Süße Versuchung

In einem kleinen, hübsch herausgeputzten Städtchen, das wir auf unserer Wanderung passierten, ereignete sich etwas höchst Unangenehmes. Heute kann ich zwar darüber lachen, den Namen des Ortes möchte ich dennoch nicht nennen.

Es da gab eine schöne Fußgängerzone rund um einen hübschen Marktplatz mit lauter kleinen Geschäften, die alles Mögliche verkauften: Weihnachtspyramiden, Nussknacker, kleine holzgeschnitzte Engel, Ketten, Ohrringe, Armbänder, die als Schmuck der Region verkauft wurden, aber mit Sicherheit aus China stammten, Wurzelpeter, Glasbläserkunst, Wanderstöcke ...

Vor dem Schaufenster eines Geschäfts blieb ich stehen, Cleo wie eigentlich immer während der Wanderung frei bei Fuß neben mir, und schaute mir die zur Schau gestellten Mineralien an, die ebenfalls angeblich alle aus der Region stammten. Mineralien interessieren mich seit Langem, sodass ich mich ein bisschen damit auskenne. Unter anderem lag in der Auslage ein wunderschöner großer Amethyst. Ts, dachte ich mir, von wegen aus der Region. So schöne große Amethysten kommen eigentlich alle aus Brasilien. Am einzigen deutschen Fundort, von dem ich weiß, dem Steinkaulenberg bei Idar-Oberstein, ist der Mineralienabbau inzwischen verboten. Davon abgesehen, liegt Idar-Oberstein in Rheinland-Pfalz, und das kann man selbst bei großzügigster Auslegung nicht als hiesige Region bezeichnen. Und der Bernstein, der da ausgestellt war, ist höchstwahrscheinlich aus Polen.

Als eine Gruppe von Touristen vor dem Schaufenster drei Geschäfte weiter in Gelächter ausbrach, schaute ich kurz hinüber. Prustend deuteten sie in das Schaufenster. Na, da muss es ja etwas ganz Lustiges zu kaufen geben, dachte ich mir, und konzentrierte mich wieder auf die Mineralien beziehungsweise ein spezielles Stück, das mir besonders gut gefiel. Das wollte ich mir aus der Nähe ansehen und drehte mich Richtung Tür, als sich das Gelächter nebenan noch weiter steigerte. Ich warf wieder einen Blick hinüber und wunderte mich, dass so viele erwachsene Menschen über irgendwelchen Schnickschnack lachen konnten.

»Guckt mal – der Hund! Guckt mal – der Hund!«, rief da eine Omi und zeigte in das Schaufenster.

In dem Moment schaute ich neben mich – keine Cleo. Ich schaute hinter mich, nichts. Ich drehte mich einmal um die eigene Achse. Weit und breit keine Spur von Cleo.

Mir dämmerte etwas, und so lief ich schnell zu dem Geschäft hinüber, drängte mich zwischen den Schaulustigen hindurch und warf einen Blick in das Schaufenster. Ich konnte gar nicht lachen, mich traf fast der Schlag: Mitten in der Auslage zwischen Pralinen, Marzipanfiguren und allen möglichen Konfiserien stand – mit schokoladenverschmierter Schnauze – Cleo.

Ach, du Sch...! Ein »Cleo, hierher! Pfui ist das!« kam hier eindeutig zu spät. Was nun? Zu meiner Schande muss ich gestehen, dass ich feige den Rückzug antrat und darauf hoffte, dass sich das Problem von allein lösen würde. Tat es aber nicht. Während ich mich rückwärts durch die Gaffer schob, kam es zu einem Aufruhr in dem Laden.

»Du verdammter Köter! Mach, dass du abhaust! Ich wenn dich erwisch ...!«, tönte es von drinnen auf die Straße.

Im nächsten Augenblick schoss Cleo durch die Tür, gefolgt von einer Frau mit einem kleinen Kehrbesen oder Ähnlichem in der Hand, und rannte mit angelegten Ohren, eingeklemmten Schwanz und einem Marzipanschwein in der Schnauze über den kleinen Marktplatz. Ich drückte mich schnell in eine Nische und beobachtete das Geschehen. Cleo raste im Zickzack von einer Häuserwand zur anderen und hielt verzweifelt nach mir Ausschau. Ich konnte ihr regelrecht ansehen, was ihr durch den Kopf ging: Chef, wo bist du? Hilfe! Hilfe! Es ist etwas Furchtbares passiert!

»Wem gehört der verdammte Köter?«, brüllte die Besitzerin des Ladens über den Marktplatz, während sie weiter hinter Cleo herjagte, gefolgt von dem Gelächter all der Menschen, die das Spektakel inzwischen angezogen hatte.

Da fiel mir siedendheiß ein, dass Cleo natürlich ihr Halsband umhatte. Wenn die Frau oder jemand anderes Cleo erwischte, würde sie sofort die Telefonnummer auf dem Halsband sehen.

In dem Moment entdeckte mich Cleo, rannte auf mich zu und drängte sich Schutz suchend und sichtlich nervös gegen meine Beine.

»Gehst du weg! Gehst du weg!«, flüsterte ich und versuchte sie von mir zu schieben, doch Cleo drückte sich nur umso fester an mich.

»Ist das Ihr Hund?«, schnaufte die Frau, die Cleo bis zu mir verfolgt hatte.

Ich stellte mich dumm und sagte erst einmal gar nichts. Blöderweise stand auf Cleos Halsband nicht nur meine Telefonnummer, sondern, wie mir bewusst wurde, ich hatte das passende Gegenstück, die Hundeleine, selbst um den Hals hängen. Da nutzte alles Leugnen nichts, ich musste Farbe bekennen. Das Einzige, was ich in dem Moment allerdings zustande brachte, war ein beschämtes Nicken.

»Gucken Sie sich mal meinen Laden an! Diese Sauerei!«, keifte die Frau da los.

Ich nahm Cleo, die nun, ganz schlechtes Gewissen, neben mir saß, an die Leine und so gingen wir zu dem Geschäft, um den angerichteten Schaden zu begutachten. In der Auslage lagen zertretene Pralinen, angebissene Marzipan-, zerbrochene Schokoladenfiguren und dergleichen mehr zwischen verrutschten oder umgestürzten Tabletts und Dekorationsmaterial. In der Auslage selbst und auf dem Boden des Geschäfts hatte Cleo überall Schokoladenpfötchen hinterlassen. Das Ganze sah ziemlich übel aus.

»Sie hätten ja auch die Tür zu Ihrem Laden zumachen können«, sagte ich, da Cleo offenbar zur offenen Tür hineingeschlichen und sofort in die Auslage gestiegen war, die vom Verkaufsraum aus nicht gut einsehbar war. Eine äußerst dumme Bemerkung und eine höchst unangebrachte Reaktion, für die ich mich bis heute schäme. Und ganz sicher nicht das, was die Frau hören wollte. Verständlicherweise, denn was geschehen war, war eindeutig meine Schuld. Ich hatte die Aufsichtspflicht über meinen Hund vernachlässigt. Punkt.

Cleo, die den ganzen Ärger verursacht hatte, löste schließlich die angespannte Situation. Mit reuevollem und um Verzeihung heischendem Hundeblick brachte sie unsere Kontrahentin zwar nicht zum Schmelzen, aber immerhin zum Einlenken.

»Der Hund hat doch bestimmt eine Haftpflichtversicherung«, sagte die Frau, etwas milder gestimmt.

»Ja, aber nur eine Jagdhaftpflichtversicherung«, musste ich gestehen. »Wie hoch ist der Schaden denn?«

Nun muss man wissen, dass in dem Geschäft überwiegend erlesene Sachen angeboten wurden, wie gute alte Delitzscher Schokolade, die im Osten sehr teuer war, oder edle belgische Pralinen, die Weltruf haben und noch teurer sind. Die Frau machte eine Bestandsaufnahme, rechnete und kalkulierte. Am Ende kamen 190 Euro zusammen. Ich hatte ehrlich gesagt mit noch mehr gerechnet. Zähneknirschend blätterte ich das Geld auf den Tisch und schaute, dass Cleo und ich Laden und Städtchen schnellstmöglich weit hinter uns ließen.

Es heißt ja immer, Hunde dürften keine Schokolade fressen, da das in den Kakaobohnen enthaltene Theobromin für Hunde wie Gift sei. Cleo hatte zwar am nächsten Morgen erhebliche Schwierigkeiten, die Reste ihrer Fressorgie loszuwerden, ansonsten hat sie die Schokoladenschlacht unbeschadet überstanden. Nichtsdestotrotz bekommen meine Hunde normalerweise keine Schokolade, so wenig, wie sie mit Essensresten vom Küchentisch gefüttert werden. Schon allein deshalb, weil Salz für Hunde sehr schädlich ist. Genauso, wie einem Hund zu viele Knochen schaden, etwas, was viele Hundebesitzer nicht wissen. Wie auch beim Menschen, ist eine ausgewogene Ernährung das Beste. Andererseits war ich nie jemand, der seine Hunde mit extrem teurem Hundefutter verhätschelte. In unserer Familie bekommen sie ganz herkömmliches Hundefutter und hin und wieder, wenn wir erfolgreich auf Jagd waren, den sogenannten Aufbruch – die Innereien eines ausgeweideten Tieres: den Pansen, die Leber, das Herz oder die abgekochte Lunge.

Zu Besuch bei Bruder Rolf

Obwohl ich Atheist bin, bewegen mich religiöse Rituale, wie zum Beispiel die Fronleichnamsprozessionen, denen Cleo und ich begegnet sind. Auch beeindrucken mich tiefgläubige Menschen, egal welcher Religion sie angehören, weil, wie es scheint, die meisten von ihnen ihren Seelenfrieden gefunden haben.

Religion ist ein Teil unserer Kultur und unserer Menschwerdung. Irgendwann, in grauer Vorzeit, hat der Mensch seine Wünsche, Ängste und Hoffnungen – Glück bei der Jagd oder das Überleben der Sippe in einem harten Winter – an übergreifende Mächte herangetragen, an Mutter Erde etwa, später differenzierter an einzelne Götter, ob nun Freya, Diana oder Asklepios, und schließlich in vielen Kulturen an den einen allmächtigen Gott, mag er nun Jehova, Allah oder eben Gott heißen. Selbst ich kann mich dem nicht ganz entziehen. Wenn ich Monate in der Wildnis unterwegs und den Elementen ausgesetzt bin – nicht unbedingt in Deutschland, aber beispielsweise mitten im Nirgendwo von Alaska –, ertappe ich mich manchmal dabei, dass ich etwas Übermächtiges um Beistand bitte. An solchen Orten kann ich gefühlsmäßig am besten zu meinen – unseren – Wurzeln zurückkehren. Auch habe ich da manchmal das Empfinden, schon einmal da gewesen zu sein – als Rentierjäger, Buschmann oder Fährtenleser.

Ich glaube, dass dieses, ich nenne es mal Urbedürfnis, an etwas »Höheres« zu glauben, bei Gefahr oder Bedrohung ein mächtiges Wesen um Hilfe zu bitten, ganz tief in uns verwurzelt ist. Und dass, selbst wer sich in einem Leben ohne Glauben und ohne Gott eingerichtet hat, weil

alles Entstehen und Geschehen um uns herum rational er-
klärbar ist, sich dem nicht immer entziehen kann.

Religion muss meines Erachtens Geben und Nehmen
bedeuten. Wenn Menschen damit glücklich sind und ihren
Frieden finden, dann ist es einfach gut.

Erstaunlich an Religionen finde ich immer wieder, wie
sehr sie doch Interpretations- und Auslegungssache sind
und wie unterschiedlich sich Menschen ein und derselben
Religion verhalten. Einmal standen Cleo und ich vor dem
Kölner Dom, nach dem Ulmer Münster und Notre-Dame
de la Paix der Elfenbeinküste (!) die dritthöchste Kirche der
Welt, und bestaunten beeindruckt die Fassade dieses gewaltigen Bauwerks. Ich dachte, jetzt musst du dir das endlich auch mal von innen angucken. Aber wir waren noch
nicht ganz zur Tür rein, da flogen Cleo und ich in hohem
Bogen schon wieder raus. Hunde waren in diesem Gottes-
haus nicht erwünscht. Na ja, sagte ich mir, die katholische
Kirche war noch nie ein großer Freund der Natur, »Mach
dir die Erde untertan« und so. Ausnahmen wie der »erste
Tierschützer« Franz von Assisi bestätigen die Regel. Sein
Gedenktag, der vierte Oktober, ist auch Welttierschutztag.
Nun war ich gespannt, ob Cleo bei den Franziskanern
des Klosters Hülfensberg auch würde draußen bleiben
müssen.

Der Hülfensberg ist der älteste und bedeutendste Wall-
fahrtsort des Eichsfelds. Die Bedeutung des Namens, bei
dem meine Zunge jedes Mal ins Stolpern gerät, erschließt
sich, wenn man in dem 1671 erschienenen Buch des Hei-
ligenstädter Jesuiten Johannes Müller liest, in dem es über
die Pilger zur Wallfahrtskirche »Christus der Erlöser«
heißt: »... ihre Zuflucht dahin zu nehmen und Hülff oder
Beystand zu suchen ...«

Ein weißhaariger Mann mit gepflegtem Bart, der auf Anhieb einen sehr aufgeschlossenen Eindruck auf mich machte, begrüßte mich und Cleo – »Schöner Hund! Ist das eine Bracke?« – freundlich und fragte, ob ich mir die Anlage ansehen wolle und ob er mich herumführen dürfe. Natürlich wollte ich und durfte er.

»Nehmen Sie den Hund ruhig mit rein«, sagte Bruder Rolf, der mein kurzes Zögern am Eingang zur Wallfahrtskirche bemerkte und sofort richtig deutete, »wir sind Franziskaner, wir mögen Tiere.«

Die Kirche ist wunderschön. Gewölbefresken zeigen den Tod, ähnlich wie in Dürers »Ritter, Tod und Teufel«, mit Schweinerüssel, Ziegenohren und Schafshörnern, den bocksbeinigen Teufel und Sünder, die ins Fegefeuer getrieben werden. Obwohl die Gemälde aus den Anfängen des 17. Jahrhunderts stammen, wirkte der Stil auf mich irgendwie sehr modern. Die aus Lindenholz geschnitzte Darstellung von Jesus am Kreuz aus dem zwölften Jahrhundert gilt als das meistverehrte sakrale Kunstwerk des Bistums Erfurt.

»Das Besondere daran ist«, erklärte mir Bruder Rolf, »dass Christus mit offenen Augen dargestellt ist.«

Mir war bis zu dem Zeitpunkt nie aufgefallen, dass Jesus am Kreuz sonst die Augen wohl meistens zu hat. Da ich aber nicht sehr oft in Kirchen gehe, ist das nicht weiter verwunderlich. Ich schaute mir die Darstellung genauer an, und da fiel mir auf, dass der Gekreuzigte nicht, wie ich es sonst kenne, Leiden und Schmerz ausstrahlte. Vielmehr schien es, als hätte er all das schon hinter sich. Er wirkte, ja, wie soll ich es sagen?, erlöst.

»Wo sind denn die anderen alle?«, fragte ich, während wir Richtung Garten spazierten.

»Welche anderen?«, wollte Bruder Rolf wissen.

198

»Na, die anderen Franziskaner.«

»Wir sind hier nur zu dritt«, erklärte er mir.

Der Hülfensberg liegt auf ehemaligem DDR-Gebiet. Dort hieß die Religion aber Marx, Engels und Lenin, und das Parteibuch und das kommunistische Manifest waren die Bibel. Wenn man in der Schule punkten wollte, konnte man den größten Mist erzählen, aber wenn man zum Schluss sagte: »Das hat Karl Marx gesagt« oder »hat Friedrich Engels gesagt«, dann wurde der Quatsch selten angezweifelt. Vielmehr hieß es: »Donnerwetter, der Junge ist gut informiert.« Man durfte es natürlich nicht übertreiben, sonst flog das Ganze irgendwann mal auf.

Die Kirchen waren aus Sicht der DDR ein ideologischer Gegner und standen unter erheblichem politischem Druck. Die Mitgliederzahlen sanken denn auch dramatisch: in der evangelischen Kirche von 85 Prozent der Gesamtbevölkerung im Jahr 1950 auf etwa 25 Prozent im Jahr 1989 und in der katholischen Kirche im gleichen Zeitraum von zehn auf fünf Prozent. Nichtsdestotrotz blieben die christlichen Kirchen ein gesellschaftlicher Faktor, und letztlich wurden 1989 die alljährlich im November stattfindenden Friedensgebete zum Ausgangspunkt der Montagsdemonstrationen in Leipzig und anderen Orten. Opposition gegen den Staat spielte dabei eine größere Rolle als der Glaube, denn die Friedensbewegung war die einzige Möglichkeit, sich gegen den Staat aufzulehnen, sozusagen im Schutz der Kirche.

All das kümmerte die Franziskaner auf dem Hülfensberg allerdings nur am Rande, denn sie hatten mit ganz anderen Problemen zu kämpfen. Weil das Kloster im Sperrbezirk des Grenzgebiets lag, waren die Pilgerzeiten stark reglementiert und brauchte jeder, der zum Kloster wollte, einen extra Passierschein. Vieles war auch einfach nur Schikane.

»Diese Zeiten sind gottlob vorbei«, sagte Bruder Rolf abschließend.

Seit etwa zehn Jahren ist das Kloster auf dem Hülfensberg ein »Kloster zum Mitleben«. Gestresste Leute, die vom hektischen Businessleben in Frankfurt die Nase voll haben, können hier sozusagen einen Klosterurlaub machen. Es wird gemeinsam mit den Franziskanern gegessen und, wenn man will, gebetet. Man kann in Haus und Garten mitarbeiten, verschiedene Gebetsformen ausprobieren, sich mit den Brüdern und anderen Gästen austauschen oder die Stille genießen. Alles auf freiwilliger Basis, gezwungen wird man hier zu nichts. Ein oder zwei Wochen an einem solchen Ort der Ruhe, der Besinnung, des In-sich-Hineinhorchens könnte so manchem Banker oder Topmanager sicher nicht schaden, dachte ich mir. Und auch so manch anderem nicht. Wie oft trifft man Menschen, deren Leben von Hektik und Stress geprägt ist und die permanent an der Grenze der Belastbarkeit leben. Sie haben Geld, sie haben alles erreicht, vielleicht auch gesellschaftlich, aber was ihnen fehlt, ist Seelenfrieden. Sie reden von Erdung oder Yoga, haben eine große Sehnsucht nach Harmonie. Aber sie stecken in einem Hamsterrad, das sich immer schneller dreht. Dafür sind wir nicht gemacht. Deshalb ist ein Innehalten, Abschalten, Entspannen so wichtig, um wieder Kraft zu schöpfen. Und dieser Ort hier schien mir in seiner Gesamtheit wie geschaffen dafür.

Viel lieber als über all diese Dinge unterhielt sich Bruder Rolf über die Natur. Er wollte wissen, welche Tiere ich unterwegs gesehen, welche Pflanzen ich gefunden hatte, wie ich die weitere Entwicklung unserer Natur in Deutschland sehe, wer dabei die Gewinner sind und wer die Verlierer. Wird der Wanderfalke überleben können? Wird es in zwanzig Jahren noch Birkwild geben, oder zählt es zu den

Verlierern? Was machen wir mit den großen Kulturlandschaften, in denen so viele Wildschweine leben, die sich
immer mehr der modernen Landwirtschaft anpassen und
zum echten Problem werden? Wird man Rotwild irgendwann nur noch in wenigen Großgehegen und Nationalparks dulden und überall anders eliminieren, weil es mit
der Forstwirtschaft kollidiert? Fragen über Fragen, die mir
zeigten, dass sich Bruder Rolf über sehr vieles Gedanken
macht.

Als ich mich von ihm verabschiedete, stieß er mich
leicht an und sagte fast im Flüsterton, obwohl weit und
breit um uns niemand zu sehen war: »Wissen Sie was?
Eigentlich wollte ich wie Sie Förster werden.«

Es klang in keinster Weise bedauernd. Ich konnte
ihn mir gut in einem Beruf vorstellen, in dem man viel in
der Natur ist. Genauso gut könnte ich ihn mir als Wissenschaftler in irgendeinem Institut vorstellen, wo er sich
voller Leidenschaft und mit Inbrunst dem Studium der
Botanik widmet. Auch da wäre er wahrscheinlich ein sehr
glücklicher Mensch gewesen. Denn das, wonach viele Menschen ihr Leben nach suchen, ein In-sich-Ruhen, eine tiefe
Zufriedenheit mit sich und seinem Leben, das schien mir
Bruder Rolf gefunden zu haben. Ich denke noch oft an diesen Mann, der mir sehr imponiert hat.

Vom Harz Richtung Elbe

Kein anderes Gebirge Deutschlands ist so geheimnisumwittert, mystisch, sagenbehaftet wie der Harz, wo auf dem Brocken bei Wernigerode das Brockengespenst sein Unwesen treibt und Hexen alljährlich die Walpurgisnacht begehen, ein Schauspiel, zu dem einst Mephisto mit Doktor Faust wanderte. »Ihr Mägdlein, ihr stehet hier grad' in der Mitten. Ich seh', ihr kommt alle auf Besen geritten. Seid reinlich bei Tage und säuisch bei Nacht! So habt ihr's auf Erden am weit'sten gebracht«, lässt Goethe den Teufel sagen. Die volkstümliche Bezeichnung Blocksberg für den Brocken, die mit gut 1140 Metern höchste Erhebung nicht nur des Harzes, sondern ganz Norddeutschlands, leitet sich übrigens von dem Ausdruck »Block« oder »Klotz« für das Hexenwesen her.

Der Ursprung für die Hexensagen und das Brockengespenst liegt höchstwahrscheinlich darin, dass sich die Spitze des Brockens an durchschnittlich 306 Tagen im Jahr in Nebel hüllt und dabei seltene optische Effekte auftreten. Häufig sind sogenannte Halos zu beobachten, Lichteffekte, die durch Reflexion und Brechung von Licht an Eiskristallen entstehen. Das Brockengespenst, das Wanderer über Jahrhunderte in Angst versetzte, entsteht, wenn der Schatten eines Menschen oder Tiers auf eine Nebelwand fällt. Wie in einem Kino wird der Schatten in mehrfacher Vergrößerung auf die Nebelwand projiziert. Da Nebel aber im Gegensatz zu einer Kinoleinwand keine glatte

Oberfläche hat, entstehen quasi dreidimensionale Bilder, die sich durch das Wallen des Nebels auch noch gespenstisch verändern, obwohl der Mensch oder das Tier sich gar nicht bewegt. Ein Phänomen, das unter anderem von Goethe beschrieben wurde, der den Brocken dreimal bestieg.

Der Harz war für mich immer schon etwas ganz Besonderes. Als Kind durfte ich regelmäßig in ein Ferienlager nach Thale fahren, von wo aus wir zu ebenfalls sagenumwobenen Orten wie dem Hexentanzplatz, der Rosstrappe und der Teufelsmauer wanderten. Ich verbinde mit dem Harz durchweg schöne Erinnerungen, und so erfüllte mich schon seit Beginn der Wanderung eine unheimliche Vorfreude auf diese Region.

Auf der ganzen Länge des Grünen Bandes war der Harz das einzige Gebiet mit, ich nenne es mal Spuren von Ost-West-Konflikt. Bis zur Wende zog der westliche Teil des Harzes Touristen in Massen an. Nahezu jeder Ort im Harz und im Harzvorland war touristisch geprägt. Die Region lebte überwiegend vom Fremdenverkehr, und zwar gut. Nach dem Mauerfall wurde sehr viel Geld in den Fremdenverkehr des östlichen Teils investiert und recht aggressiv um Touristen geworben. Und da im Ostharz nun alles viel moderner und schicker war als im Westharz, zog es immer mehr Urlauber in den sachsen-anhaltinischen Teil. Die Menschen im niedersächsischen Teil, die das Nachsehen haben und nunmehr eher schlecht als recht vom Fremdenverkehr leben, sind deswegen ziemlich sauer. Und so wurde ich oft gefragt: »Haben Sie denn ein Zusammenwachsen erkennen können auf Ihrer Wanderung zwischen Ost und West?« Eine Frage, die sich bis dahin kaum je gestellt hatte, denn im direkten Grenzgebiet war erstaunlicherweise nicht mal ein Auseinanderdriften erkennbar gewesen, und die meisten Menschen waren, wenn überhaupt verbittert, dann wegen der Jahre der Trennung, nicht wegen der Wiedervereinigung.

Die Rhumequelle

Meine erste Station im Harz war die Rhumequelle – von der ich offen gestanden erst erfuhr, als ich über sie stolperte. Am Südwestrand des Harzes führte mich mein Weg an einen kleinen Waldsee. Wären da nicht ein Rundwanderweg mit Aussichtsplattform und Informationstafeln sowie ein Kiosk gewesen, hätte das ein richtig romantisches, idyllisches Plätzchen sein können.

»Der Weiher muss was Besonderes sein«, sagte ich zu Cleo, während ich auf eine der Tafeln zusteuerte. »Guck mal, Cleo, auf den ganzen Fotos hier ist das Wasser total klar. Entweder wurde da irgendwie getrickst, oder es ist nur jetzt so trüb, weil es die letzten Wochen so stark geregnet hat. Hoppla! Hör mal, Cleo, hier steht, dass die Rhumequelle die drittgrößte Süßwasserquelle Europas ist. Hättest du das gedacht? Ich hätte da eher auf Norwegen oder Island getippt, aber bestimmt nicht auf den Harz.«

Aus dem Hauptquelltopf von rund zwanzig Meter Durchmesser in knapp zehn Metern Tiefe und zahlreichen Nebenquellen fließen im Durchschnitt 2000 Liter. Pro Sekunde! Das würde reichen, um jeden Einwohner Deutschlands täglich mit zwei Litern Quellwasser zu versorgen. In niederschlagsreichen Zeiten steigt die sogenannte Quellschüttung sogar auf 5900 Liter! Jetzt konnte ich mir erklären, warum das Wasser in der Mitte des Weihers leicht wallte. Die Quelle hat Sommer wie Winter eine Temperatur von konstanten acht bis neun Grad Celsius. Das spricht schon dafür, dass das Wasser aus großer Tiefe kommt. Und tatsächlich hat man festgestellt, dass nur etwa vier Prozent des Quellwassers aus oberirdischem Einzugsgebiet stammen, der Rest kommt aus unterirdischen Zuflüssen des großen Gipskarstgebiets zwischen Rhumequelle und südlichem Harz. Die Rhumequelle ist quasi das »Überlaufventil« eines riesigen unterirdischen Wasserspeichers.

Seit jeher sind Quellen mystische Orte. Sie wurden als Tore in jenseitige Welten gesehen und symbolisierten Fruchtbarkeit und neues Leben. Daher wurden an ihnen Götter und Geister verehrt. Auch die Rhumequelle war eine Opfer- und Kultstätte. Die ältesten Funde, Beile und Keramik, stammen aus der Jungsteinzeit, sind also 4000 bis 7000 Jahre alt.

»Mensch, Cleo, das klingt alles total spannend. Ich muss da unbedingt tauchen. Aber in so kaltem Wasser bestimmt nicht nur mit Badehose.«

Also marschierten wir zurück nach Rhumspringe in der Hoffnung, dort einen Taucheranzug auftreiben zu können – in einem gerade mal 2000 Einwohner zählenden Ort! Aber man braucht halt einfach ab und zu Glück, denn nach einigem Herumfragen wurde ich an einen Berufstaucher verwiesen.

»Tauchen? In der Rhumequelle?«, fragte der. »Das muss beantragt werden. Denn da muss für die Zeit die Wasserversorgung der Umgebung unterbrochen werden. Wegen der Keime und so.«

»Was?«, fragte ich ungläubig. »Und was ist mit den Tieren, die im und um den Weiher leben? Und das Wasser geht doch bestimmt nicht direkt in die Wasserleitungen der Häuser, sondern wird vorher gereinigt. Aus zig anderen Seen in Deutschland, die sogar Badeseen sind und auf denen Schiffe fahren, wird Trinkwasser gewonnen!«

Ein Schulterzucken war die ganze Antwort.

Vielleicht, so denke ich jetzt, lag es daran, dass die Rhumequelle nur wenige Meter tief ist. Jedenfalls fügte ich mich in die niedersächsische Bürokratie, deren Amtsschimmel aber erstaunlich schnell galoppierte, denn innerhalb kürzester Zeit hatte ich die Genehmigung. Dass ich für das ZDF und National Geographic drehte, war möglicherweise das ausschlaggebende Argument, dass ich die Taucherlaubnis überhaupt bekam.

Als ich in den Neoprenanzug schlüpfte, reagierte Cleo ziemlich irritiert, weil das Zeug immer etwas streng riecht. Dann stülpte ich auch noch die Kopfhaube über. Und das gefiel ihr überhaupt nicht. Ich hatte das schon einmal erlebt. Als Birgit und unsere Söhne sich für den Karneval verkleideten und Birgit mit einer schwarzen Perücke auf dem Kopf – sie hat eigentlich rotes Haar – ins Wohnzimmer kam, wurde sie von Cleo regelrecht verbellt. Als ich schließlich ins Wasser stieg, geriet Cleo völlig aus dem Häuschen. Sie bellte wie verrückt, lief ständig am Ufer auf und ab. Das Gewalle in der Mitte des Wassers war ihr ganz und gar nicht geheuer. Da wollte Herrchen doch wohl nicht hin?

Das Wasser war leider so trüb, dass ich nur eine Sicht von zwei Metern hatte statt der angegebenen zehn und mehr. Das Erste, worauf ich stieß, waren große alte Holzstücke. Dann Wasserpflanzenteppiche. An der Stelle, wo der Rundwanderweg über den abfließenden Rhume geht, lagen sehr viele Münzen im Wasser. Nicht nur Euro-, sondern auch DM- und fremdländische Münzen. Es wurden hier sogar schon Münzen aus dem 18. Jahrhundert gefunden, womit belegt ist, dass die Menschen schon früher ein Geldstück in die Quelle warfen. Auf einmal sah ich grauweiße Backsteine. Was machen die denn hier?, wunderte ich mich. Ich tauchte näher heran und stellte fest, dass es keine Backsteine, sondern Pappkartons waren. Was mich fast noch mehr wunderte. Als ich nach einem davon griff, fiel er auseinander und gab Unmengen von Patronen frei. Und wie ich mich so umgucke, sehe ich, dass der ganze Boden an dieser Stelle komplett voll war mit Munition. Ich nahm eine Handvoll mit, um sie mir später genauer ansehen zu können. Wie sich herausstellte, war es Pistolenmunition, 9 Millimeter Para. Woher sie kam und warum sie in der Rhumequelle landete? Keine Ahnung.

Jedes Mal, wenn ich den Kopf aus dem Wasser streckte – ich hatte keinen Lungenautomaten und keine Druckluftflasche, musste also dauernd an die Oberfläche, um Luft zu holen –, sprang Cleo wie von der Tarantel gestochen um den Weiher herum. Dass ich immer wieder abtauchte und nach zwanzig, dreißig Sekunden woanders hochkam, brachte sie völlig aus der Fassung.

Ich hätte bestimmt noch mehr Sachen finden können, aber ich muss ganz ehrlich sagen, dass die Kälte mir zu schaffen machte. Ich hatte nur einen Nassanzug an, bei dem am Reißverschluss, an der Halsöffnung sowie an den Hand- und Fußmanschetten Wasser eindringt. Ich war schon auf dem Weg ans Ufer, als ein Beamter auftauchte und meinte, ich solle jetzt raus aus dem Wasser, da die Wasserversorgung wieder angestellt werden müsse. Perfektes Timing.

Witzig war, dass in dem Moment, als ich aus dem Wasser stieg, eine ältere Frau ankam und sagte: »Ach, tauchen Sie auch nach Geld? Hier sind öfter zwei junge Mädchen, die sich ihr Taschengeld damit aufbessern.«

So viel zum Thema Sondergenehmigung, um in das Wasser zu dürfen.

Die Einhornhöhle

Der Harz ist nicht nur wegen der Rhumequelle, sondern auch wegen seiner vielen Höhlen, die dem Menschen bis in die Bronzezeit hinein als Behausungen dienten, eine archäologisch interessante Region.

Eine der bedeutendsten Fundstätten Deutschlands liegt in der Lichtensteinhöhle. 1980 stießen Höhlenforscher dort auf einen bis dahin unbekannten Teil und fanden darin die Reste von mindestens vierzig Menschen aus der Späten Bronzezeit, vom Kleinkind bis zum Greis. Da die Fundstücke von einer dicken Schicht Gipssinter bedeckt waren, waren sie so gut konserviert, dass man DNA-Proben entnehmen konnte. Bislang wurde die DNA von 22 Menschen aus der Höhle analysiert. Dabei stellte man – weltweit erstmals – fest, dass diese Menschen eng miteinander verwandt gewesen waren und eine Großfamilie bestehend aus drei Generationen gebildet hatten. Das war für die Fachwelt eine Sensation, denn verwandtschaftliche Beziehungen einer Menschengruppe waren bis dahin immer nur vermutet worden. 2007 dann wurden DNA-Proben von alteingesessenen Harzern gesammelt und mit denen aus der Höhle verglichen. Es stellte sich heraus, dass elf Personen dieselben genetischen Muster wie ein Großteil der Toten hatten. Zwar waren insgesamt dreihundert DNA-Proben von heute lebenden Harzern entnommen worden, dennoch ging ein großes Gelächter durch die Wissenschaft, nach dem Motto: Die Harzer sind so bodenständig, dass sie seit 3000 Jahren am gleichen Fleck leben.

Mehr als die Lichtensteinhöhle interessierte mich allerdings die Einhornhöhle bei Herzberg mit einer Gesamtganglänge von über sechshundert Metern, auf denen sich mehrere große Hallen und Dome aneinanderreihen, eine der größten Karsthöhlen in den wunderschönen »Harzer Dolomiten«. Höhlen übten schon immer eine unglaubliche Anziehungskraft und Faszination auf mich aus. Als Kind trieb ich mich mit meinen Freunden in den großen Kalksteinhöhlen auf dem Seeberg in der Nähe von Gotha herum. Mit unseren simplen Taschenlampen, bei denen ständig die Birnen durchbrannten und die Batterien zu schwach waren, und mit Fackeln erkundeten wir über Jahre hinweg diese Höhlen und kannten bald jede Ecke und jeden Winkel. Am meisten hat mich schon damals interessiert, wie sich früher das Leben in einer Höhle abgespielt hat.

In der Einhornhöhle waren bereits vor mehr als vierhundert Jahren zahlreiche Knochen gefunden worden. Otto von Guericke, ein vielseitiger Mann, der unter anderem die Luftpumpe erfand und Experimente zum Vakuum (Magdeburger Halbkugeln) durchführte, setzte aus diesen Knochenfunden im 17. Jahrhundert ein Einhorn zusammen. Daher also der Name. Da die Knochen des Einhorns als heilkräftig galten, wurde daraufhin ein großer Teil der in der Einhornhöhle gefundenen Knochen als Medizin verkauft. Später dann wurden den Menschen Bruchstücke von Tropfsteinen als Hörner des Einhorns untergejubelt.

Heute weiß man, dass die Knochen von Höhlenbären, Höhlenlöwen, Wölfen, Hyänen, Vielfraßen, Bisons und Riesenhirschen stammen. Die Einhornhöhle hat viele Kulturschichten, wie das so ist mit Höhlen. Wir denken: Och, da grab ich mal einen halben Meter tief und stoße auf die tollsten Sachen. Aber so einfach ist das nicht. Denn über die Jahrhunderte oder Jahrtausende fällt von der Höhlendecke immer wieder etwas auf den Höhlenboden – Dinge wie Steinbrocken, Sand oder Stalaktiten – und begräbt dort tote Tiere, Skelette, Feuerstellen, Lagerstellen, Werkzeuge und so weiter unter einer ständig wachsenden Sedimentschicht. Hinzu kommen noch so Faktoren wie Grundwasser, kleine Bäche, die durch die Höhle fließen, Stalagmiten. Bisher hat man in der Einhornhöhle gerade einmal die ersten knapp zwei Meter der bis zu dreißig Meter dicken Sedimentablagerung, die den eigentlichen Höhlenboden bedeckt, untersucht. Die ältesten Fundstücke, auf die man dabei stieß, stammen aus der Eis- und der Nacheiszeit.

Damals sah es in Deutschland ganz anders aus als heute. Man hätte trockenen Fußes von Bremerhaven nach London marschieren können. Die ganze Nordsee war eine riesige Tundra, eine Eiszeitsteppe, durch die Mammuts, Wollnashörner, Moschusochsen und riesige Karibuherden zogen. Die Pflanzenwelt muss man sich ähnlich vorstellen wie im heutigen Nordalaska oder Sibirien: Moose und Flechten bedeckten den Boden. Dazwischen hielten sich Zwergweiden und Schwarzfichten, die beide viel Kälte vertragen, aber dennoch nur einen dreiviertel bis einen Meter hoch werden, und vereinzelt noch kleinere verkrüppelte Birken, vielleicht ein paar Erlen. Erst als es wieder wärmer wurde, konnten sich Bäume wie Buche, Ahorn, Eiche oder Esche etablieren.

An vier verschiedenen Stellen der Einhornhöhle wurden bei Grabungen aber auch Steinartefakte gefunden, was bewies, dass die Höhle einst von Menschen besiedelt wurde, und zwar, wie radiometrische Messungen und die in den gleichen Schichten gefundenen Tierknochen beweisen, 70 000 bis 130 000 Jahre vor unserer Zeit. Damit konnte es sich nur um Neandertaler handeln, denn der Cro-Magnon-Mensch tauchte erst vor knapp 40 000 Jahren auf. Der Neandertaler, klein, gedrungen und muskelbepackt, war eigentlich ein Erfolgsmodell, denn immerhin gab es ihn

212

über etwa 130 000 Jahre hinweg, von vor etwa 160 000 bis mindestens vor 30 000 Jahren. Warum ist er dann ausgestorben? Die genauen Ursachen kennt man nicht, vermutlich ist ein Zusammentreffen verschiedener Faktoren schuld. Aufgrund seiner kräftigen Muskulatur hatte der Neandertaler einen weit höheren Kalorienbedarf und brauchte mehr fleischliche Nahrung als der Cro-Magnon- oder der moderne Mensch. Er war wegen seiner vielen Muskeln und der gedrungenen Gestalt nicht sehr beweglich und konnte nicht über weite Strecken wandern, was vor allem bei der Nahrungssuche ein großer Nachteil war. Außerdem soll er ein Sexmuffel gewesen sein. Die Frauen brachten nach neuesten Erkenntnissen nur etwa alle vier Jahre ein Kind zur Welt. Vor 30 000 Jahren lebten in ganz Europa schätzungsweise nur rund 10 000 Neandertaler. Die konnten auch durch eine Seuche hinweggerafft worden sein. Der Neandertaler ist übrigens keine Unterart des Homo sapiens, wie lange Zeit angenommen, sondern eine eigene biologische Art, die sich parallel zum Homo sapiens aus einem gemeinsamem Vorfahren, dem Homo erectus, entwickelte. Das ergaben DNA-Untersuchungen.

Die Einhornhöhle ist in mehrere Abschnitte unterteilt mit so seltsamen Namen wie »Armesünderkammer« oder »Schillersaal«. In der »Blauen Grotte« befinden sich zwei Deckeneinstürze, die einzigen heute noch vorhandenen natürlichen Zugänge zur Höhle, und in der Nähe von einem davon schlugen Cleo und ich unser Zelt auf.

Es gibt zwar einen offiziellen Besuchereingang und Führungen durch die Höhle, aber ich bildete mir ein, mich durch einen der Deckeneinstürze abzuseilen, wozu ich wieder eine Sondergenehmigung brauchte – und ein ziemlich langes Seil. Die Genehmigung hatte ich mir dieses Mal im Vorfeld besorgt, das Seil in Herzberg gekauft. Das Abseilen war natürlich ein Gag für den Film, was Schräges für zwischendurch mit ein bisschen Action, wo sich der ein oder andere Zuschauer vielleicht auch dachte: Mensch, guck dir den doofen Kieling an. Der schleppt da ein Seil an und müht sich ab und vorn ist ein riesiger bequemer Eingang.

Wie dem auch sei. Cleo musste an diesem Tag am Zelt bleiben, was sie nur widerwillig akzeptierte. Ich stieg über die Umzäunung, die man zum Schutz für Wanderer und Tiere rund um das riesige Loch angelegt hatte, und seilte mich vorsichtig ab. Mit jedem Meter wurde es feuchter und vor allem kälter. Mittlerweile war Frühsommer, es schien endlich einmal die Sonne und war warm, draußen zumindest, hier in der Höhle war es wie in einem Eiskeller.

Auf den Boden der Höhle fiel noch etwas Tageslicht, aber in dem Gang, der weiter in die Höhle hineinführte, war es stockdunkel. Langsam tastete ich mich auf dem Weg voran, wobei meine kleine Stirnlampe keine sonderlich große Hilfe war. Immer wieder schälten sich seltsame, manchmal riesige, bedrohlich wirkende Schemen aus der Dunkelheit, die sich beim Näherkommen als harmlose Nachbildungen von Höhlenbären, Höhlenlöwen und Neandertalern entpuppten, die den Besuchern die Welt von damals veranschaulichen sollten. Für ein Kind, so dachte ich mir, muss das bestimmt gruselig sein, wenn auf einmal ein gewaltiger, hoch aufgerichteter Höhlenbär oder ein Höhlenlöwe vor ihm steht. Ich marschierte weiter, und auf einmal sah ich ein gutes Stück vor mir Licht und in diesem Licht eine weitere Figur. Aber diese Figur bewegte sich. Ich ging darauf zu. Ein Mann saß da umgeben von Scheinwerfern und grub im Höhlenboden. Um ihn nicht zu erschrecken, sprach ich ihn schon von Weitem an.

»Nanu, wo kommen Sie denn her?«, wollte er wissen. »Jetzt ist doch gar keine Führung.«

»Ich habe mich da hinten abgeseilt«, erklärte ich, während ich mit einer Hand über meine Schulter zur Blauen Grotte deutete, und setzte sicherheitshalber gleich hinzu: »Aber das ist in Ordnung, ich habe eine Genehmigung dafür.«

»Ah, Sie sind das.«

Offenbar kam es nicht oft vor, dass jemand um eine solche Erlaubnis bat.

Dr. Ralf Nielbock ist Geologe und Wirbeltier-Paläontologe. Er beziehungsweise der von ihm gegründete Förderverein »Gesellschaft Unicornu fossile e.V.« hat die Höhle von der Eigentümerin, der Gemeinde Scharzfeld, gepachtet, um sie »geotouristisch« zu erschließen und natürlich zu erforschen. Die Höhle ist zwar wunderschön, aber um richtig viele Besucher – und Forschungsgelder – anzuziehen, fehlt noch ein Highlight. Die Tiere, die man bislang gefunden hat, waren damals Allerweltstiere. Man weiß heute sehr viel über den Höhlenlöwen, den Höhlenbären oder Höhlenhyänen. Mitte der 1980er-Jahre hat Ralf Nielbock mit den Grabungen begonnen und scharrt, kratzt und fegt seither unverdrossen über den Höhlenboden. Seit über 25 Jahren.

Allmählich kroch mir die Kälte in die Glieder und ich begann mir in die Hände zu hauchen und die Arme zu reiben.

»Das muss doch hier, also, Sie müssen doch ständig erkältet sein, ständig frieren!«, sagte ich.

»Nö, man gewöhnt sich daran«, meinte Herr Nielbock, der tatsächlich nur eine Weste über dem Hemd trug.

Herr Nielbock bot mir eine Führung durch die Höhle an, und so marschierten wir gemeinsam los. Draußen scheint die Sonne, die wird dich bald wieder wärmen, sagte ich mir, und im Reiseführer steht, dass es am Eingang einen Kiosk gibt, der sogar warme Speisen und Getränke hat. Nach wenigen Minuten hatte ich die Kälte vergessen. Vielleicht, weil es gar nicht so kalt war, wie ich es zu Anfang empfunden hatte, als ich aus der Wärme in die Höhle abstieg, wahrscheinlicher jedoch, weil die Führung so interessant war. Herr Nielbock erzählte mir, dass er sehr viele Knochen gefunden hat, auch von steinzeitlichen Menschen bearbeitete, aber noch keine Beerdigungsstätte, was sehr außergewöhnlich ist. Er hoffte, irgendwann auf ein Neandertalerskelett zu stoßen. Er erzählte mir außerdem, dass Schiller schon in der Einhornhöhle gewesen war, Goethe ebenfalls. Der Anatom Rudolf Virchow hatte hier gegraben. Unzählige andere prominente Besucher haben in einer Halle am Eingang ihren Namen in den Fels geritzt. Höhlen waren früher nur was für Mutige; schließlich stieg man ja in die Unterwelt ab.

»Da, wo Sie eingestiegen sind, drückt sich schon mal ein Fuchs oder ein Dachs irgendwie unter der Absperrung durch oder ein kleines Wildschwein, und – *plumps!* – fallen sie in das Loch«, erklärte mir der Forscher. »Wie schon vor 25 000 Jahren. Die Neandertaler brauchten nur dazusitzen und zu warten, dass ihnen sozusagen die gebratenen Tauben auf den Kopf fielen.«

»Hm, sehr praktisch«, meinte ich.

»Gereicht hat das nicht. Auf Jagd mussten sie trotzdem gehen.«

Von dem ganzen Gerede übers Essen waren Cleo und ich hungrig geworden. Da ich so richtig Lust auf Angeln hatte und es in einem kleinen Fluss in der Nähe vor Bachforellen wimmeln sollte, ließen wir den Kiosk am Ausgang der Einhornhöhle links liegen, holten uns einen Tagesangelschein und setzten uns ans Wasser. Cleo und ich waren weit und breit die Einzigen, was mich etwas skeptisch stimmte, ob in dem Fluss wirklich so viele Forellen waren. Umso überraschter war ich, dass gleich der erste Wurf ein Biss war. Ich frage mich bis heute, warum in diesem Fluss niemand angelte, obwohl das Angeln dort erlaubt war.

Cleo war von ihrer Welpenzeit an ein bisschen wasserscheu gewesen. Sie ging zwar gern bei Regen spazieren, lief auch durch dickes, hohes nasses Gras oder im Flachwasserbereich eines Baches, aber sich ganz ins Wasser zu stürzen war bis dahin nicht ihr Ding. An jenem Tag jedoch platzte der Knoten. Ich hatte also eine Forelle am Haken, die ich drillen, sprich: ermüden wollte. Die Forelle war ziemlich groß und stark und meine Angelrute eher klein und schwach. Ganz vorsichtig versuchte ich sie ins Kehrwasser zu bringen, sie zog allerdings wieder in die Strömung hinein. Auf einmal sprang der Fisch aus dem Wasser, Cleo sah ihn und stürzte sich in das Flüsschen. Verfolgte ihn. Mir kippte regelrecht die Kinnlade nach unten. Was jetzt?, fragte ich mich, nachdem ich mich von meiner Überraschung erholt hatte, denn ich wollte weder den Fisch verlieren, noch dass sich Cleo womöglich in der Schnur verheddertе. Tatsächlich passierte genau das: Cleo verfing sich mit den Beinen in der Schnur! Doch ohne groß darauf zu achten, schnappte sie sich die Forelle. Mensch, jetzt schluckt sie noch den Blinker!, dachte ich erschrocken. Der Blinker ist der dreizackige Haken mit einem kleinen Blechfisch dran.

Im nächsten Moment riss die Schnur, Cleo konnte sich wieder frei bewegen, schwamm mit der Forelle im Maul an Land und legte sie mir vor die Füße.

»Ganz toll, Cleo! Das hast du gut gemacht!«, sagte ich zu ihr, denn natürlich musste ich sie jetzt loben.

Wir fingen an dem Nachmittag weitere sechs oder sieben Forellen. Da pro Tag nur zwei erlaubt waren, behielten wir die zwei dicksten und setzten die anderen zurück ins Wasser. Am Abend grillten wir die Fische über einem Lagerfeuer vor dem Zelt. Cleo verputzte Schwanz und Kopf, und zwar komplett, ich bekam die Filets. War das lecker! Frische Bachforelle vom Lagerfeuer, da kann kein Gourmetrestaurant mithalten.

Der Luchs

Seit nunmehr zehn Jahren, als im April 2000 mit dem »Luchsprojekt Harz« der Versuch zur Wiederansiedlung der größten Katze Europas gestartet wurde, ist der Luchs ein Dauerthema im Harz und sorgt für Zündstoff, in erster Linie zwischen Jägern und Naturschutzverbänden.

Bis in die Neuzeit hinein war der Luchs, genauer: der Eurasische Luchs, fast in ganz Europa heimisch. Dann wurde er in Westeuropa nach und nach ausgerottet: 1850 wurde der letzte Luchs Deutschlands in den bayerischen Alpen getötet, um die Jahrhundertwende sein letzter Schweizer Artgenosse. In Österreich wurde der letzte Luchs 1918 erlegt und so weiter und so fort. Grund war wie so oft, dass der Luchs, nach dem Bären und dem Wolf das drittgrößte Raubtier Europas, in direkter Nahrungskonkurrenz zum Menschen stand.

Nun ist es aber so, dass es im Harz sehr viel Rotwild gab, auch ziemlich viele Rehe; so viele, dass sie dem Wald nicht gut getan haben. Weil wir ja nun ein neues Naturverständnis haben, dachte man sich, lasst uns doch hier mal ein paar Luchse aussetzen und gucken, ob sie wieder heimisch werden und das Schalenwild ein bisschen eindämmen. Und genau das tat der Luchs: Er räumte erst einmal ordentlich beim Rehwild auf, eliminierte alles, was alt, schwach, krank oder unaufmerksam war. Als leichte Beute unter den Rehen knapp wurde, nahm er sich Rotwild vor, denn dank seiner Größe – Schulterhöhe bis zu siebzig Zentimeter, Kater beziehungsweise Kuder werden im Schnitt zwanzig bis 25 und maximal 37 Kilo schwer, Weibchen erreichen durchschnittlich 15 bis zwanzig und höchstens 29 Kilogramm –, seiner kräftigen Reißzähne und gewaltigen Pranken ist der schnelle wendige Jäger in der Lage, zumindest Hirschkälber zu töten. Im Nationalpark Bayerischer Wald gibt es einen Luchs, der tötet sogar Hirschkühe, also Tiere, die mindestens doppelt so schwer sind wie er selbst. Das ist schon recht beachtlich. Zumal der Luchs wie alle Katzen mit Ausnahme der Löwen ein Einzelgänger und daher bei der Jagd auf sich allein gestellt ist.

Weil nun die Luchse so schön für Ordnung sorgten und die verbliebenen Rehe eben wegen der Luchse deutlich scheuer wurden, kommt den Jägern nicht mehr so viel Wild vor die Büchse, weswegen sie nicht mehr bereit sind, die teuren Pachtpreise für die Reviere zu bezahlen. Der Luchs kann sich aber nur dann in Deutschland wieder etablieren, wenn alle an einem Strang ziehen und tolerant sind: Jäger, Bevölkerung und Naturschutzverbände. Interessanterweise hat die Bevölkerung mit dem Luchs kein Problem; vielleicht, weil er eine Katze ist. Im ganzen Harz wird man keinen finden, der sagt: »Oh, ich fühl mich jetzt irgendwie nicht mehr ganz wohl hier, weil es wieder Luchse gibt.« Ganz anders bei Wölfen. Da werden die Leute gleich hysterisch: Hilfe! Wölfe in unserer Nähe. Sofort flammt die alte Fehde zwischen Mensch und Wolf auf. Rotkäppchen und der Wolf, der Wolf und die sieben Geißlein und all diese Geschichten. Wenn ein Bär auftaucht, wissen wir ja, was passiert, siehe Bayern und Bruno. Chaos und volle Zeitungen.

219

Der Luchs wäre durchaus in der Lage, einen Menschen anzugreifen. Und sähe man sich im Wald plötzlich einem ausgewachsenen Luchs gegenüber, bekäme man es sicher mit der Angst, weil wir den Anblick so großer Räuber nicht gewohnt sind. Es liegt aber überhaupt nicht in der Natur dieser Tiere, Menschen anzufallen. Wobei auch hier Ausnahmen die Regel bestätigen. Wenn ein Luchs seinen Nachwuchs bedroht sieht oder sich in die Enge getrieben fühlt, wird er einen Menschen attackieren. Grundsätzlich gehören wir aber nicht in sein Beuteschema. Der Luchs ernährt sich von Tieren. Punkt. In Alaska zum Beispiel, wo die Huftiere zu groß für einen Luchs sind, lebt er in erster Linie von Schnee- und Schneeschuhhasen und steigt und fällt die Luchspopulation mit dem »Angebot« an Hasen.

Der ein oder andere Luchs kommt mal abends an den Stadtrand und frisst den Katzen die Milch und das Whiskas aus den Schälchen. Zu sehen bekommt man die Tiere trotzdem äußerst selten. Der Luchs ist schon durch sein geflecktes Fell hervorragend getarnt. Wenn er sich dann noch auf den Boden drückt, läuft man wenige Meter an ihm vorbei, ohne ihn wahrzunehmen. Dieses sich drücken ist typisch für Katzen. Sie vertrauen ganz auf ihre Tarnfärbung, nach dem Motto: »Ich seh dich, und ich krieg dich; aber du, du weißt nicht, wo ich bin, denn ich bin unsichtbar.« Luchse verlassen sich übrigens sehr stark auf ihre Augen und ihr Gehör – nicht umsonst gibt es die Redensart, dass jemand »Ohren wie ein Luchs« hat, eine andere Redensart spricht davon, dass jemand »Augen wie ein Luchs« hat; ihr Geruchssinn ist nicht so gut ausgeprägt.

In einem altehrwürdigen Bau an der Oder – nicht zu verwechseln mit dem großen Bruderfluss in Brandenburg –, der ehemaligen »Königlichen Oberförsterei Oderhaus«, wie ein jahrhundertealtes Schild neben der Eingangstür bezeugt, ist heute eine Nebenstelle der Nationalparkverwaltung untergebracht. Dort traf ich einen der Luchsbeauftragten des Nationalparks Harz.

»Mein Handy piepst, der Luchs meldet sich«, sagte Ole Anders, der junge, dynamische Mann mit Traumjob, kaum dass wir uns begrüßt hatten und dabei gleich zum Du übergegangen waren, und zog sein Handy hervor.

»Haben bei euch die Luchse schon Mobiltelefon?«, fragte ich.

»Nein«, lachte er. »GPS-Telemetrie. Wir haben Luchse mit Sendehalsbändern versehen, deren Daten per GPS an mehrere Satelliten gesendet und von dort an die Bodenstation in unserer Zentrale weitergegeben werden. Und wenn es irgendwelche Besonderheiten gibt, kriege ich eine SMS von der Zentrale, sprich den Satelliten, sprich dem Luchs. Ich muss mal gucken, was da los ist.«

»Das funktioniert, wenn ich das richtig verstanden habe, wie ein Navi in einem Auto. Ihr wisst jetzt immer genau, wo die Luchse sind, ohne wie früher mit unhandlichen Empfangsgeräten kreuz und quer durch die Prärie laufen zu müssen?«, wollte ich wissen, nachdem Ole sein Handy wieder eingesteckt hatte.

»Mehr oder weniger«, nickte er. »Die Daten kriegen wir nicht permanent, sondern in bestimmten Abständen. Aber man erfährt so, ob sich ein Luchs bewegt oder an einer Stelle bleibt. Wenn das Signal lange von derselben Stelle piept, so wie jetzt offenbar, ist irgendwas im Busch. Entweder ist der Luchs tot – überfahren, geschossen, verunglückt –, oder er hat Beute gemacht und hält sich lange an diesem Riss auf. Es muss dann ein ziemlich großer Riss sein, denn einen Hasen oder ein Rehkitz hätte er auf einen Sitz gefressen und wäre weitergezogen. Luchse haben ja zum Teil einen ziemlich großen Aktionsradius; das Streifgebiet kann mehrere Hundert Quadratkilometer umfassen. Ich schau mal nach, was da los ist. Kommt ihr mit?«

Klar, dass Cleo und ich uns das nicht entgehen ließen!

Ole holte eine GPS-Karte und schaute nach, wo wir den Luchs finden müssten.

»Ziemlich weit weg. Wir nehmen das Auto«, entschied er.

Auf der Fahrt dahin unterhielten wir uns über Luchse, über die Vorurteile seitens der Jäger, ob wir nun zu viel Rehe, Hirsche oder Wildschweine in unseren Wäldern haben, wie das reguliert werden sollte und all solche Dinge. Ole hatte im Grunde dieselbe Einstellung wie ich: Leben und leben lassen. Dass es zwar sehr schwierig sei, allen gerecht zu werden, vor allem in einem so dicht besiedelten Land: den Menschen generell, den verschiedenen Interessengruppen, den Tieren und der grandiosen Natur, die wir in Deutschland an so vielen Stellen haben, dass es uns Deutschen aber auch an Toleranz fehlt.

In einem Tal mit vereinzelten Wiesen, die von dichtem Wald umsäumt waren, hielt Ole den Wagen an. Wer schon mal im Hochharz war, weiß: Da gibt es eigentlich nur Fichten, sprich, es ist furchtbar dunkel, richtige Schwarzwaldstimmung. Und die vielen dunkelgrauen Granitbrocken lassen ihn noch düsterer wirken, fast mystisch.

»Hm, das Signal kommt jetzt von da«, meinte Ole, der den Luchs mit einer Telemetrieantenne nun direkt anpeilte, und deutete auf eine Dickung – »der hat uns mitgekriegt und sich da hinein verzogen. Die Stelle, wo das Signal den ganzen Tag über herkam, liegt ungefähr einen halben Kilometer entfernt. Da müsste eigentlich die Beute sein; falls es Beute war und falls der Luchs sie nicht mittlerweile woanders versteckt hat. Dass er da in einer Falle saß und sich selbst befreit hat, ist unwahrscheinlich, weil wir hier im Nationalparkgebiet sind.«

»Wenn er Beute gemacht hat, ist das für Cleo kein Problem. Die kann uns mit Sicherheit zu dem Riss führen.«

Doch zuerst versuchten wir so nah wie möglich an den Luchs heranzukommen. Cleo bekam keine Witterung von ihm, weil der Wind die ganze Zeit über von der Seite kam. Der Luchs hat uns wahrscheinlich gesehen, auf alle Fälle gehört, trotzdem kam das Signal unverändert von derselben Stelle. Dass das Tier nicht flüchtete, fand ich sehr interessant, denn immerhin hatten wir Cleo dabei. Nachdem wir uns bis auf zirka zweihundert Meter genähert hatten, gab es kein Weiterkommen mehr, und wir ließen es gut sein.

Nun ließ ich Cleo in das Tal hinein suchen. Erst suchte sie am Boden und nahm alle möglichen Fährten, weil sie nicht so recht verstand, was ich wollte, denn sie ist natürlich auf frische Fährten eingearbeitet und nicht auf irgendwelche Kadaver. Irgendwann nahm sie aber die Nase hoch und witterte in die Luft rein, und da war mir klar, dass sie jetzt das Beutetier des Luchses in der Nase hatte.

»Such voran, so ist's recht!«, lobte ich Cleo immer wieder, während Ole und ich uns von ihr führen ließen.

Es dauerte keine drei, vier Minuten, da standen wir auf einer kleinen Lichtung vor einem großen unordentlichen Grashaufen, unter dem der Kopf eines Rotwilds hervorschaute. Nachdem Ole und ich das Gras zur Seite geräumt hatten, stellte sich heraus, dass es eine einjährige Hirschkuh war. Der Leib war aufgebrochen, und zwar, wie Ole schnell feststellte, definitiv von einem Luchs, und es fehlten neben den Innereien bereits erhebliche Teile aus der Keule und vom Rücken. Nachdem sich der Luchs satt gefressen hatte, hatte er sich wahrscheinlich danebengelegt und erst einmal geschlafen, und schließlich, bevor er sich die Füße vertreten ging, die Beute abgedeckt, um sie vor Fressfeinden wie Wolf, Bär, Fuchs, Dachs oder Baummarder zu verstecken. Dieses Verstecken ist mehr ein ritualisiertes und symbolisches Handeln, denn wenn Cleo den Riss findet, finden ihn natürlich auch Beutegreifer – von Greifvögeln einmal abgesehen, die rein mit den Augen und nicht mit der Nase jagen. Dieses Verhalten zeigen viele Raubtiere, auch zum Beispiel Bären und Tiger.

»Meinst du, dass der Luchs noch mal hierher zurückkommt oder jetzt erst einmal über Berg und Tal verschwindet, weil wir ihn mehr oder weniger an seiner Beute gestört haben?«, wollte ich wissen.

»Nö, der kommt wieder. Da mach dir mal keine Sorgen. Vielleicht vergeht ein Tag, aber ich wette darauf, dass er dann wieder an seinem Riss frisst.«

Luchse sind eigentlich Frischfleischfresser, erklärte mir Ole, aber wenn sie die Möglichkeit haben, längere Zeit von einem Beutetier zu leben, dann tun sie das auch. In der Regel reißen sie etwa einmal die Woche ein Reh, was sich immerhin zu gut fünfzig Rehen pro Jahr addiert. Pro Luchs! Ein Hirschkalb würde ihn zwar theoretisch über zwei Wochen satt machen, aber dann dürfte das Fleisch derart vergammelt sein, dass er nicht mehr rangeht. Im Winter allerdings, wenn die Natur den großen Kühlschrank aufstellt, fressen alle großen Beutegreifer zum Teil extrem lange von einem Kadaver.

»Soll ich dir Luchse zeigen?«, fragte Ole. »Also richtig nah? Willst du mal ein paar schöne Fotos schießen?«

»Ja, klar«, nickte ich.

Im Nationalpark Harz, der knapp 250 Quadratkilometer umfasst, gibt es ein riesiges naturbelassenes, sehr schönes Schaugehege, in dem in zwei verschiedenen Bereichen je zwei Luchse leben. Da der ältere, sehr zerklüftete Teil den Tieren zu viele Rückzugs- und Deckungsmöglichkeiten bot, hat man das Gehege vor wenigen Jahren um einen 1500 Quadratmeter großen Hang erweitert, der recht gut einsehbar ist. Eine »Luchs-Garantie« hat man selbst da nicht. Da Tiere in Gehegen natürlich gefüttert werden müssen, bietet die Fütterungszeit die Chance, einen Luchs zu Gesicht zu bekommen. Und damit der Zaun nicht den Blick auf die Tiere stört, gibt es eine dreieinhalb Meter hohe Zuschauertribüne an der Stelle, wo die Luchse regelmäßig mit großen Stücken Fleisch gefüttert werden – meistens mit Fleisch von überfahrenem, geschossenem oder Fallwild, aber auch mit Totgeburten von Nutzvieh.

Doch wozu eigentlich Schaugehege in einem Nationalpark? Viele Besucher, die durch einen Nationalpark wandern, erhoffen sich, dass ihnen seltene Tiere sozusagen über die Füße springen. Und so mancher kommt dann völlig frustriert nach Hause und sagt:»Ja, also, tolle Landschaft, tolle Berge, schöner Stausee. Aber ich hab nur zwei Eichhörnchen gesehen, einen Schwarzspecht, fünf Eichelhäher, einen Kolkraben und einen Milan ganz hoch in der Luft« – interessanterweise immer viele Vögel; man sieht eher einen seltenen Vogel als ein seltenes Säugetier, weil Vögel sich nun mal im Luftraum den Blicken nicht entziehen können – »ach ja, und eine Wildkatze.« War natürlich keine.

Aber was er eigentlich sehen wollte, nämlich Luchse, Wölfe, Rotwild in freier Natur, das bekam er nicht zu Gesicht. Wild lebende Tiere sitzen halt nicht wie im Zoo quasi auf dem Präsentierteller.

Gehege in Nationalparks – ein Spagat oder, um es positiver auszudrücken, ein Mittelweg zwischen freier Wildbahn und Tierpark – findet man mittlerweile recht häufig.

So wie der Nationalpark Harz ein Luchs- und ein Auerwild-gehege hat, gibt es zum Beispiel im Nationalpark Bayerischer Wald ein Wolfs- und ein Bärengehege. Wenn man mal von den Fütterungszeiten absieht, hat man, wie schon erwähnt, zwar keine Garantie, die Tiere in natürlicher Umgebung zu sehen – aber gute Chancen. Wenn man sich irgendwo ruhig hinsetzt und der Luchs, Bär oder Wolf nicht gerade im Tiefschlaf hinter irgendeinem Busch liegt, wird man ihn früher oder später wahrscheinlich zu Gesicht bekommen. Man ist innerlich angespannt, konzentriert, das Jagdfieber ist geweckt. Das Tier dann tatsächlich zu sehen ist die Belohnung für genaues Schauen, für Geduld, für Ausharren. Und man wird erstaunt feststellen, wie imposant die Tiere in freier oder halbwegs freier Natur sind. All das wird man in einem Zoo nicht empfinden.

Das ist ein ganz wichtiger Aspekt und, wie ich glaube, ein ganz wichtiger psychologischer Effekt, der bei vielen Menschen ein verstärktes Interesse an einem Tier auslöst, vielleicht sogar den Wunsch, zum Schutz dieser Tierart, seiner Lebenswelt und generell der Natur beizutragen, sodass sie sich sagen: Nationalpark finde ich gut, da spende ich mal zwanzig Euro. Manche finden durch solche Erlebnisse zu einem ganz neuen Umweltbewusstsein. Insofern haben die Schaugehege in Nationalparks eine ganz wichtige Aufgabe und ihre Berechtigung.

Ich durfte Ole ausnahmsweise in das Luchsgehege begleiten, das für »normale« Besucher sonst nicht zugänglich ist, und hatte das große Glück, so nahe an einen der Luchse heranzukommen, dass ich seinen Kopf mit den lustigen Pinselohren fast formatfüllend ins Bild bekam. Cleo hatte draußen bleiben müssen, ganz klar, denn die Luchse hätten sie mit Sicherheit angegriffen und schwer verletzt, wenn nicht gar getötet.

»Wie viele Luchse leben denn außerhalb des Geheges im Harz?«, fragte ich Ole auf dem Rückweg zur Königlichen Oberförsterei.

Eine genaue Zahl konnte er mir nicht nennen. Zwischen Sommer 2000 und Herbst 2006 waren 24 Luchse ausgewildert worden, und seit Sommer 2002 gab es nachweislich in jeder Saison Nachwuchs. Da aber immer wieder mal Luchse ab- und zuwandern und der ein oder andere dem Straßenverkehr zum Opfer fällt, kann man die Population nur schätzen. Für das Jahr 2009 ging man aufgrund zufälliger Sichtbeobachtungen, Rissfunde und Spuren im Schnee von etwa zwanzig Alttieren aus.

Brocken-Benno

Wer im Harz ist, der muss auf den Brocken. Das geht gar nicht anders. Goethe war oben, Eichendorff durchlebte dort eine »grauenvolle« Gewitternacht und Heine sinnierte auf dem Brocken über den Charakter des »deutschesten aller deutschen Berge«, wie er ihn nannte. »Allzuviel Pöbel«, beschwerte sich denn schon 1916 der Heidedichter Hermann Löns, »fährt sonntags durch den Harz und verschandelt das Land mit Papier und Flaschenscherben.« 1961 war damit Schluss. Der Brocken lag nun im Sperrgebiet, und sein Gipfel wurde militärisch massiv ausgebaut. Unter anderem errichteten die Stasi und der sowjetische Militärgeheimdienst GRU dort große Abhöranlagen, mit denen man bis nach England spionieren konnte.

Seit 1989 ist der sagenumwobene Berg wieder für Besucher zugänglich. Und sie kommen in Massen. Schon an einem durchschnittlichen Tag, das heißt einem, an dem

227

das typische Brockenwetter den Blick nach allen Seiten hin vernebelt, finden sich allen Widrigkeiten zum Trotz um die 8000 Wanderer auf dem Gipfel ein, darunter etliche Schulklassen. Und an sonnigen Feiertagen sollen schon bis zu 60000 (!) zwischen Brockenhaus – der ehemaligen Abhöreinrichtung, auch »Stasi-Moschee« genannt –, ehemaligem Fernsehturm, zurückgelassenen Militäranlagen und Gulaschkanone herumgewandert sein. Bei klarem Wetter hat man aber auch eine grandiose Aussicht: mehr als zweihundert Kilometer. Da kann man bis weit hinter die Wartburg und den Inselsberg sehen.

Der Brocken ist voller Geschichten. Walpurgisnacht und Brockengespenst habe ich schon erwähnt. Außerdem kann man dort prima Hexenmilch (Eierlikör mit heißer Milch) trinken und Brockensplitter (Dreiecke aus Haselnusskrokant mit Schokoüberzug) essen. Man kann sich dem Charme vergangener Zeiten hingeben und sich von einer alten Dampflok der Harzer Schmalspurbahnen den Berg hochfahren lassen – wobei: Wenn man sieht, was die aus ihrem Schornstein pustet, geht man doch lieber zu Fuß. Und dann gibt es noch etwas beziehungsweise jemand ganz Besonderes: Brocken-Benno.

Brocken-Benno, der mit bürgerlichem Namen Benno Schmidt heißt, wandert fast täglich zum Gipfel – seit 3. Dezember 1989. Um genau an seinem 75. Geburtstag im Mai 2007 den 5000. Aufstieg feiern zu können, lief er an manchen Tagen sogar zweimal hoch. Längst steht er im Guinness-Buch der Rekorde, aber er macht weiter. Übrigens: Im Mai 2010 riss er die 6000er-Marke. Von alledem wusste ich nichts, als ich mich mit Cleo – bei schönstem Wetter übrigens – an den Aufstieg machte.

Etwa auf halber Höhe, wo man Richtung Nordwesten einen grandiosen Blick nach Goslar und mehr Richtung

Norden nach Hannover hat, legten Cleo und ich ein Päuschen auf einer Bank ein, teilten uns ein Brot, tranken einen Schluck Wasser und grüßten, wie es sich gehört, die Wanderer, die vorbeikamen. Donnerwetter, geht der mit einem Zahn den Berg hoch!, dachte ich mir bei einem älteren Herrn, der wie der klassische Wandervogel aussah: Hütchen mit ganz vielen Abzeichen und Buttons, kleiner Rucksack, Kniebundhosen, aus denen dünne Beine stakten. Ganz durchtrainierter Asket.

»Sie haben es aber eilig«, sagte ich, nachdem wir uns gegrüßt hatten.

»Kennen Sie mich denn nicht?«, fragte er daraufhin.

»Nö.«

»Was? Sie kennen mich nicht?«, wunderte er sich, in einem Ton, der nichts anderes hieß als: Mich kennt hier jeder! Mag sein, ich jedenfalls kannte ihn nicht, und Cleo übrigens auch nicht. »Ich bin Benno, auch Brocken-Benno genannt«, stellte er sich vor und drückte mir sofort eine Visitenkarte in die Hand. Wir hatten noch nie von diesem Mann gehört.

Na, das ist ja ziemlich schräg, dachte ich mir nach einem Blick auf die Karte, der hat sogar eine Website: www.brocken-benno.de. Am Brocken tummelte sich ja alles mögliche Volk. Da quälte sich der Mountainbiker hoch, da kam grölend eine Gruppe Männer angewackelt, die schon so kopflastig waren, dass man darauf hätte wetten können, dass sie den Gipfel nicht mehr schaffen. Da Vatertag war, sollten sie nicht die letzten Betrunkenen bleiben, die an jenem Tag am Brocken anzutreffen waren. Alte Leute, junge Leute. Durchgestylte Edelhiker im Fjäll-Räven-Outfit. Dann natürlich die zweite Liga, im Jack-Wolfskin-Dress, last not least die »normalen« Wanderer in Noname-Klamotten. Aber ein Typ, der sich nach dem Brocken benennt? Und der offenbar so bekannt ist, dass er sogar Visitenkarten mit seinem Spitznamen hat? Oder einfach nur verrückt?

Während sich Brocken-Benno noch von der Tatsache erholte, dass Cleo und ich ihn nicht kannten, kamen zwei ziemlich angeheiterte, sehr lustige Männer auf uns zu.

»Ich werd verrückt!«, sagte der eine und stupste den anderen an, »Ich werd verrückt! Das halt ich nicht aus! Da sitzt der Bärenmann!« Und dann richtig laut: »Sie sind doch der Bärenmann! Und guck mal! Da sitzt Cita! Mensch! Was machen Sie denn hier?«

Die beiden verursachten einen derartigen Tumult, dass sich in wenigen Augenblicken etliche Menschen um uns versammelten. Dann kam eine Oma mit ihrem Mann und noch zwei Omas im Schlepptau an.

»Der Bärenmann! Der Bärenmann!«, rief sie, als hätte sie eine Erscheinung. »Ilse, mir wird ganz schlecht!«, japste sie und ließ sich auf die Bank fallen.

Ist das hier jetzt »Versteckte Kamera« oder was?, fragte ich mich. Das kann ja wohl nicht sein, dass die Leute wegen eines C-Promis und der vermeintlichen Cita derart aus dem Häuschen geraten. Was haben die bloß? Ich bin hier nur am Brocken. Kein Bär in der Nähe, kein Komodowaran, kein Salzwasserkrokodil, kein Schneeleopard, nichts! Das Ganze war wie ein schräges Bühnenstück.

Die beiden Männer nahmen nun erst einmal einen Schluck aus dem Flachmann, und ich versuchte die Oma zu beruhigen.

»Ach, wie geht's denn Ihrem Sohn?«, war gleich ihre Frage.

»Dem geht's wunderbar, machen Sie sich keine Sorgen. Der ist schon einen halben Kopf größer als ich und ganz prächtig.«

230

»Ach, und Cita!«, stammelte sie, und das klang wie:
Dass ich das noch erleben darf. Und dann wieder: »Ilse,
mir ist ganz schlecht!«

»Geben Sie der Oma doch mal einen Schluck aus Ihrem
Flachmann!«, forderte ich die beiden Männer auf.

»Nein, nein, ich trinke nicht«, lehnte sie dankend ab.

Es war sehr, sehr seltsam. Derweil blieben nämlich immer mehr Leute stehen. Das ist dieser typische Effekt: Da
steht ein Straßenmusikant und spielt, und keiner beachtet
ihn. Dann stellen sich vier Leute dazu und lauschen, und
auf einmal denken zwanzig andere, das muss etwas ganz
Besonderes sein, und stellen sich ebenfalls dazu. Alle
wollten nun wissen, wie es Erik geht und »Cita« streicheln.
Da stellte ich erst einmal klar, dass »Cita« nicht Cita war,
sondern Cleo, die Nachfolgerin.

Für das Ego ist es natürlich schön, wenn man erkannt
wird, aber ich ärgerte mich und ärgere mich bis heute immer ein bisschen, wenn ich nur als Bärenmann erkannt
werde, weil ich doch auch andere – und wie ich finde sehr
schöne – Filme fürs ZDF und für National Geographic
mache, und frage mich in solchen Momenten, ob denn keiner zum Beispiel die »Expeditionen zu den Letzten ihrer
Art« gesehen hat.

Dann passierte etwas ganz Wunderbares. Es kam eine
Gruppe älterer Männer, die regelmäßig die Wanderwege
Deutschlands abmarschieren. Mit Wanderbüchern, in denen sie sich ihre Routen abstempeln lassen, mit Wanderstock samt Emblemen und allem drum und dran. Wahrscheinlich wären sie an einem anderen Tag an einem
anderen Ort einfach an mir vorbeigelaufen, aber wegen all
der Menschen um mich herum schauten sie genauer hin,
erkannten mich, einer wusste sogar meinen Namen – »Ah,
der Kieling«. Und dann sagten zwei von ihnen: »Ich ziehe

meinen Hut vor Ihnen!«, und lüpften ihn tatsächlich. Das hat mich so berührt, dass mir fast die Tränen in die Augen stiegen. Unter Förstern ist den Hut zu ziehen nämlich die höchste Ehrerbietung, die man jemandem erweisen kann.

Brocken-Benno verteilte währenddessen seine Visitenkarten und war ziemlich sauer, weil ihn keiner so recht wahrnahm, obwohl doch er der Star hier war. Und eines muss gesagt sein: Brocken-Benno ist am Brocken wirklich ein Star, und zu Recht. Ich finde es eine ganz beachtliche Leistung, dass dieser Mann mit seinen weit über siebzig Jahren fast täglich – oder manchmal eben zweimal pro Tag – den Brocken bezwingt. Außerdem ist er ein netter Kerl. Als die ganze Aufregung gerade ein bisschen am Abklingen war, tauchte die nächste Truppe Männer auf Vatertagsausflug auf. Jeder von ihnen hatte eine Flasche Wurzelpeter in der Hand, und allesamt waren sie derart betrunken, dass sie nicht mehr geradeaus schauen konnten. Die liefen schnurstracks an mir vorbei, auf Brocken-Benno zu.

»Mensch, du bist doch der Brocken-Benno! Dich kenn ich aus dem Fernsehen! Och, das gibt's doch nicht! Nimm mal einen Schluck!«

Brocken-Benno trinkt nie, aber nun war für ihn die Welt wieder in Ordnung.

Brocken-Benno und ich gaben ein paar Autogramme, posierten für Fotos in den unterschiedlichsten Kombinationen – er allein, ich allein, wir beide, ich mit Cleo, alle drei zusammen –, dann machten sich die Leute nach und nach wieder auf den Weg zum Gipfel.

Ich fragte Brocken-Benno, ob ich mit ihm zusammen hochwandern dürfe, es wäre eine große Ehre für mich. Das sei es für ihn auch, meinte er, und so marschierten wir los. Allerdings legte Brocken-Benno ein solches Tempo vor, dass ich für all die Fragen, die ich ihm hatte stellen wollen, keine Luft mehr hatte. Selbst ohne zu reden schaffte ich es nur mit Müh und Not, mit ihm Schritt zu halten. Peinlich, peinlich! Wo ich mir doch immer eingebildet hatte, dass ich für mein Alter richtig fit sei. Mussten die Fragen halt warten, bis wir auf dem Plateau angekommen waren.

»Warum so oft? Warum jeden Tag? Hoch, runter, wieder hoch und wieder runter. Und das seit zwanzig Jahren. Fast täglich, manchmal zweimal am Tag! Bei jedem Wetter«, fragte ich, als ich wieder genug Atem hatte. Und da ich mittlerweile wusste, dass Brocken-Benno Humor hat, setzte ich nach: »Haben Sie zu Hause eine böse Frau, oder treibt Sie die Unruhe?«

»Der Schauspieler Uwe Steimle hat einmal gesagt: ›Wir brauchen viel mehr Leute mit einer Macke. Alles, was verrückt ist oder fern der Norm, ist ein Stück Kultur und bereichert unser Leben.‹«, zitierte Brocken-Benno schmunzelnd.

Ursprünglich war es die Freude darüber, überhaupt wieder auf den Brocken zu dürfen, den er jahrzehntelang direkt vor der Nase gehabt hatte, dem er aber nicht zu nahe kommen durfte. Dann, schon kurz nach der Wende, hörte Brocken-Benno, dass ein Wessi behauptete, er wäre am häufigsten auf den Brocken gestiegen, und dachte sich: Das darf nicht sein. Es muss ein Ossi sein, der am häufigsten auf dem Brocken war, schließlich liegt der Berg in Sachsen-Anhalt. Und da sich Brocken-Benno jede Wanderung in seinem Brocken-Pass (mittlerweile hat er den 57. oder so) abstempeln ließ, ist sein Rekord belegt. Im Fernsehen, beim NDR oder MDR, ist er immer für eine Geschichte gut. Selbst im *Spiegel* wurde schon über ihn berichtet. Brocken-Benno ist einfach ein norddeutscher Star, da führt kein Weg dran vorbei.

Meine Einladung auf eine Bockwurst lehnte Brocken-Benno ab, er hielt sich an seine Äpfel und sein Vollkornbrot, trank einen Schluck Wasser und machte sich wieder auf den Weg, denn heute war so ein Tag, an dem er zwei Mal auf den Brocken wollte.

Plötzlich geriet Cleo völlig aus dem Häuschen und zerrte an der Leine – da der Brocken im Nationalpark liegt, herrscht hier Leinenpflicht. Als ich ihrem Blick folgte, sah ich einen Fuchs mit einer halben Bockwurst im Maul quer über das Plateau laufen. Na, das gibt's doch nicht, dachte ich, der ist ja ganz schön mutig. Später erfuhr ich, dass einige Füchse hier sich sehr an den Menschen gewöhnt haben und regelmäßig nach Essensresten Ausschau halten. Cleo kriegte sich gar nicht mehr ein, nicht so sehr wegen des Fuchses, sondern weil sie die Wurst haben wollte.

Nachdem der Fuchs sich getrollt hatte, schauten Cleo und ich uns noch eine Weile das Treiben auf dem Brocken an. Es herrschte eine unglaubliche Fröhlichkeit und Ausgelassenheit, der auch wir uns nicht entziehen konnten. Das hatte ich so auf keinem anderen Berg erlebt, nicht auf der Wasserkuppe, nicht auf dem Schwarzen Mann in der Eifel, auch nicht auf der Zugspitze ... Warum der »deutscheste aller deutschen Berge« eine solche Euphorie unter den Menschen auslöst, kann ich nicht erklären, aber auch ich dachte: Hierher muss ich unbedingt wieder einmal kommen.

Cleo und ich hätten uns wochenlang im Harz herumtreiben können, Gold schürfen, auf Wildschweinjagd gehen, ein weiteres Mal Forellen angeln, doch wir hatten ja nicht ewig Zeit, und es lag noch eine ziemliche Wegstrecke vor uns.

Der Drömling

Obwohl Cleo ein Hund der Berge ist und ich ein Mann ebenderselben bin, haben es uns große Niederungen angetan, und so freuten wir uns trotz des leisen Abschiedsschmerzes darauf, vom Harz in die Norddeutsche Tiefebene, einen der Landschaftsgroßräume Deutschlands, zu wandern. Erstaunlicherweise ging das unheimlich schnell. Damit meine ich, dass der Übergang recht abrupt war. In dem einen Moment hatten wir noch den leicht erhöhten Blick in die endlose offene Weite vor uns, um im nächsten schon mitten zwischen riesigen Feldern, Weideflächen und Entwässerungsgräben zu laufen. Als ich mich umdrehte, war der Harz nur mehr eine flache Welle am Horizont.

Zwei volle Tage marschierten Cleo und ich strammen Schrittes durch Kulturlandschaften, sahen hin und wieder ein Reh und mal kleinere Ketten von Rebhühnern, die in Deutschland sehr selten geworden sind. Am dritten Tag erreichten wir schließlich das Naturschutzgebiet Drömling.

Der Drömling, eine flache Senke von etwa 340 Quadratkilometern, ist in der Saaleeiszeit vor rund 140 000 Jahren entstanden. Die Schmelzwasser des Urstromtals, das von Breslau über Magdeburg nach Bremen verlief, schwemmten eine etliche Meter dicke Sandschicht in den Drömling, auf der sich später zunächst eine Art Tundra bildete. Wegen des geringen Gefälles der Flüsse Aller und Ohre, die durch diese riesige Mulde fließen, und weil der Drömling ein natürliches Speicherbecken für deren Hochwasser war, wurden die Böden immer feuchter, und es bildete sich schließlich eines der größten Niederungsmoore Deutschlands mit ausgedehnten Erlenbruchwäldern.

Ein Bruchwald – von dem mittelhochdeutschen Wort »Bruch« für »Sumpf« – ist ein nasser, zeitweilig überstauter Wald, also Schwemmland. Auf sumpfigem Gelände wachsen nur ganz bestimmte Bäume, auf eher sauren Böden Birken, Kiefern und Fichten, auf nährstoffreicheren Böden vorwiegend Schwarzerlen. Ein Bruchwald ist wie ein Urwald: Was umfällt, bleibt liegen, verrottet, geht wieder in den Kreislauf der Natur zurück. Alles grünt und blüht und wächst. In trockenen Zeiten, wenn der Wasserpegel sinkt, ist der Boden so fest, dass man darauf laufen kann; man hat aber das Gefühl, dass das Ding unter einem irgendwie schwimmt. Gab es viele Niederschläge, watet man mitten in einem Wald durch Wasser – so wie Cleo und ich später am Schaalsee. Eine eigentümliche Erfahrung.

Früher waren solche Gebiete in Kriegszeiten, zum Beispiel während des Dreißigjährigen Krieges, oft Zufluchtsorte, da den meisten Eroberern Bruchwälder suspekt waren. Bei Gefahr zogen sich die Einheimischen, die sich in der Gegend gut auskannten, mit Huhn, Schaf und Ziege in den Bruchwald zurück. Manchmal wurden sogar Fluchtburgen in den Erlenbrüchen angelegt: eine Art Miniburgen mit Palisadenwänden auf Erhöhungen, die entweder natürlichen Ursprungs oder eigens zu diesem Zweck aufgeschüttet worden waren.

Im 18. Jahrhundert ließ Friedrich der Große das riesige Sumpfgebiet des Drömlings durch Kanäle und Gräben trockenlegen, um neues Ackerland für die bitterarmen Menschen in jener Gegend zu schaffen. Und noch heute wird der Drömling das »Land der tausend Gräben« genannt. Ich kletterte auf den ersten großen Baum, den ich sah, und bestaunte das einstmals geschaffene Schachbrettmuster: Entwässerungsgraben, Grünland, Entwässerungsgraben, Grünland, Entwässerungsgraben ... so weit das Auge reichte. Nachdem zweihundert Jahre lang die Urbarmachung und die landwirtschaftliche Nutzung dieses Gebiets im Vordergrund gestanden hatten, drängte sich im 20. Jahrhundert zunehmend der Naturschutzgedanke auf. Nicht alle Projekte waren erfolgreich. Das 1979 auf DDR-Seite ausgewiesene erste Fischotterschutzgebiet beispielsweise war wegen fehlerhafter Gewässerunterhaltung zum Scheitern verurteilt. Im selben Jahr entstand das erste Naturschutzgebiet im kleineren niedersächsischen Teil des Drömlings, und seit 1990 ist der größere sachsen-anhaltinische Teil Naturpark, seit 2005 Naturschutzgebiet.

Da der Drömling kein Nationalpark, sondern »nur« ein Naturschutzgebiet ist, darf dort gejagt und Landwirtschaft betrieben werden. Allerdings muss dies in Abstimmung mit dem Naturschutz erfolgen, das heißt zum Beispiel, dass erst gemäht werden darf, wenn das Jungwild und der Nachwuchs der Wiesenbrüter die Wiesen verlassen haben. Es gibt keine weiteren Trockenlegungen, eher werden Entwässerungsgräben zurückgebaut, sodass mehr Schwemm- und Feuchtland entsteht.

Obwohl der Drömling teilweise landschaftlich genutzt wird, ist er als Biotop von unschätzbarem Wert, weil diese einzigartige Niedermoorlandschaft seltenen Tier- und Pflanzenarten Schutz bietet, die in oder an Gewässern leben. Dazu zählen Tiere wie Fischotter, Biber oder Kreuzkröte. Zahlreichen Vogelarten, etwa Weiß- und Schwarzstorch, Kranich oder Rotmilan, und vor allem Wiesenbrütern wie Großem Brachvogel, Kiebitz und Bekassine bietet der Drömling eine Heimat. Darüber hinaus hat er als Rastplatz für Wasservögel internationale Bedeutung: über 11000 Kraniche, 30000 Gänse und fast 100000 Kiebitze landen hier jedes Jahr. Von den weit über vierhundert Farn- und Blütenpflanzenarten, die man im Drömling findet, stehen gut siebzig auf der Roten Liste, darunter Lungenenzian und Waldgeißblatt.

Interessant ist, dass Anfang der 90er-Jahre Biber aus eigenem Antrieb von der Elbe zuwanderten, vorwiegend über die Ohre und den Mittellandkanal, wobei Biber manchmal auch kleine Landwanderungen unternehmen. Und erstaunlich, dass der Biber an der Elbe, die lange Zeit mit der Saale um den Titel »schmutzigster Fluss Mitteleuropas« konkurrierte, überhaupt so lange hatte überleben können. Im Drömling mit seinen vielen Weiden, Erlen, Pappeln und Espen, alles Weichhölzer, fand das mit über einem Meter Länge zweitgrößte Nagetier der Welt – lediglich das südamerikanische Capybara, das im Deutschen unsinnigerweise »Wasserschwein« heißt, ist größer – ideale Lebensbedingungen vor.

Mitte letzten Jahrhunderts war der Biber in Europa fast ausgerottet. 1947 gab es ihn in Deutschland nur noch an der mittleren Elbe, und dort war der Bestand auf hundert Tiere geschrumpft. Der Biber wurde über die Jahrhunderte aus mehreren Gründen bejagt. Ein Grund war sein schönes Fell, ein zweiter das sogenannte Bibergeil, ein Drüsensekret, das als Wundermedizin begehrt war; heute weiß man, dass Bibergeil eine Salicylsäure-Verbindung enthält, also dem Aspirin ähnlich ist, die der Biber mit der Weidenrinde, seiner Hauptnahrung, aufnimmt. Ein dritter Grund war, dass in den Klöstern Biberfleisch als Fastenspeise galt, weil man sich sagte: Der Biber lebt im Wasser, hat einen Schwanz mit Schuppen, also ist er quasi ein Fisch. Ist er aber nicht, sondern ein Säugetier. Der Schwanz, auch Kelle genannt, galt außerdem als Delikatesse. Ein vierter Grund schließlich war, dass man den Biber als vermeintlichen Fisch- und Krebsräuber als Nahrungskonkurrenten sah. In Wahrheit ist der Biber Vegetarier.

Heute gehört der Biber zwar immer noch zu den geschützten Arten, ist aber nicht mehr vom Aussterben bedroht, wird in manchen Gegenden sogar als Plage empfunden. Weil sie so gern Bäume fällen, sind Biber insbesondere bei Förstern und Obstbauern unbeliebt. Zwar nagen sie hauptsächlich jüngere Bäume an und um, manchmal jedoch auch ausgewachsene. Bei forstwirtschaftlich bedeutenden Baumarten kann der Schaden beträchtlich sein. Biber gestalten mit dem Bau von Dämmen schon mal einen Schlossgarten um, was den Gärtnern und Landschaftspflegern nicht so recht gefallen will. Dämme in Straßennähe können Unterführungen unterspülen und Wohnhöhlen in Hochwasserschutzdeichen sogar einen Deichbruch verursachen. Alles Probleme, die durch geeignete Maßnahmen, beispielsweise Fraßschutz an Bäumen, umgangen werden können.

Gegen Abend schlichen Cleo und ich uns an eine Biberburg an, während der Burgherr von der anderen Seite mit einem Stück Holz angeschwommen kam. Biber haben aber eine sehr feine Nase, und sobald er uns witterte, tauchte er ab und verschwand in seinem Bau. Zumindest vermutete ich das, da die Eingänge zur Burg meistens unter Wasser liegen, sind ja sogenannte Fluchtburgen, und das Tier sich nirgends mehr blicken ließ. In der näheren Umgebung war alles abgeknabbert und lagen einige gefällte Bäume. Cleo lief hierhin und dorthin und schnüffelte interessiert an den verschiedenen Spuren, die der Biber hinterlassen hatte. Dann erwischte sie eine Stelle im Gras, die mit Bibergeil markiert war, und flippte regelrecht aus. Sie wälzte und rollte sich wie toll darin herum und konnte sich gar nicht mehr beruhigen. Der Biber selbst, den sie zuvor im Wasser gesehen hatte, hatte sie komischerweise überhaupt nicht interessiert, aber das Bibergeil machte sie schier verrückt.

Mittlerweile war es richtig heiß geworden. In einiger Entfernung sahen wir eine Herde Wildpferde, die ähnlich aussahen wie Przewalskipferde und in dem Sumpfgebiet das Gras niedrig halten sollten. Richtig wild waren die Wildpferde allerdings nicht, denn sie standen in einem wenn auch riesigen umzäunten Areal mit Tränke. Auf einmal reckte Cleo die Nase, wurde ganz aufgeregt und äugte zu der Pferdeherde rüber, schnupperte wie wild, guckte mich an, guckte wieder rüber und wollte mir damit sagen: Lass mich los! Da ist Wild! Ich will das jetzt jagen! Nanu, dachte ich, was hat sie denn? Als Jagdhund interessiert sich Cleo normalerweise überhaupt nicht für Pferde. Pferde sind für Cleo kein Wild, sondern irgendwie Haustiere – mit denen muss man klarkommen, die werden nicht gehetzt. Cleo hatte außerdem in der Rhön ein negatives Erlebnis mit Pferden gehabt. Sie lief frei, wollte zu Pferden hin, die auf einer Koppel standen, sie begrüßen oder ein bisschen einen auf dicke Dame machen. Ich wurde durch irgendetwas abgelenkt, und auf einmal hörte ich einen Wahnsinnsquieker. In dem Moment, in dem ich mich umschaute, hing Cleo ein gutes Stück in der Luft. Sie hatte an dem Elektrozaun, der die Pferdekoppel umgab, einen derartigen Schlag bekommen, dass es sie regelrecht vom Boden riss. Cleo brachte den Stromschlag allerdings nicht mit dem Zaun, sondern mit den Pferden in Verbindung. Jedes Mal seither, wenn wir Pferden begegnet waren, war ihr Blick erst einmal nach allen Seiten gegangen, nach dem Motto: Hoffentlich passiert jetzt nicht wieder was, dass ich einen Riesensatz in die Luft mache. Dieses Mal jedoch nicht.

Während ich mich noch darüber wunderte, sah ich inmitten der etwa dreißig Pferde ein einzelnes Stück Rotwild, eine Hirschkuh. Unfassbar! Unter all den schwitzenden und daher etwas streng riechenden Pferden in einem

Moor, das in der Hitze dampfte und jede Menge Gerüche abgab, hatte Cleo, noch bevor sie es sehen konnte, das Rotwild herausgewittert. Was für eine Leistung!

Fast genauso überrascht war ich davon, wie vertraut sich die Hirschkuh zwischen all den Pferden bewegte. Wie ich später vom Besitzer der Pferde erfuhr, hatte sie vor drei Jahren als Kalb ihre Mutter verloren und sich daraufhin der Pferdeherde angeschlossen. Verrückte Welt. Andererseits ein Musterbeispiel für das typische Wesen von Rotwild: Hirsche sind soziale Tiere; sie brauchen die Herde, um sich wohlzufühlen. Und für diese Hirschkuh waren nun die Pferde ihre Herde. Selbst zur Brunftzeit schloss sie sich nicht Ihresgleichen an, obwohl sie bestimmt brunftig wird. Und die Brunft war ja in Hörweite.

Auch wenn sich die Hirschkuh jetzt als Pferd betrachten mag: Cleo war ihr nicht geheuer, und während die Pferde an den Zaun kamen und Cleo vorsichtig beschnupperten, blieb sie auf Distanz.

Zwischen Altmark und Wendland

Je weiter Cleo und ich nach Norden wanderten, desto waldreicher wurde es. Genau genommen folgten wir der alten Grenze gerade etliche Kilometer von Westen nach Osten. Der Arendsee in der Altmark (Sachsen-Anhalt) lag noch ein gutes Stück vor uns, als wir in einiger Entfernung den Landkreis Lüchow-Dannenberg im Wendland (Niedersachsen) passierten, wo ich bei Wildmeister Karl Lapacek meine Ausbildung zum Revierjäger gemacht hatte. Ein wunderbarer Mann und einer der wenigen Menschen, von denen ich behaupte, dass sie mich für mein Leben geprägt haben; und ein hervorragender Forstmann und, wie die

Jäger es nennen, ein waidgerechter Jäger, mit unglaublich viel Ahnung vom Wild und Kenntnissen über den Wald.

Das Wendland, einer der schönsten Landstriche in Deutschland mit sehr entspannten, grundsoliden Menschen, mit prachtvollen Gehöften, mit Moor-, Heide- und Bruchlandschaften zwischen großen Kiefernwäldern, erlangte traurige Berühmtheit durch das unsägliche Atommülllager Gorleben.

In den Dörfern Lomitz und Prezelle lebten zu der Zeit, als ich meine Forstausbildung machte, meist junge Männer und Frauen, die ursprünglich aus der Stadt kamen. Lange Haare, Schlabberkleider und ein großer Button »Atomkraft – nein danke!« auf der Kleidung oder als Aufkleber auf dem alten R4 waren ihre Markenzeichen. Es waren die Jahre, als die Hippiekultur allmählich in alternativen Bewegungen wie den »Grünen« aufging. Im Mai 1980 gründeten sie auf dem Gelände der Tiefbohrstelle 1004 bei Gorleben das sogenannte Hüttendorf und riefen die »Republik Freies Wendland« aus. Sie hatten sogar einen eigenen Grenzübergang in Form eines Schlagbaums und eine Flagge. Dort hausten sie, einig in ihrer Ablehnung von Staat, Atomkraft und Establishment.

Ich war damals gerade mal 21 Jahre alt und auch nicht eben konservativ. Ich fuhr einen alten klapprigen Käfer und hatte neben meinem ersten Hund Minka, einer Deutschen Drahthaarhündin, einen zahmen Kolkraben, der mich immer begleitete, selbst wenn ich mit Schlafsack und Gewehr auf dem Rücken zur Wildschadensverhütung – es gab Unmengen von Wildschweinen – durch das große Revier zog. Meistens saß er auf meiner Schulter, machte nur ab und zu mal Ausflüge. Es war eine ziemlich schräge Zeit, und ich sympathisierte mit den Menschen aus dem Hüttendorf. Ich wollte so wenig wie sie, dass in Gorleben

Müll gelagert wurde, der nach hundert oder 1000 Jahren noch genauso gefährlich ist und alles verstrahlt. Diese Einstellung passte zu meinem Beruf, der ja sehr naturverbunden ist, der andererseits aber eine gewisse Disziplin erforderte, und die konnte man den Bewohnern des Hüttendorfs nun wirklich nicht nachsagen. Ich stand zwischen Baum und Borke, wie der Forstmann sagen würde.

Als im Juni die Republik Wendland gewaltsam geräumt wurde, saß ich auf einem Baum und beobachtete, wie mehrere Tausend Mann Bundesgrenzschutz und Polizei mit Gummiknüppeln und Gasmasken anrückten, Planierraupen die nur provisorisch zusammengezimmerten Hütten niederwalzten, während ihre Bewohner Hals über Kopf herausstürzten, und die umliegenden Bäume gefällt wurden. Hoppla, dachte ich da, nicht zum ersten Mal, der Staat ist nicht zimperlich, wenn es darum geht, seine Interessen durchzusetzen. Unversehens saß ich auf einem der letzten Bäume, die noch standen.

»Dich kriegen wir auch!«, schrie einer der Polizisten zu mir hoch. Dann rief er seinem Kollegen zu: »Hans, hol mal die Motorsäge.«

Irgendwie musste Karl Labacek, der die Freie Republik Wendland und das Tun ihrer Bürger absolut nicht billigte, davon Wind bekommen haben, dass ich mich auf dem Gelände der Atomkraftgegner aufhielt. Er kam in seinem olivgrünen VW-Kombi angebraust, entdeckte mich in dem Baumwipfel und brüllte: »Sie sind eine Schande für die ganze Innung. Kommen Sie sofort da runter!«

Da ich große Hochachtung vor meinem Chef hatte, kletterte ich bedröppelt zu Boden. Vielleicht gut so, denn wahrscheinlich hätten die mich sonst samt Baum umgesägt. Lapacek packte mich ins Auto und fuhr mich nach Hause, wo er mich so richtig zur Sau machte.

243

Bei meinen Reviergängen – das Revier lag direkt an der damaligen Zonengrenze – sah ich relativ oft DDR-Grenzaufklärer, die, wie zu Anfang des Buches beschrieben, durch Durchlässe im Zaun auf die westliche Seite kommen konnten. Zum Teil waren wir nur einen oder anderthalb Meter voneinander entfernt. Sie standen jenseits und ich diesseits des schwarz-rot-goldenen Pfahls. Und unentwegt fotografierten sie. Es muss aus jener Zeit mindestens zweihundert oder mehr Fotos von mir geben. Sie selbst wollten natürlich nicht fotografiert werden; wenn ich es versuchte, drehten sie sich blitzschnell weg. Reden wollten sie ebenso wenig. Mal sagte ich ein freundliches »Guten Morgen!« oder »Weidmanns Heil!«, mal »Leckt mich am Arsch!« – keine Reaktion.

Eines Morgens hörte ich es aus Richtung Grenze permanent rummsen. Sofort fuhr ich hin und sah von Weitem große Explosionen. Zwischen den beiden Metallstreckzäunen liefen Männer, Sprengpioniere der NVA. Sie hatten dicke Panzerwesten und -hosen an, eine Art Astronautenhelm auf, Verlegepläne in den Händen und stocherten mit langen Stangen im Boden herum, um eingewachsene Kunststoffminen aufzuspüren, die man nicht orten konnte. Sobald sie fünf bis sechs freigelegt hatten, verbanden sie sie mit Zündschnüren und sprengten sie – nur, um später neue Minen zu verlegen. Soldaten mit Kalaschnikow und in »Ein Strich – kein Strich«-Kampfanzug – die geläufigere Bezeichnung für das »Strichtarn«-Muster – überwachten die Aktion. Auf unserer, auf BRD-Seite, stand der Grenzschutz und guckte sich das Ganze an. Es war eine makabre Situation. Bei der Gelegenheit sah ich das erste Mal, mit welcher Wucht diese kleinen Kunststoffminen hochgingen. Man muss sich wundern, dass »nur« ein Fuß oder Bein zerfetzt wurde, wenn jemand auf so eine Mine trat.

Nicht nur vielen Menschen, auch manchem Tier wurde die Grenze zum Verhängnis. Mehrmals mussten Karl Lapacek, Kollegen oder ich in jenen Jahren Wildschweine schießen, die im Minenstreifen auf eine Mine getreten waren und sich trotzdem noch unter dem Zaun durchgegraben hatten. Einige gelangten mit frischen Wunden in den Westen, andere heilten ihre Verletzung »drüben« aus und kamen mit einem verkrüppelten Bein oder auf nur mehr drei Läufen in die BRD gehumpelt.

Als ich im Jahr der Wende meinen alten Mentor Karl Lapacek besuchte, war der völlig euphorisch.

»Kannst du dir das vorstellen? Die Grenze ist auf! Den alten Ortsverbindungsweg von Lomitz nach Arendsee, den gibt es wieder!«, begrüßte er mich.

Der Weg war inzwischen als Kreisstraße deklariert worden und hatte einige Verkehrsschilder bekommen, war aber nach wie vor lediglich eine Sandpiste – voll schräg. Ich werde nie das Gefühl vergessen, als ich mit Karl den Weg entlangfuhr. Zwei Jahre hatte ich dort Dienst getan, ständig den Zaun vor der Nase. Jetzt auf einmal war er weg. Souvenirjäger hatten von den Grenzpfählen bereits die DDR-Embleme abgeschlagen. Die Wachtürme standen noch, und rechts und links der Straße Schilder, man solle bloß nicht den Todesstreifen zwischen den beiden Streckzäunen betreten, der nach wie vor voller Minen lag. Auf diesem Weg fahren zu können war ein unbeschreibliches Gefühl. Selbst für mich, der ich nur relativ kurz in dieser Gegend gelebt hatte. Wie musste das erst für die Menschen sein, die hier aufgewachsen waren, die immer hier gelebt hatten? »Drüben« war irgendwann die Zeit stehen geblieben, war ärmste Altmark. In dem kleinen Dorf Zießau am Nordufer des Arendsees beispielsweise, das über Jahre in der Sperrzone gelegen hatte, war das Katzenkopfpflaster so grob und ausbesserungsbedürftig, dass wir, obwohl wir ganz vorsichtig und langsam darüberfuhren, fürchteten, uns würden die Füllungen aus den Zähnen fallen.

Karl Lapacek erzählte mir, dass alle gedacht hatten, nach der Wende würde nun noch mehr Wild aus dem Osten in den Westen überwechseln. Doch genau das Gegenteil war der Fall: Nach der Grenzöffnung zogen Wildschweine, Rotwild und Damwild aus dem wildreichen Westen in den Osten. So zahlreich, dass die Jäger auf der anderen Seite bald Alarm schlugen.

Wildschweine

Der Landkreis Lüchow-Dannenberg war in der Zeit, als ich dort meine Ausbildung machte, eines der wildreichsten Gebiete Deutschlands. Mit Rotwild, Damwild, Muffelwild, Schwarzwild und Rehwild tummelten sich in dieser Region fünf Schalenwildarten. Die sorgten nicht nur für eine große Artenvielfalt, sondern bei Bauern, Jägern und Förstern der Region für schlaflose Nächte, weil sie sehr viel Schaden im Getreide, in Sonderkulturen wie Bohnen und Erbsen, in erster Linie aber in den Kartoffeln anrichteten. Wenn sich etwa eine Rotte Wildschweine ein paar Nächte in einem Feld mit Saatkartoffeln herumtrieb, wurde das Feld nicht mehr als zertifiziertes Saatgutfeld anerkannt, was dem Bauern einen immensen finanziellen Verlust bescherte. Ein Verlust, der in dem strukturschwachen Zonenrandgebiet, in dem die Menschen ohnehin sehr bescheiden lebten, doppelt schwer wog.

In meinem zweiten und dritten Ausbildungsjahr war es eine meiner wichtigsten Aufgaben, solchen Wildschaden zu verhindern. Mit meinem Hund Minka, einem alten

Fahrrad, einem Schlafsack auf dem Gepäckträger, meinem Bergstutzen – einer Jagdwaffe mit einem groß- und einem kleinkalibrigen Kugellauf – und einem guten Fernglas pirschte ich nachts die kilometerlangen Waldkanten ab. Da war Kiefernwald, da war Eichen- und zum Teil Buchenwald; riesige Wälder, und mittendrin lagen die Felder, große Felder. Das war natürlich ein Eldorado für die Wildtiere. Tiere sehen die Welt ja ganz anders. Die sagen sich: Hier ist der Wald, der bietet uns Deckung und Einstand, und da vorn ist der Selbstbedienungsladen: Felder mit den leckersten Sachen, viel besser als das, was im Wald zu finden ist. Und wenn es da nach frischen Kartoffeln oder Mais duftet oder der Hafer in die Milchreife kommt, dann kann das Wild dem nicht widerstehen. Warum sollte es auch? Da ist Nahrung im Überfluss, und die Tiere wissen nicht, dass sie nicht ihnen gehört, dass sie ganz andere Zwecke hat. Also gehen sie in das Feld und fressen, bis sie nicht mehr können, so, wie sie sich im Herbst im Wald mit Bucheckern und Eicheln den Bauch vollschlagen. Denn sie sagen sich: Das ist meine Mast, meine Nahrung für den langen Winter, und es muss doch einen Grund geben, dass es hier so viel davon gibt. Na also! Während wir sagen: »Jetzt ist es aber genug mit der Schwarzwälder Kirschtorte«, frisst ein Tier so lange, bis nichts mehr reingeht.

Dabei sind sie durchaus wählerisch, und speziell die Wildschweine sind Gourmets. Einige Bauern hatten damals die kühne Idee, Mais anzubauen. Vor dreißig Jahren war das wirklich etwas Besonderes. Auf den kargen Böden Niedersachsens war bis dahin Mais nie gediehen, aber Kunstdünger, die Züchtung neuer Maissorten und neue Landwirtschaftsmaschinen machten auf einmal den Anbau riesiger Maisflächen möglich und vor allem rentabel. Wenn das Klima passte und der Mais prächtig wuchs, waren solche Felder das reinste Schlaraffenland für Wildschweine. Sie zogen morgens erst gar nicht mehr in die umliegenden Wälder, sondern blieben im Mais. Und da sie nicht dumm waren, futterten sie nicht am Rand, wo man sie leicht hätte entdecken können, sondern in der Mitte der Felder. Wenn der Bauer dann im Herbst mit seinem Häcksler kam, um den Mais zu häckseln, sah von außen alles richtig gut aus, aber im inneren Bereich hatten die Wildschweine riesige Flächen komplett verwüstet.

Auf den Versuchssaatfeldern, auf denen verschiedene Kartoffelsorten angebaut wurden, war es ein bisschen anders. In die Kartoffelfelder gingen die Wildschweine nur nachts, und zogen sich am frühen Morgen in den Wald zurück. In der ersten Reihe eines solchen Felds stand vielleicht Sieglinde; na ja, geht so. In der zweiten Reihe wuchs eine stärkehaltigere Kartoffel; pfui Deibel, die schmeckt ja überhaupt nicht. In der dritten Reihe dann Granola; mmh, lecker! Und dann machten sich, sagen wir mal zwanzig ausgewachsene Wildschweine plus Frischlinge, das wären dann locker weitere dreißig, vierzig, über die Saatkartoffeln her. Wenn man das als Jäger oder Förster übersah und eine solche Rotte ein paar Nächte Zeit hatte, sich immer nur das Beste herauszusuchen, mal hier, mal da zu probieren, pflügten sie innerhalb weniger Tage das gesamte Feld regelrecht um.

Der Bauer explodierte und tobte. Dann rief er den Förster oder den Jäger an und brüllte: »Komm raus, die Sauen haben hier einen Riesenschaden angerichtet, dein Lehrling hat wohl die ganze Nacht gepennt!« Und: »Der soll seinen Arsch nehmen und ihn nachts ins Kartoffelfeld setzen!« Dass ich nicht jede Nacht jedes Feld bewachen konnte und irgendwann auch mal schlafen musste, interessierte sie in dem Moment kein bisschen. Früher hatten die Bauern

Hundehütten ins Feld gestellt und den kleinen Hof-Fiffi daran festgebunden, der sich dann die Seele aus dem Hals bellte. Da soll es allerdings Fälle gegeben haben, wo nach drei, vier Tagen nur noch die Kette und das Halsband da lagen ...

Ich suchte also nächtelang die Feld-Wald-Kanten ab. Minka war sehr scharf und hätte sich selbst nachts mit Wildschweinen angelegt. Zu ihrer eigenen Sicherheit musste sie bei solchen Pirschgängen allerdings an die Leine. Wildschweine stellen sich nämlich sofort und verstehen keinen Spaß, wenn nachts ein Jagdhund vorbeikommt, zumal wenn sie Junge haben. Bachen haben zwar nicht so lange Eckzähne wie Keiler, können einen Hund aber trotzdem schwer verletzen. Bachen können achtzig und mehr Kilogramm Lebendgewicht auf die Waage bringen, Minka hingegen wog nur ungefähr dreißig Kilogramm. Da Minka an der Leine ging, blieb ihr nicht viel übrig, als zu bellen und zu knurren. Und ich konnte nicht recht viel mehr tun, als in die Luft zu schießen, um die Tiere zu erschrecken und so vielleicht zu vertreiben. Bei Mond und wenn das Kartoffelkraut noch recht niedrig war, konnte ich auch einzelne Wildschweine schießen. Die Kunst bestand darin, zu erkennen, was ein führendes und was ein nicht führendes »Stück« – ein einzelnes Wildtier in der Jägersprache – war, also ob eine Bache gerade Frischlinge hatte.

Wenige Menschen haben ein Problem, wenn es heißt, die Jäger gehen auf Wildschweinjagd. Das Wildschwein ist borstig, sieht irgendwie ein bisschen suspekt aus, entspricht nicht einmal als Jungtier dem Kindchenschema: große, runde Augen, kleine Nase, rundliche Wangen und all das, was wir Menschen schön finden. Man glaubt außerdem, es rieche nicht gut, dabei sind Wildschweine extrem saubere und reinliche Tiere, gehen sich regelmäßig suhlen und befreien sich damit von Hautparasiten. Darüber hinaus sind sie intelligent, sehr sozial und speichern einmal gemachte Erfahrungen, egal ob positive oder negative, sehr lange. Und wie schon an anderer Stelle erwähnt: Sie sind für den Wald sehr nützlich, weil sie den Boden aufwühlen und so für seine Durchlüftung sorgen und weil sie viele Forstschädlinge wie Engerlinge, Käfer und Larven vertilgen.

Obwohl ich wegen der Wildschweine damals viel Ärger hatte und ein paar Jahre später nach einem heftigen Angriff durch einen Keiler fast verblutet wäre, zählen sie zu meinen Lieblingstieren. Wildschweine begleiten mich eigentlich durch mein ganzes Leben. Als ich noch Kind war, gab es in der gut 15 Kilometer von Gotha entfernten Nachbarstadt Friedrichroda einen Jäger, der ein zahmes Wildschwein hatte, kein Keiler wie Grits Einstein, sondern eine Bache. Sie zog jedes Jahr zur Paarungszeit, die im November beginnt und bis in den Februar hinein andauern kann, wobei der Höhepunkt im Dezember liegt, in den Wald und ließ sich von einem Keiler decken. Sobald sie trächtig war, kehrte sie in ihren Stall zurück und brachte dort nach 114 bis 118 Tagen – »drei Monaten, drei Wochen, drei Tagen«; das ist im Übrigen dieselbe Tragzeit wie beim Hausschwein – ihren Nachwuchs zur Welt. Es war jedes Mal wieder eine Attraktion, wenn sie dann, sobald die Kleinen laufen konnten, mit ihren Frischlingen mitten durch den kleinen Kurort marschierte. Und das tat sie recht häufig, denn der Besitzer eines kleinen Ladens hatte immer ein Leckerchen für sie.

Das hatte mir schon damals gezeigt, wie vertraut Wildschweine werden können und wie nah sie sich dem Menschen anschließen. Als ich Jahre später in der Eifel über drei Jahre hinweg eine Rotte intensiv und aus nächster

Nähe studierte, quasi mit ihr lebte, konnte ich unglaubliche Dinge beobachten, die man diesen Tieren in der Form gar nicht zutrauen würde: beispielsweise ein stark ausgeprägtes Sozialverhalten und eine sehr hohe Fürsorglichkeit, zugleich eine enorme Aggressivität gegenüber Feinden.

Das Wildschwein ist eine der erfolgreichsten Tierarten, die es gibt, sozusagen ein Erfolgsmodell der Evolution. Nicht umsonst war es ursprünglich in ganz Europa bis hinauf zum Ladogasee nördlich von St. Petersburg, in Vorder- und Zentralasien, auf der Arabischen Halbinsel und sogar in Afrika bis hinab in den Sudan verbreitet. Wildschweine sind absolute Generalisten und durch ihr sehr breites Nahrungsspektrum in der Lage, sich überall zu behaupten. Sie haben einen robusten Allesfressermagen, wie wir Menschen übrigens auch; das heißt, sie können sich carnivor (fleischfressend) und/oder vegetarisch ernähren. Sie können in den Korkeichenwäldern Nordafrikas genauso leben wie in den kalten Zirbelkieferwäldern Nordostsibiriens. Sie kommen in absoluter Wildnis genauso gut zurecht wie am Berliner Stadtrand. Eine so hohe Anpassungsfähigkeit ist unter Tieren sehr außergewöhnlich.

Ihre Vermehrungsrate passen sie ebenfalls den Gegebenheiten an; das allerdings machen andere Tiere ebenfalls. Je reichhaltiger und nahrhafter ihre Nahrung ist, desto mehr Nachwuchs haben Wildschweine. Andererseits ist es so, dass bei Tieren, die eine hohe Reproduktionsquote haben, auch die Sterblichkeitsrate des Nachwuchses recht hoch ist. Eine Hirschkuh zum Beispiel, die im Jahr nur ein Kalb setzt, wird dieses in der Regel groß bekommen; bei Hirschen liegt die Aufzuchtquote bei über 99 Prozent. Wildschweine hingegen werfen im Durchschnitt sieben Junge – manche Bachen zehn, andere nur zwei. Nach einem Herbst mit besonders vielen Waldfrüchten wie Eicheln und Bucheckern hat eine Bache im darauffolgenden Jahr immer deutlich mehr Junge als nach einem schlechten Herbst. Würden alle Frischlinge das Erwachsenenleben erreichen, stiege der Bestand innerhalb weniger Jahre rapide an. Dem schiebt die Natur gelegentlich einen Riegel vor, zum Beispiel in Form von Schlechtwetterperioden im Frühjahr, sodass die Frischlinge, deren Wärmeregulation in den ersten Wochen noch nicht voll entwickelt ist, an Unterkühlung sterben, weil das Nest – in der Jägersprache »Kessel« –, das die Mutter aus Zweigen baut, nur unzureichend Schutz gegen Nässe und Kälte bietet. So wie in dem Jahr unserer Wanderung, als es bis weit in den Mai hinein nasskalt war und Cleo und ich kaum Frischlinge zu Gesicht bekamen. Alle paar Jahre ein strenger Winter reicht als alleiniges Regulativ allerdings nicht aus. Und da wir ja über Jahrhunderte dafür gesorgt haben, dass ihre natürlichen Fressfeinde – Wolf, Bär und Luchs – in Deutschland keine Heimat mehr haben, sind die Wildschweine mancherorts eine regelrechte Plage. Der Anstieg der Wildschweinbestände in Mitteleuropa läuft auch parallel mit dem immer milder werdenden Klima und einer Intensivierung und Umstrukturierung der Landwirtschaft, speziell dem Maisanbau. Offensichtlich regt diese sehr nahrhafte Getreideart die Fruchtbarkeit der Bachen an.

Am Arendsee

In meiner Kindheit wussten wir, meine Familie, meine Freunde und ich, dass es an der Grenze einen wunderschönen großen See gab. Für uns aber war er unerreichbar, denn der Arendsee lag in der fünf Kilometer tiefen Sperrzone, die gleich hinter dem Ort Arendsee am Südufer begann.

Der Arendsee hat, anders als die meisten Naturseen in Norddeutschland, seinen Ursprung nicht in der Eiszeit, sondern verdankt seine Entstehung einer geologischen Besonderheit. Er liegt über dem »Dom« eines großen Salzstocks. Ein Dom ist ein aufsteigender Bereich oder Körper eines Materials, wie etwa der Magmadom in einem Vulkan. Dieser Salzstock wird durch das Grundwasser langsam aufgelöst, wodurch es immer wieder zu Einbrüchen kommt. Bei dem bislang letzten solchen Einsturz, im Jahr 1685, vergrößerte sich die Fläche des damals »Wendischer See« genannten Gewässers schlagartig um 200 000 Quadratmeter! Man muss sich das mal vorstellen: ein See, der heute etwa über drei Kilometer lang und zwei Kilometer breit ist. Die Mühle des Ortes versank in den Fluten, und seit damals, so die Sage, heißen See und Ort nach dem betroffenen Müller Arend. Man kann die Abbruchkante am Südwestufer des Sees noch sehr gut erkennen, obwohl sie mittlerweile mit Erlen, Birken, Weiden und vereinzelt Eichen und Pappeln bewachsen ist. Das Zwischenlager Gorleben, das immer wieder auch als Endlagerstätte im Gespräch ist, liegt übrigens ebenfalls in einem Salzstock. Von wegen, das Atommülllager sei supersicher.

Der Arendsee ist mit bis zu fünfzig Metern Tiefe einer der tiefsten Seen Norddeutschlands und sehr fischreich – eine Besonderheit ist das Vorkommen der Kleinen Maräne, eines Forellenfischs, der ursprünglich in Nordeuropa beheimatet ist. Bis zu 7000 Grau-, Nonnen-, Saat- und Blessgänse aus den skandinavischen Ländern und Sibirien machen hier Rast oder überwintern gar. Sie schlafen nachts auf dem See, weil sie da vor Beutegreifern sicher sind – es sei denn, der See friert zu, was sehr selten vorkommt. Wenn morgens 7000 Gänse, in manchen Jahren waren es geschätzt sogar noch mehr, vom See hochstarten, verursachen sie einen unvorstellbaren Lärm, eine Geräuschkulisse, die man so nicht kennt und nicht für möglich halten würde. Ich habe mir dieses Schauspiel, von dem eine unglaubliche Faszination ausgeht, im folgenden Winter mehrmals angehört und es gefilmt und fotografiert. In der ersten Morgendämmerung fangen ein paar Gänse zu schnattern an. Dann werden es immer mehr. Schließlich ein seltsames Geräusch, bei dem man sich fragt: Was ist das denn? Dann flattern riesige Wolken hoch – und Gänse sind ja nicht gerade klein – und verteilen sich den Tag über auf die umliegenden Felder. Dort fressen sie die Wintersaat ab, Wintergerste, Winterweizen und Raps. Von irgendetwas müssen sie ja leben. Und was sie nicht fressen, treten sie mit ihren Paddelfüßen platt. Die Bauern der Region sind daher nicht allzu begeistert von den vielen Gänsen. Die Entschädigungszahlungen des Landes sind nur ein kleiner Trost für den angerichteten Schaden, und die Jäger, die unter anderem für Bestandsregulierung zuständig sind, sagen: »Mit Gänsen haben wir nichts zu schaffen – das ist nicht unser Ding.« Gänse schnattern und fressen aber nicht nur, sie koten auch. Bei 7000 Stück kommt da eine ganze Menge zusammen. Mehr, als dem See guttut.

Das ist die eine Seite. Die andere ist, ohne das negativ meinen zu wollen, die alte DDR-FDGB-Urlauberheim-Bungalow-Idylle am Südufer des Arendsees, denn Privilegierte oder Stasi-Leute durften sehr wohl hierherkommen: ein Kiosk, kleine Parzellen mit einer kleinen Laube – die man hier als Bungalow bezeichnet – oder einem Wohnwagen und einer kleinen Hecke drumherum ... Ein Segelverein, ein Tauchverein, alles sehr beschaulich und gemütlich. So auch der kleine Ort Arendsee. Nach der Wende kauften sich viele Hannoveraner am See Eigentum, weil es hier so schön und preiswert und ruhig ist.

Cleo und ich lernten Heiko kennen. Heiko war in meinem Alter, also so um die fünfzig, Bademeister, Berufstaucher und – Wie nennen die sich? – Lebensgenießer. Ein bisschen wortkarg, charismatisch.

»Mensch, hast du es schön hier!«, sagte ich zu ihm.

»Ja, aber es war nicht immer so. Ich habe Familie, eine Frau und Kinder. Jetzt, wo die Kinder groß sind, lebe ich endlich einmal für mich.«

Das hörte sich an, als wäre sein bisheriges Leben ein einziges Opfer gewesen. Nichtsdestotrotz machte er einen glücklichen und ausgeglichenen Eindruck.

»Komm, wir gehen runter«, schlug er vor, als ich ihm erzählte, dass ich ebenfalls tauchte. »Wir gucken mal, ob wir Müller Arends Mühle finden.«

Er wusste natürlich, wo die Mühle lag.

»Wie tief liegt die denn?«, fragte ich.

»So auf fünfunddreißig Meter.«

»Viel sehen werden wir nicht«, meinte ich und deutete auf den See, dessen Wasser wegen der Algenblüte recht trüb war.

»Das sind nur die ersten Meter. Sobald wir in die Sprungschicht reinkommen, wird das Wasser glasklar.«

»Sprungschicht?«, fragte ich, der ich bis dahin in unseren Breitengraden noch nie in großen Seen getaucht war, nur in Flüssen und Wildwasserbächen. In kalten Gewässern zu tauchen ist übrigens unheimlich reizvoll. An der Ahr in der Eifel beispielsweise gibt es ein paar tiefe Stellen, an denen, wenn es lange nicht geregnet hat, das Wasser ganz klar ist. Dann kann man dort phantastische Tauchgänge machen. Dazu braucht es nicht unbedingt tropische Meere voll bunter Fische und Korallen.

»Äh, wie kalt wird das denn da unten?«

»Um die vier Grad.«

»Wir sind doch hier nicht in den Alpen, der See muss doch mehr haben!«

»Oben schon. Da hat er etwa zwanzig Grad.«

Heiko suchte für sich eine Ausrüstung wie für einen Eistauchgang zusammen: Polar-Vlies-Unteranzug, darüber einen Trockentauchanzug mit Manschetten und Kragen, Oktopus (eine zusätzliche sogenannte zweite Stufe zur Sicherheit, falls die erste zweite Stufe, der Lungenautomat, über den man atmet, vereist). Mir drückte er einen Sieben-Millimeter-Neopren-Nassanzug in die Hand.

»Du bist ja ein Harter«, meinte er, als er sah, wie ich zwischen seiner und meiner Ausrüstung hin- und herschaute. »Ich kenne dich aus dem Fernsehen, du wäschst dir sogar im Eiswasser im Hochgebirge die Haare.«

Also bin ich in meiner Sommer-Mittelmeer-Tauchmontur in den See. Am Anfang war das Wasser angenehm warm, wir haben nur nichts gesehen wegen der Algenblüte. Sichtweite anderthalb bis zwei Meter. Mit Sicherheit wäre es reizvoller gewesen, im zeitigen Frühjahr zu tauchen, wenn die Hechte laichen und im flachen Wasser stehen, oder im Winter, wenn die Gänse auf dem See sind – wie sieht das wohl aus, wenn man da von unten hochguckt? Wir ließen uns ganz langsam absinken, kamen in die Sprungschicht. Das Wasser wurde klarer, aber auch kälter. Kurz darauf war es glasklar, unsere Lampen leuchteten plötzlich 25 Meter weit. Und eiskalt. In gut dreißig Meter Tiefe stießen wir auf den Weg, der zu Müller Arends Mühle führte: eine versunkene Straße, die tiefer in den See hineinführt. Dreihundert Jahre alt und immer noch gut zu erkennen, unglaublich. Mittlerweile bekam ich von der Kälte wahnsinnige Kopfschmerzen und spürte meine Hände kaum mehr. Ich geriet ein bisschen in Panik und gab Heiko zu verstehen: Ich will hoch – ich werde vor Kälte ganz steif.

Obwohl wir uns gleich an den Aufstieg machten und dabei die Dekompressionsstopps einhielten, fühlte ich mich nicht gut und hatte Kreislaufprobleme. Ein bisschen Ruhe kann nicht schaden, dachte ich mir, und so legten Cleo und ich uns für den Rest des Tages auf eine Wiese am Seeufer und ließen die Seele baumeln.

Es gab einmal einen seltsamen Sonderling am Arendsee, Gustav Nagel (1874–1952). Als er wegen einer Krankheit seine Lehre abbrechen musste, baute er sich am See eine Erdhöhle, befasste sich mit Naturheilkunde und wurde Vegetarier. Er lief nur noch mit Talar oder Lendenschurz bekleidet herum und ging selbst im Winter barfuß. Nachdem man ihn entmündigt hatte, zog er als Wanderprediger bis nach Jerusalem. 1910 kam er zurück an den Arendsee, baute dort unter anderem einen Naturgarten und einen Seetempel und gründete 1924 die Deutsche kristliche Folkspartei – die seltsame Schreibweise stammt daher, dass er auch eine eigene Rechtschreibung entwickelte. Wirklich ein total schräger Typ – mit einem traurigen Ende: 1943 kam er in ein Konzentrationslager, 1944 in eine Nervenheilanstalt. Nach dem Krieg lebte er wieder in Arendsee, bis er 1950/51 erneut in eine Nervenklinik kam, in der er 1952 starb. Mindestens genauso schräg wie er selbst: Seit Mitte der 1990er-Jahre gibt es in Arendsee eine »Arbeitsgruppe Gustav Nagel«, die seine Gedanken und Botschaften der Nachwelt erhalten will, und seit 1999 einen »gustaf nagel – Förderverein«. Die Ruine seines Tempels und seine Kurhalle auf dem Gelände der Gaststätte »birlokal zum alten gustaf« sowie Schautafeln an der Strandpromenade halten darüber hinaus die Erinnerung an diesen wohl bemerkenswertesten und sonderlichsten Bürger vom Arendsee wach.

257

Von der Elbe an die Ostsee

Jetzt passte einfach alles: Es war Sommer, herrlich warm, sodass mir ein kurzärmliges Hemd völlig reichte, die Haut bereits leicht gebräunt. Gut gelaunt und entspannt, wanderten Cleo und ich die Elbe entlang, die hier auf gut vierzig Kilometer die innerdeutsche Grenze gebildet hatte. Auf unserer linken Seite lag Niedersachsen, auf der rechten zunächst Brandenburg, später Mecklenburg-Vorpommern.

»Weißt du noch?«, sagte ich zu Cleo, als wir auf einer Buhne – das sind im rechten Winkel zum Ufer errichtete, kleinen Hafenmolen ähnliche Bauwerke, die dem Küstenschutz und der Flussregulierung dienen – eine Pause einlegten und uns die Sonne auf den Bauch scheinen ließen. »Die Rhön, das Schwarze Moor, Regen, klapperklapper, zitterzitter. Du frisst den Torf, ich weiß nicht, kriege ich jetzt eine Blasenentzündung oder nicht. – Und jetzt das hier!«

Der Kontrast war unglaublich. Cleo und ich fühlten uns unglaublich wohl, »Deutschland. Ein Sommermärchen«, allerdings nicht im Stadion, sondern in der Natur.

Im Elbe-Urstromtal

Das Elbe-Urstromtal ist einer der schönsten Lebensräume Norddeutschlands, die ich kenne. Das ist wie Milchkaffee mit Sahne obendrauf und noch ein Stück Kuchen dazu:

abwechslungsreiche Landschaft, der breite Strom, die Buhnen, Auenwälder, beschauliche Dörfer hinter dem niedrigen Deich, so schön, dass sie in jedem Heimatfilm der Extraklasse als Kulisse dienen könnten, norddeutsche Gemütlichkeit, unglaublicher Tierreichtum. Fischotter, Biber, Moor- und Laubfrosch, Rotbauchunke und alle Arten von Vögeln, unter anderem Milan, Seeadler, Graugans, Kranich und Storch, tummeln sich hier. Nicht umsonst hat der BUND in Lenzen sein Tagungs- und Besucherzentrum. 1993 bekam der BUND die über 1000 Jahre alte Burg Lenzen geschenkt, die zuvor Privatbesitz war. Es musste zwar viel Geld in wichtige Renovierungsarbeiten sowie in den Um- und Ausbau gesteckt werden, aber so ein prächtiges Bauwerk hätte ich auch gern geschenkt gekriegt; es liegt außerdem traumhaft.

Durch verschiedenste Industriezweige im oberen Einzugsgebiet war die Elbe in ihrem Oberlauf in der zweiten Hälfte des 20. Jahrhunderts derart mit Schwermetallen und Schadstoffen belastet, dass sie, wie schon erwähnt, eigentlich tot war. Die Dresdner, die wenigstens ein Klärwerk hatten, meinten damals sarkastisch, statt Asphalt könne man für Straßenbauarbeiten genauso gut Elbwasser verwenden. Nach der Wiedervereinigung wurde durch die Schließung von Betrieben, den Bau von Kläranlagen sowie durch Sanierungsmaßnahmen aller Art die Wasserqualität zunehmend besser. Der Schadstoffgehalt sank an manchen Strecken seit 1990 um 90 Prozent! Das größere Problem sind heute Nährstoffe und Pestizide aus der Landwirtschaft. Noch immer gilt ein Großteil der Elbe als »kritisch belastet«, aber zumindest kann man wieder in ihr schwimmen – es wird sogar öffentlich dazu aufgefordert –, ohne sich gleich zu vergiften. Gefährlicher sind die starken Strömungen an den Buhnenköpfen.

Über viele Jahrzehnte hatte man die Elbe in ein viel zu enges Korsett gepresst, mit dramatischen Folgen. Das schlimmste Elbhochwasser seit 1845, die sogenannte Jahrhundertflut im August 2002, kostete insgesamt (in Deutschland und in Tschechien) 38 Menschen das Leben, und verursachte Schäden in Höhe von über 18 Milliarden Euro. Als das Wasser wieder abfloss, hinterließ es eine Schneise der Verwüstung. Nur wenige Jahre später, im März 2006, gab es das nächste starke Hochwasser; nicht zuletzt, weil nach 2002 vor allem in Sachsen-Anhalt die Deiche erhöht und verstärkt worden waren. Das Problem mit Deichen ist, wenn sie brechen. Dann ergießt sich die Flutwelle urplötzlich mit ihrer ganzen zerstörerischen Kraft über das angrenzende Gebiet. Wo es keine Dämme und Deiche gibt, breitet sich das Hochwasser allmählich aus, und es bleibt Zeit, Menschen sowie Hab und Gut in Sicherheit zu bringen.

»Sie können sich gar nicht vorstellen«, erzählte mir ein Mann, der für die Deiche verantwortlich war, »früher, da reichte das Überflutungsgebiet der Elbe – sehen Sie da am Horizont?« – er deutete auf einen ungefähr drei Kilometer entfernten Punkt – »bis dahin.«

Eine weite Fläche, allerdings liegen im Einzugsbereich der Elbe fünf Gebirgszüge mit Höhenlagen über 1000 Meter – Riesengebirge, Bayerischer Wald, Böhmerwald, Fichtelgebirge und Erzgebirge –, die zur Schneeschmelze dem Fluss enorme Wassermassen zuführen können.

»Die Gehöfte, Häuser und kleinen Siedlungen«, fuhr der Deichgraf, wie ich ihn insgeheim nannte, fort, »waren natürlich so gebaut, dass sie für normales Hochwasser unerreichbar waren. Und wenn das Wasser doch mal höher stieg, war immer noch Zeit, die unteren Geschosse zu räumen und alles in die oberen Stockwerke zu schaffen. Und wenn alles vorbei war, schaffte man die Möbel wieder nach unten.«

Heute wird das Korsett, das man für irre viel Geld gebaut hat, für wiederum irre viel Geld gelockert, und man gibt dem Fluss wieder mehr Raum. So wie man auch den Rhein zurückbaut und mit den Rhein-Auen Überflutungsgebiete schafft.

Was mich schon am ersten Tag erstaunte, war, dass wir zwar jede Menge kleiner Motorsportboote, aber kaum Schiffe zu Gesicht bekamen. Dabei war die Elbe doch einmal eine wichtige Wasser- und Handelsstraße. Heutzutage recken alle die Hälse, wenn sie ein Schiff sehen. Wenn ich denke, was auf dem Rhein – Europas nasser Avenue – los ist!

»Gucken Sie sich das an!«, schimpfte denn auch der Deichgraf. »Hier werden Millionen von Steuergeldern für die Erhaltung der Buhnen, für Schifffahrtszeichen – ganz aufwendig mit Blinkzeichen –, Tafeln am Ufer und Hast-du-nicht-gesehen verschleudert. Für die zwei Kähne, die hier am Tag vorbeikommen! Das ist doch ein Witz!«

Am späten Nachmittag bauten Cleo und ich unser Zelt auf einer Buhne auf, setzten uns bei Sonnenuntergang an den gemächlich dahinziehenden Fluss und hielten die Angel ins Wasser. Eine leichte Brise strich uns um die Nase, die Wiesen dufteten. Eine geraume Weile kreiste ein Seeadler über uns, der hin und wieder seinen heiseren Ruf hören ließ, schnatternd strichen mehrmals Gänse über das Wasser. Kam mal ein Motorboot vorbei, winkten die Leute freundlich zu uns herüber.

»Cleo, wir brauchen kein Mallorca, kein Gran Canaria, kein Mittelmeer. Hier ist es so schön. Mensch, Deutschland, was bist du wieder schön ...«, sagte ich ein ums andere Mal.

263

Noch heute, wenn ich an die Wanderung zurückdenke und die Augen schließe, kommt mir dieser Abend in den Sinn. Es gab zwei Momente – oder Stellen –, der eine war hier an der Elbe, der andere, als ich etliche Tage später mit Frau Jahns auf der Hollywoodschaukel in ihrem Garten am Schaalsee saß, wo mir das Herz aufging und ich am liebsten gar nicht mehr wegwollte. Das ist eigentlich das beste Gefühl, das man haben kann.

Am nächsten Tag war es so heiß, dass Cleo und ich gegen Mittag eine längere Pause einlegten, faul in der Wiese lagen und das Nichtstun genossen. Wenn uns die Sonne zu sehr auf den Pelz brannte, kühlten wir uns in der Elbe ab. Das half jedoch immer nur für eine halbe Stunde, und so entschloss ich mich irgendwann, quer durch die Elbe ans andere Ufer zu schwimmen. Die erste Hälfte war kein Problem, doch in der zweiten wurde die Puste ein bisschen knapp.

Während ich japsend am Ufer saß, kam ein seltsames Gefährt über das Wasser auf mich zu, ein Zwischending aus Fahrrad und Boot: Man sitzt auf einem Fahrradsattel, hat einen Fahrradlenker und tritt in die Pedale, nur dass die Kraft nicht auf Räder, sondern eine kleine Schiffsschraube übertragen wird. Stabilisiert wird das Ganze durch zwei große Schwimmkörper.

»Das sieht ja schräg aus«, sagte ich zu dem Mann. »Haben Sie das selbst gebaut?«

»Nein«, lachte er »das kann man so kaufen. Nennt sich Hydrobike.«

Nachdem wir uns eine Weile über sein Wasserfahrrad unterhalten hatten, wollte er sich wieder auf den Rückweg ans andere Ufer machen. Das kam mir sehr gelegen, denn das bot mir eine Mitfahrgelegenheit und ersparte mir, den weiten Weg zurückzuschwimmen.

264

Wieder auf brandenburgischer Seite, lud Wolfgang Pauli Cleo und mich ein, sein in mühevoller Kleinarbeit originalgetreu restauriertes Bauernhaus zu besichtigen. Kurz darauf standen wir vor einem wunderschönen Fachwerkhaus mit tief gezogenem Reetdach, umgeben von Schafweiden, Streuobstwiesen, Brombeerhecken, urigen Kopfweiden, einem Gemüse- und einem duftenden, bunten Blumengarten mit Dahlien, Sonnenblumen und vielen anderen Schönheiten. Herrlich. Wie aus *Schöner Wohnen*. Sieben Jahre hatten Herr Pauli und seine Frau in den Wiederaufbau dieses sogenannten Niederdeutschen Hallenhauses investiert und dabei auf historische und ökologische Baustoffe sowie moderne Umwelttechnik gesetzt. Ihre Bemühungen wurden mit mehreren Preisen gewürdigt, unter anderem dem »Brandenburgischen Förderpreis für Denkmalpflege«.

Dann zeigte mir Herr Pauli, wie es vor der Sanierung hier ausgesehen hatte. Mit offenem Mund betrachtete ich die Fotos: die Wände zum Teil eingestürzt, das Reetdach fast völlig verrottet, immense Schäden am Fachwerk, weder Strom- noch Wasseranschluss. 13 Jahre hatte das Haus leer gestanden, bevor die Paulis es 1996 kauften. In diesen Jahren hatte sich aller mögliche Müll angesammelt und war der Grund, der zu dem Haus gehörte, total verwildert. Wäre ich damals vor der Ruine gestanden, hätte ich keinen Cent dafür gegeben. Ich hätte mir nicht vorstellen können, dass daraus etwas derart Schönes entstehen kann. Und versucht hätte ich es schon gar nicht.

»Ich bin schwer beeindruckt«, gestand ich. »Es gehören ein unglaublicher Enthusiasmus und Wille dazu, so etwas anzugehen. Aber ihr habt euch hier euer Shangri-La geschaffen.«

»Na ja, weißt du«, meinte Wolfgang, »alles ganz toll, und wir sind mächtig stolz darauf, doch manchmal nen-

265

nen wir es großes Gefängnis, weil wir nicht mehr wegkommen. Eigentlich wollte ich gern ein bisschen durch die Welt reisen, mir fremde Länder anschauen ... aber jetzt sind wir mit dem Hof gebunden.«

Zum einen hatte die Renovierung eine Unmenge Geld verschlungen, zum anderen hat das Haus nun zwei Ferienwohnungen, und man kann die Gäste ja nicht sich selbst überlassen.

Plötzlich spitzte ich die Ohren. Was war das denn gerade für ein Geräusch gewesen?

»Das hörte sich an wie ein Laubfrosch«, sagte ich etwas zögernd, weil ich meinen Ohren nicht trauen wollte.

Der streng geschützte Winzling – er wird nur drei bis fünf Zentimeter groß und dreieinhalb bis sieben Gramm schwer – zählt in Deutschland zu den gefährdeten Amphibien. Entsprechend selten ist der als Wetterfrosch bekannte grüne Zwerg anzutreffen. Aus einer anderen Ecke des Gartens ertönte das Quaken eines weiteren Laubfroschs, und dann noch eines und noch eines.

»Ich fasse es nicht. Die sind so selten, und ihr habt hier gleich mehrere!«, rief ich erstaunt.

»Ja, ungefähr zweihundert«, schmunzelte Wolfgang.

Über alledem war es Abend geworden, und Wolfgang bot uns an, dass Cleo und ich unser Zelt in seinem Garten aufschlagen könnten.

»Nur, damit ihr es wisst«, fügte er hinzu, »wir haben zwei Katzen, und der Kater ist sehr selbstbewusst.«

»Cleo auch«, tat ich seinen Hinweis mit einem Schulterzucken ab.

Am nächsten Morgen, als Cleo und ich recht zeitig aus dem Zelt krochen, kam besagter Kater des Weges. Anstatt, wie es Katzen üblicherweise tun, sobald sie einen Hund sehen, kurz zu erstarren und einen Buckel zu machen, marschierte der Kater mit dick aufgeplustertem Schwanz und Rückenfell, was ihn fast doppelt so groß wirken ließ, auf Cleo zu, baute sich anderthalb Meter vor ihr auf, fauchte sie an und hieb mit der Tatze vor ihrer Schnauze in die Luft.

»Wau wau«, warnte Cleo, »ich bin ein Schweißhund. Ich lass mir das nicht bieten! Ts, von einer Katze!« – und machte ebenfalls einen auf dick.

Das imponierte dem Kater überhaupt nicht. Er machte einen kurzen Satz nach links, um an Cleos Seite zu kommen, die will noch ausweichen und nach ihm schnappen, ist aber zu langsam, und im nächsten Moment sitzt er ihr auf dem Rücken und haut ihr die Krallen um die Ohren. Ich dachte, ich hab 'ne Erscheinung, das kann doch nicht sein.

Für einen Moment war ich hin- und hergerissen – Fotografier ich das jetzt oder helfe ich meinem Hund? –, dann entschied ich mich für Letzteres. Ich ging auf den Kater zu und brüllte ihn tierisch an, während ich mit den Armen vor seiner Nase herumfuchtelte. Er duckte sich nur, machte aber keine Anstalten, von Cleo abzulassen. Da fegte ich ihn kurzerhand von ihrem Rücken. Doch statt die Flucht zu ergreifen – schließlich stand es nun zwei gegen einen –, griff der Kater Cleo erneut an! Ich konnte es gar nicht fassen! So eine Unverfrorenheit! Jetzt hatte Cleo echt die Schnauze voll. Sie machte ganz komische Laute, die sich für mich anhörten wie »Ich bin frustriert« – und stellte sich hinter mich.

»Komm, wir packen zusammen und gehen! Ist besser so, außerdem sind wir ja Gast auf dem Hof«, sagte ich zu ihr.

Als hätte der angriffslustige Kater mich verstanden, zog er endlich von dannen.

Bis wir das Zelt abgebaut und unsere Sachen verstaut hatten, kam Wolfgang aus dem Haus, und ich erzählte ihm, was geschehen war.

»Hm, tja, ich habe wahrscheinlich den selbstbewusstesten Kater Deutschlands. Der hat schon ausgewachsene Schäferhunde in die Flucht geschlagen, die echt was draufhatten.«

Insofern war Cleo rehabilitiert, denn ein Schäferhund wiegt gut das Doppelte ...

Es gibt eine Menge alter Handwerksberufe in Deutschland, über die man trotzdem kaum etwas weiß, weil sie nur sehr selten ausgeübt werden. Einer davon ist der Küfer, je nach Region auch Böttcher, Büttner oder Schäffler genannt, der Behälter und Gefäße aus Dauben – das sind speziell geformte Holzstücke – fertigt, zum Beispiel Weinfässer. Als Laie denkt man sich vielleicht: Um ein Fass zu bauen, braucht man doch nur ein paar Holzbretter mit einem Eisenring zusammenzufügen, Boden und gegebenenfalls Deckel einzupassen, fertig! So dachte auch ich, doch ein alter Küfer, den Cleo und ich am Vormittag trafen, belehrte mich eines Besseren: Die Herstellung eines guten Fasses ist eine Kunst und erfordert sehr viel Kenntnis und Erfahrung.

Dass es hier überhaupt einen Küfer gab, lag daran, dass in diesem Gebiet an der Elbe sehr schöne, große Eichen wachsen – das wichtigste Arbeitsmaterial zur Herstellung eines Weinfasses. Gerade gewachsen müssen die Eichen zudem sein, feinadrig und astfrei, da die Dauben nicht gesägt, sondern durch Spaltung gewonnen werden. Zwar könnte theoretisch jeder Laubbaum zur Herstellung eines Weinfasses genutzt werden – in Italien werden zum Beispiel neben Eiche Akazie und Kastanie verwendet –, doch

Eichenholz hat die beste chemische Zusammensetzung. Nadelbäume hingegen eignen sich überhaupt nicht, da das Harz im Holz das Atmen des Fasses und somit die Reifung des Weines verhindert.

Wie beim Weinanbau hat jeder Wald sein »Terroir« – Bodenbeschaffenheit, Klima und so weiter –, das zusammen mit der speziellen Eichenart die Qualität des Fasses und damit des Weines bestimmt. Eichen aus Frankreich, zum Beispiel aus dem Burgund oder den Vogesen, genügen höchsten Ansprüchen. Für italienische Weine wird traditionell gern slawonische Eiche verwendet, und für Weine aus Syrah- und aus Tempranillo-Trauben eignen sich amerikanische Eichen. Diese paar Beispiele zeigen schon, wie weit das Feld ist.

Die Dauben in die gewünschte Form zu biegen erfordert hohes Können und den perfekten Einsatz von Wasser und Feuer. Ist das Fass in seiner Grundform fertig, wird es ausgebrannt. Durch die Hitze werden chemische Reaktion im Holz in Gang gesetzt, die Einfluss auf das Aroma des Weines haben, der in dem Fass »ausgebaut« wird. Durch das Ausbrennen gelangen nämlich Phenole, aromatische Aldehyde oder Vanillin in den Wein und verleihen ihm einen ganz besonderen Geschmack. Dabei spielt es wiederum eine Rolle, ob der Wein in neuen oder in alten Fässern reift.

Früher, so erzählte mir der Küfer, wurde ein Fass, aus dem ein besonders edler Wein hervorgegangen war, sogar zerstört, um die Einmaligkeit des Weines zu garantieren. Totale Verschwendung, da auf natürlichem Weg gar kein identischer Wein hätte hergestellt werden können. Das Holz hat sich durch die Erstnutzung bereits verändert, und das Klima, in dem die Trauben heranreifen, ist ebenfalls jedes Jahr anders, mal ein bisschen mehr Sonne, mal ein bisschen mehr Regen. Alles Dinge, die den Geschmack des Weines beeinflussen. Wer sich an einem Wein erfreut, der Jahr für Jahr immer gleich schmeckt, kann sicher sein, dass da künstlich nachgeholfen wurde. So wie zum Beispiel manchmal auch Säckchen mit Holzspänen in einen Wein gehängt werden, der in einem Stahltank ausgebaut wird, um eine Reifung in einem Holzfass vorzutäuschen.

Ein Begriff, der in dem Zusammenhang immer wieder auftaucht, ist »Barrique«. Da heißt es dann, ein Wein sei im Barrique ausgebaut, im Barrique gereift und so weiter. Barrique steht heute synonym für Weinfass, ist ursprünglich aber nur eine Maßeinheit, nämlich genau 225 Liter.

Ich hätte Herrn Krüger noch stundenlang zuhören können. Die Vor- und Nachteile von Holz und Stahl, von alter und neuer Eiche, von französischer, deutscher oder amerikanischer Eiche, von Trocknung des Holzes durch Lagerung und in Trockenräumen. Über den Ausbau von Weißwein in Holzfässern. Wie verschieden ein und dieselbe Traubenart schmeckt, je nachdem, ob sie in Frankreich, Kalifornien, Neuseeland oder Südafrika wächst, weil der Boden, das Klima, die Nähe zu einem Ozean und vieles mehr – das bereits erwähnte Terroir – das Aroma beeinflussen. Ein faszinierendes Thema.

Da Eichenholz einen sehr hohen Abnutzungswiderstand hat und sehr elastisch ist, ist es auch außerhalb der Weinwelt ein gefragter Rohstoff: im Möbel- und Innenausbau, im Schiffsbau, bei Herstellern von Türen, Fenstern, Treppen, Zäunen und Eisenbahnschwellen, um nur einige zu nennen. Früher hat man, wenn man sehr hochwertiges Bauholz haben wollte, zum Beispiel für Fachwerkhäuser, Dachstühle und Dielenböden, die Eichenstämme zunächst nur grob behauen und dann für bis zu dreißig Jahre geflutet – in Wasser gelegt! Heutzutage, wo alles schnell, schnell gehen und effizient sein muss, unvorstellbar. Das Wasser entzog dem Holz die Säure und machte es besonders hart und widerstandsfähig. Oft war es sogar so, dass die riesigen Eichenbalken eines Haus einen Brand überstanden, der das gesamte Haus zerstörte. Die wurden dann abgekratzt und sauber geklopft, so wie es die Trümmerfrauen nach dem Zweiten Weltkrieg mit den Ziegelsteinen machten, und beim neuen Haus gleich wieder verwendet. Wenn man sich überlegt, wie simpel früher die Werkzeuge wie Hobel, Bohrer und Säge waren, dann muss die Verarbeitung dieses Holzes unglaublich zeit- und kraftaufwendig gewesen sein.

Die Dorfrepublik Rüterberg

Die Orte entlang der ehemaligen innerdeutschen Grenze, durch die ich bislang gekommen war, hatten mit Ausnahme von Mödlareuth, das durch die Grenze in zwei Hälften gerissen war, alle im Grunde dasselbe Schicksal geteilt, und so erzählten die Menschen, denen ich begegnete, immer sehr ähnliche Geschichten, so bewegend und erschütternd sie im Einzelnen auch gewesen sein mochten. Nun aber kamen Cleo und ich in ein Dorf, dessen Status während der Teilung Deutschlands an Kuriosität mit Sicherheit nicht zu überbieten war.

Rüterberg, um das erst einmal voranzuschieben, liegt extrem schön. Es ist keine dieser typischen Siedlungen – Elbe, Deich, Hinterland, Dorf –, sondern liegt, wie der Name schon sagt, auf einer Anhöhe und bietet einen herrlichen Blick auf das Elbe-Urstromtal, auf das flache Niedersachsen im Südwesten, das leicht hügelig werdende Mecklenburg-Vorpommern im Nordosten. Für mich war es einer der schönsten Orte, die ich in Norddeutschland gesehen habe, genauer gesagt, der zweitschönste; der schönste sollte noch folgen, aber das konnten Cleo und ich zu dem Zeitpunkt natürlich nicht wissen.

»Cleo«, sagte ich daher, als wir in Rüterberg auf dem Hügel standen, »wenn wir mal nach Norddeutschland ziehen, dann bauen wir uns hier oben ein kleines Haus.«

Rüterberg gehörte, da am Ostufer der Elbe gelegen, zur DDR, klar, und war seit 1952 durch einen Grenzzaun entlang dem Fluss gegen den kapitalistischen Westen geschützt. Nun gab es aber hüben und drüben gegensätzliche Meinungen, wo genau die Grenze verlief. Der Westen behauptete entschieden, dass das Ostufer, die DDR dagegen, dass die Flussmitte die Grenze bilde. 1966 gipfelte die Auseinandersetzung in der »Schlacht von Gorleben«, die damit begann, dass DDR-Grenzer ein bundesdeutsches Vermessungsschiff beschossen. Zum Glück endeten die »Kampfhandlungen« damit schon wieder, der Streit über den genauen Grenzverlauf allerdings ging nun in die heiße Phase. Vermutlich der Grund, warum man das Ganze als »Schlacht von Gorleben« bezeichnet. Der Osten musste in der Folge feststellen, dass er seine Kontrollen nur bis zum Ostufer der Elbe durchsetzen konnte, was ihm einen Riesenschreck einjagte. Und so sagte man sich: »Okay, lasst uns mal prophylaktisch einen weiteren antifaschistischen Schutzwall ein Stückchen landeinwärts ziehen.«

Da Rüterberg an einem Knick der Elbe liegt – anders ausgedrückt: auf einem Flussknie – und somit an drei Seiten von der Elbe beziehungsweise westdeutschem Gebiet umgeben war, war es durch den zweiten Zaun plötzlich von der DDR abgeschnürt. Den Bewohnern war es freigestellt, von Rüterberg weg tiefer in die DDR hineinzuziehen, was etliche taten: In den 22 Jahren von 1967 bis 1989 schrumpfte die Bevölkerung von dreihundert auf 150

Einwohner. Diejenigen, die allen Widrigkeiten zum Trotz blieben, lebten fortan in einer Art großem Gehege, einem Freilichtgefängnis. Besuch empfangen durften sie nicht, »Freigang« war nur durch ein bewachtes Tor und mit Passierschein möglich – und nur zwischen fünf Uhr morgens und elf Uhr abends. Nachts blieb das Tor verschlossen.

Rüterberg war wirklich eine der größten Absurdität entlang der Grenze – zu einer weiteren kamen Cleo und ich später. Heute erinnern daran ein Wachturm ganz oben auf dem Berg, der zu einer Ferienwohnung umgebaut wurde – keine schlechte Idee, denn der Ausblick von da oben muss grandios sein –, ein kleines Stück Zaun und das Ortsschild mit der Aufschrift »Dorfrepublik Rüterberg«. Auch so ein Kuriosum: Am 8. November 1989 beschloss eine Einwohnerversammlung einstimmig, Rüterberg aus Trotz gegen das DDR-System zur Dorfrepublik auszurufen. Zur Erinnerung: Nur einen Tag später fiel die Mauer. Und eine allerletzte Kuriosität: Noch 1988, ein Jahr vor der Wiedervereinigung, war der alte Grenzzaun durch einen stabileren ersetzt und waren Stolperdrähte sowie Hundelaufanlagen installiert worden – für satte elf Millionen Mark.

Auf dem Weg zum Schaalsee

Etwa auf halber Strecke zum Schaalsee, am »Checkpoint Harry«, war ich mit meinem Freund Markus Lanz verabredet, der Cleo und mich ein Stück begleiten wollte. Wir hatten uns lange nicht gesehen, und da der Terminkalender des gefragten Fernsehmoderators noch voller war als meiner, war dies auf absehbare Zeit die einzige Gelegenheit für ein Treffen. Der Kontrollpunkt heißt erst seit knapp zwanzig Jahren so. Nach der Wiedervereinigung stand die ehemalige Grenzabfertigungshalle zunächst eine Weile leer, bis der jetzige Besitzer Harry Strelow die Idee hatte, darin einen Imbiss zu eröffnen und diesen in Anlehnung an den berühmt-berüchtigten »Checkpoint Charlie« in Berlin »Checkpoint Harry« zu nennen.

Wir liefen auf mecklenburg-vorpommerscher Seite durch eine wenig abwechslungsreiche Landschaft: unebenes Gelände, Mischwald, Buschland, was uns nicht weiter störte, da Markus und ich uns eine Menge zu erzählen hatten. Am späten Nachmittag kamen wir an einem Feld vorbei, auf dem der Bauer gerade mit dem Dreschen der Wintergerste begann. Wintergerste ist das Getreide, das als Erstes reif wird und die Erntesaison eröffnet. Fasziniert blieben wir stehen und beobachteten, wie die riesigen Mähdrescher sich Reihe für Reihe durch das schier endlose Feld schoben. Der dabei aufgewirbelte Staub schwebte höher und höher und legte sich wie ein feiner Schleier vor die tief stehende Sonne. Das Bild, das sich uns bot, war – obwohl es natürlich mit dem Anblick eines die Sense schwingenden Bauern nicht mithalten konnte – unglaublich romantisch.

Und das empfanden wohl nicht nur Markus und ich so, denn ein Stück weiter standen zwei ältere Frauen in den Anblick des Geschehens versunken, und nach und nach gesellte sich das halbe Dorf dazu. Für die ländliche Bevölkerung hat die Ernte bis heute einen ganz starken symbolischen Charakter. Sie ist harte Arbeit, aber auch der Lohn für vergangene Mühen, sie ist die Freude und Erleichterung darüber, dass das Korn gediehen ist, ist die Hoffnung auf einen sorgenfreien Winter. Die Einzige, die sich von der eigentümlichen Szenerie nicht berühren ließ, war Cleo. Nur wenn hin und wieder ein Reh von den Maschinen aufgeschreckt aus dem Feld in den angrenzenden

Wald flüchtete, merkte sie auf. Dann konnte man regelrecht sehen, wir ihr ganzer Körper vibrierte.

Viele LPGs, die damaligen »genossenschaftlich-sozialistischen Großbetriebe« der Landwirtschaft der DDR, sind bis heute Genossenschaften und dominieren in weiten Teilen die Landwirtschaft in Ostdeutschland. Einige andere wurden aufgelöst und das Land an die früheren Eigentümer zurückgegeben, die man, sofern sie weiter als Landwirte arbeiteten, »Wiedereinrichter« nannte. Zum Verständnis: Es gab zu DDR-Zeiten drei verschiedene Arten von LPGs: Beim sogenannten Typ I hatte der Bauer nur seinen Boden, bei Typ II zusätzlich seine Maschinen und bei Typ III den gesamten landwirtschaftlichen Betrieb samt Vieh, Maschinen und Gebäuden in die Genossenschaft eingebracht. Auf Druck von Partei und Staat waren immer mehr LPGs des Typs I und II in den schließlich vorherrschenden Typ III umgewandelt worden. Zu DDR-Zeiten gab es in den LPGs mehr Bauern und andere Beschäftigte – Traktoristen, sogenannte Zootechniker (Facharbeiter), Schlosser und so weiter – als Arbeit und herrschte, um es vorsichtig auszudrücken, ein bisschen Schlendrian. Heute sind die Erträge der LPGs, die wieder zu privatlandwirtschaftlichen Betrieben wurden, deutlich höher, obwohl sie weit weniger Menschen beschäftigen. Das nur nebenbei.

Irgendwie kommt man beim Anblick der modernen Erntemaschinen nicht umhin, den technischen Fortschritt zu bewundern. Zumindest geht es mir so, wenn ich daran denke, wie lange ein Bergbauer, der seinen steilen Hang noch heute notgedrungen mit der Sense mähen muss, für ein kleines Feld braucht, und hier sehe, wie diese hochmodernen Erntemaschinen, deren Mähtische Schnittbreiten von bis zu zehn Metern haben, über die Felder brettern. Die Mähdrescher fressen enorme Mengen Getreide in sich rein und spucken das Korn im Zwanzig-Minuten-Takt gleich auf große Kornwagen, die parallel nebenherfahren. Der Bauer oder eine Aushilfskraft sitzt nicht mehr schwitzend, mit verklebten Augen und viel Dreck in der Nase auf dem Traktor, sondern in einer klimatisierten Kabine, und die computergesteuerte und mit Kameras sowie Sensoren ausgestattete Maschine erkennt sogar, wenn irgendwo ein Stein liegt, und bleibt dann sofort stehen.

Dreißig Jahre lag der wunderschöne Schaalsee im Dornröschenschlaf, weil die Grenze mitten hindurchging. Die 24 Quadratkilometer des Sees, der mit über siebzig Meter Tiefe der größte und tiefste Klarwassersee Norddeutschlands ist, und seine Ufer blieben daher weitgehend von Eingriffen des Menschen verschont. Fischen durften nur Genossen-Fischer, also nicht Fischer einer Genossenschaft, sondern solche mit Parteiabzeichen. Die westliche Seite war bereits 1960 zusammen mit dem Ratzeburger und vielen kleinen Seen zum Naturpark »Lauenburgische Seen« deklariert worden, und seit dem Jahr 2000 ist ein großes Schutzgebiet mit dem See im Zentrum als internationales UNESCO-Biosphärenreservat anerkannt.

Die kleine Insel Stintenburg am Ostufer kurz vor dem Ort Lassahn hat eine besondere Geschichte. Sie wurde nämlich schon zu NS-Zeiten enteignet, da man der Familie von Bernstorff, der die Insel und das gleichnamige Gutshaus gehörten, staatsfeindliche Gesinnung unterstellte. Albrecht Graf von Bernstorff wurde noch Ende April 1945 von der Gestapo in Berlin erschossen. Während der Teilung Deutschlands nutzten die Grenztruppen der DDR das Gebäude als Kaserne. Mittlerweile ist die Stintenburginsel samt Herrenhaus wieder im Besitz der von Bernstorffs. Ein Bauer hingegen, der zu DDR-Zeiten enteignet worden war, hat nur einen Teil seiner ursprünglich dreißig Hektar – was als landwirtschaftliche Nutzfläche ein Vermögen ist – zurückbekommen, wie er mir erbost erzählte. Er konnte nicht verstehen, warum der »Graf zu Kohlen und Reibach« seine Besitztümer komplett wiederbekommen hat, er hingegen nicht. Das Dumme – oder vielmehr Ungerechte – ist, dass es darauf ankommt, wann die Enteignung stattgefunden hatte, und da hatte die Familie aus Mecklenburger Uradel schlichtweg die besseren Karten. Der Bauer vermutete jedoch auch: gute Beziehungen zu den entscheidenden Behörden.

Jan und der Seeadler

Am nächsten Morgen liefen Markus, Cleo und ich in aller Frühe an einem alten hölzernen Bootsschuppen vorbei, an dem ein Fischer in seinem kleinen Boot saß und das Netz flickte. Richtig romantisch.

»Oh, das ist aber ein schöner Hund«, sagte der Mann, als er Cleo entdeckte.

Mit seinem Ohrring, der Baseballkappe und dem jungenhaften Gesicht sah der sehr junge Kerl zwar nicht gerade wie der typische Fischer aus, trotzdem wollte Markus, der Hobbyfotograf, der sehr gern – und im Übrigen irre schöne – Porträtaufnahmen macht, ihn fotografieren.

Während ich mich mit dem Fischer unterhielt und Markus seine Kamera auspackte und nach einem kurzen Blick zum Himmel den Filter wechselte, kam ein alter Mann des Weges: Prinz-Heinrich-Schirmmütze auf, dickes Gesicht, schwerer Typ, große Hände, kompakt, in Ölzeug.

»Guck mal«, stupste ich Markus an, der den Neuankömmling noch nicht bemerkt hatte, »der könnte glatt die

Reklame für Havesta-Makrelen oder Fishermen's Friend machen.«

Markus drehte sich um, riss die Augen auf und fing sofort zu fotografieren an.

»Ist ja unglaublich – ein tolles Gesicht!«

Markus drückte ein ums andere Mal den Auslöser, hielt mit der anderen Hand einen zweiten Blitzer etwas seitlich, sodass er noch ein bisschen mehr Kunstlicht und »Kante« von rechts bekam.

Der alte Mecklenburger war damit nicht so recht einverstanden, sagte aber nichts. Und Markus war so hingerissen, dass er den Unmut und das Unbehagen des Mannes nicht bemerkte. Irgendwann, nachdem er bestimmt fünfzig Bilder geschossen und dabei das Objekt seiner Begierde zigmal mit dem Blitzlicht geblendet hatte, merkte Markus, dass der Mann, dem das Ganze immer weniger behagte, von Foto zu Foto steifer wurde. Da versuchte er – alter Fotografentrick – noch mal Leben in das »Model« zu bringen. Nun konnte er aber schlecht sagen: »Jetzt komm mal auf mich zu und schwenk dabei die Reuse« oder etwas in der Art. Schließlich stand vor ihm eben kein Fotomodell, sondern ein leicht angepisster Mecklenburger.

»Es ist herrlich hier, und Sie haben ein tolles Gesicht ...«, versuchte Markus den Mann in ein Gespräch zu verwickeln.

Keine Reaktion.

»Was fangen Sie denn hier überwiegend?«

»Maränen.«

Den Mecklenburgern sagt man ja nach, dass sie dickköpfig, zurückhaltend und konservativ sind. Und vor allem wortkarg. So, so.

»Tja, also ... ja, ähm ...« rang der sonst so redegewandte und nicht auf den Mund gefallene Markus einen Moment um Worte. »Ist es denn okay, dass ich Sie fotografiere?«

Der Blick, den er erntete, sagte unmissverständlich: »Nein! Und wenn jetzt nicht gleich Schluss damit ist, scheppert's.«

Markus versuchte es ein letztes Mal: »Wie lange sind Sie denn schon Fischer auf dem Schaalsee?«

Da guckte der Mann ihn an und sagte dann auf Plattdeutsch: »Junger Mann, ich bin gar kein Fischer. Ich bin Maurer.«

Markus und ich schauten verdutzt erst ihn, dann uns an, und brachen schließlich in schallendes Gelächter aus, denn der Typ sah einfach wie das Urbild eines Fischers aus. In der für diese Region charakteristischen Art – das heißt, ohne großes Drumherum schnell auf den Punkt zu kommen – erklärte er uns, dass er beim Fischfang lediglich aushelfe, immer nur freitags; das aber seit zehn Jahren.

»Wenn ihr Lust habt, fahrt doch mit raus«, schlug Jan Poggensee, der junge Fischer, vor, nachdem wir uns von dem alten Mann verabschiedet hatten, und begann aufzuzählen, was es hier so zu sehen gab. »Wir haben hier jede Menge Zwergmöwen. Die sind sehr selten. Und Kormorane. Die mag ich allerdings nicht so, die fressen mir die ganzen Fische weg ...«

Markus und ich überlegten nicht lange und nahmen das Angebot an. Eine seltene Chance, denn den Schaalsee darf aus Gründen des Naturschutzes nur eine limitierte Anzahl registrierter Boote befahren.

Der alte Mercury-Motor tuckerte auf den glatt wie ein Spiegel im Morgenlicht liegenden See hinaus. Über den umliegenden Erlenbruchwäldern, den Feuchtwiesen und Mooren hingen letzte vereinzelte Nebelschwaden. Eine unglaubliche Stimmung.

»Auf was fischt du denn?«, fragte ich Jan.

»Es gibt hier große Hechte. Und ich stelle Aalreusen auf, aber der eigentliche Schatz des Sees sind die Edelmaränen.«

Die Edel- oder Große Maräne – wie die Kleine Maräne im Arendsee ein lachsartiger Fisch mit einer Fettflosse zwischen Rücken- und Schwanzflosse – stellt bestimmte Ansprüche ans Wasser und ist für diese Region eher selten. Hauptsächlich kommt sie nämlich im Bodensee und in anderen Seen des Alpenvorlands vor, wo sie allerdings nicht Maräne, sondern Felchen heißt. Aber auch in der Ostsee ist sie zu finden. Dort heißt sie ebenfalls nicht Maräne, sondern Schnäpel. Der Ostseeschnäpel landete früher im Katzenfutter, bevor er sich vor einigen Jahren zur Delikatesse mauserte. Das sehr würzige, aromatische Fleisch der Edelmaränen kann es mit jedem Seefisch aufnehmen, und geräuchert ist sie ein Gedicht. Ich behaupte sogar, dass sie Aal, den mit Abstand teuersten Räucherfisch, und Lachs in den Schatten stellt. Dummerweise schmecken Edelmaränen nicht nur uns Menschen, sondern sind auch die Lieblingsmahlzeit der Hechte. Hechte sind wie Wildschweine: Sie wissen genau, was gut und was weniger gut schmeckt.

Binnenfischerei ist ein harter Job, weshalb die Pachten für Berufsfischer, die vom Besatz oder Bestand eines Sees oder eines Flusses leben müssen, sehr gering sind. Und weil die Binnenfischerei kein Zuckerschlecken ist, haben wir in Deutschland überwiegend Aquakulturen – das, was der Forellenpuff für den Sportangler ist, ist die Teichwirtschaft für den Binnenfischer: kontrollierte Aufzucht. Davon leben diejenigen, die Setzlinge ziehen, ob von Karpfen, Hechten, Forellen oder Zander, oder kleine Aale vor der Küste abfangen.

»Und ihr setzt hier Glasaale aus?«, hakte ich zum Stichwort Aalreuse nach.

»Nee, wieso? Der Schaalsee hat eine Verbindung zum Pfuhlsee, der hat eine zum Pipersee, und der eine zum Salemer See. Von dort geht der Schaalseekanal zum Großen Küchensee. Der ist zwar durch einen Damm vom Ratzeburger See getrennt, aber der Damm hat Durchlässe. Vom Ratzeburger See fließt die Wakenitz in die Trave. Und schon sind sie an der Ostsee. Und über denselben Weg, nur in umgekehrter Richtung, kommen die Nachkommen hierher.«

Mit den Aalen hat es eine besondere Bewandtnis. Der Europäische Aal wird in der Saragossasee, in der Nähe der Bahamas, geboren. Vor dort machen sich die Larven, die aussehen wie kleine Weidenblätter, auf die drei Jahre dauernde Reise in die Nordsee oder weiter durch den Skagerrak und das Kattegat in die Ostsee. Hier angekommen, sind sie noch ganz durchsichtig, weshalb man sie Glasaale nennt. Von den Küsten aus wandern sie in die Flussmündungen, beispielweise von Elbe, Weser oder Trave, und von dort weiter ins Landesinnere, in kleinere Flüsse, in Bäche oder Seen (in dem Stadium nennt man sie Steigaale). Dabei nehmen sie die unmöglichsten Wege, ziehen durch kleine Entwässerungskanäle, überwinden Wehre, nutzen sogar feuchte Wiesen fürs Vorwärtskommen. Die nächsten Jahre bleiben die Aale im Süßwasser, wo sich der räuberische Breitkopfaal in erster Linie von Fischen, Fischlaich und Krebsen und der Spitzkopfaal vorwiegend von Pflanzen, Insektenlarven, Würmern, Muscheln und Schnecken ernährt. Wenn sie ihre Geschlechtsreife erreichen – bei Weibchen ist das mit zwölf bis 15, bei Männchen mit sechs bis neun Jahren der Fall – und vorher nicht in Jans Reuse oder am Haken eines Sportanglers landen, machen sie sich auf die Rückreise: den ganzen langen Weg zurück in die Saragossasee. Nach etwa eineinhalb Jahren, in denen sie ausschließlich von ihren Fettreserven leben, erreichen sie ihre Geburtsstätte, paaren sich und laichen in bis zu 2000 Meter Tiefe ab, was im Übrigen beides noch nie gefilmt wurde, und sterben dann an Entkräftung. Sehr schräg.

Durch das Abfangen großer Mengen Glasaale an der Küste, einen aus Asien eingeschleppten Parasiten, der die Schwimmblase schädigt, Umweltverschmutzung und Gewässerverbauung ist der Europäische Aal mittlerweile vom Aussterben bedroht. Man schätzt, dass es in spätestens dreißig Jahren keinen Aal mehr in europäischen Gewässern geben wird.

»Wir haben übrigens ein Seeadlerbrutpaar am Schaalsee«, meinte Jan beiläufig.

Als ich in Schleswig-Holstein meine Ausbildung machte, gab es dort nur zwei Brutpaare: eines bei Segeberg und eines am Selenter See. Ein kleiner Erfolg, denn zu Beginn des 20. Jahrhunderts war der Seeadler in ganz Westeuropa ausgerottet; das westlichste Vorkommen in Mitteleuropa war in Mecklenburg-Vorpommern mit seinen unzähligen Seen und in Brandenburg. Aufgrund verschiedener Schutzbemühungen erholte sich der Bestand bis Mitte des vorigen Jahrhunderts allmählich, nahm dann aber wieder rapide ab. Wie bei den Wanderfalken beschrieben, sorgte das ab Ende des Zweiten Weltkriegs massenhaft ausgebrachte DDT dafür, dass die Eischalen zu dünn wurden und es kaum mehr Nachkommen gab. Nach dem Verbot von DDT Anfang der 1970er-Jahre wuchs die Population wieder an, und die letzte Zählung in Deutschland im Jahr 2007 kam auf 575 Brutpaare!

Der Seeadler ist der größte Greifvogel Mitteleuropas, größer als ein Steinadler. Die kleineren Männchen werden bis fünfeinhalb Kilogramm schwer, die Weibchen kommen auf ein Gewicht zwischen vier und sieben Kilogramm.

Die Flügelspannweite eines großen Seeadlers kann bis knapp an zweieinhalb Meter heranreichen. Selbst auf große Entfernung sind sie – außer an ihrer Größe – an ihrem beinahe bulligen Körper, den brettartigen Schwingen, dem im Vergleich zu anderen Greifvögeln sehr großen Schnabel und den kräftigen Fängen meist gut erkennbar. Mit seinen gewaltigen Krallen kann der Seeadler selbst stattliche Karpfen aus dem Wasser holen und sogar Gänse schlagen.

»Ich kann euch das Männchen vorführen, wenn ihr wollt, ich habe es ein bisschen abgerichtet«, schlug Jan vor.

»Du hast was?«, fragte ich erstaunt.

»Ihn ein bisschen abgerichtet«, wiederholte er. »Aber er macht es nur einmal, und wenn ihr dann eure Kameras bereit habt, kriegt ihr vielleicht schöne Aufnahmen.«

»Was macht er nur einmal?«, wollte nun Markus wissen.

»Sich den ersten Fisch aus dem Beifang holen. Bevor die Möwen auftauchen. Mit denen hat er ein Problem. Er mag das laute Gekreische und wilde Durcheinandergeflattere nicht.«

Ein Fischer hat in seinem Netz immer Beifang: Plötzen, Brassen, Güstern, Rotfedern, Karauschen und andere Weißfische, mit denen man nicht viel anfangen kann. Wie im Märchen von Aschenputtel heißt es dann: Die guten ins Töpfchen, die schlechten ins Kröpfchen. Während die »guten«, in Jans Fall vorwiegend Maränen, in die Fischkisten wandern, fliegt der Beifang über Bord zurück ins Wasser. Dann dauert es nicht lange, bis die Möwen kommen und sich quasi an die gedeckte Tafel setzen. Seit Richard Bach und der Möwe Jonathan weiß man ja, dass es Möwen gibt, die von nichts anderem leben.

»Holt er in sich aus der Hand?«, rief Markus völlig ver-
dattert.

»Nee«, lachte Jan, »die brauche ich noch. Was glaubst du
wohl, wie die aussehen würde, wenn der Adler seine Krallen reinschlägt!«

»Hm, klar, blöde Frage«, gestand Markus ein. »Aber wie
läuft es denn dann ab?«

»Sobald ich den Adler irgendwo entdecke, zeige ich ihm
einen Fisch. Dann kommt er angeflogen, und kurz bevor er
das Boot erreicht, werfe ich den Fisch ins Wasser. Ich darf
ihn nur nicht zu früh werfen, damit der Adler ihn noch erwischen kann, bevor er absinkt. Adler tauchen ja nicht.«

Kurz darauf sahen wir den Seeadler hoch oben auf dem
trockenen Ast einer Eiche sitzen, einen oder anderthalb
Kilometer von uns weg, mit dem Fernglas aber gut erkennbar. Jan holte das Netz ein: Maräne, Maräne, ein klei-
nerer Weißfisch – »Zu klein«, murmelte Jan und legte das
Fischlein zunächst ins Boot –, wieder eine Maräne, drei
Plötzen ...

»Die ist schön groß«, meinte Jan und zeigte eine der
Plötzen dem Seeadler, hielt sie gut sichtbar am ausgestreck-
ten Arm, wedelte ein bisschen damit herum, bis der Adler
von seinem Ast abhob und direkt auf uns zuflog.

»Wo soll ich die Plötze hinwerfen?«, fragte Jan.

»Der kommt! Der kommt tatsächlich!«, flüsterte ich Markus zu, der wie ich einfach nur dasaß und Bauklötze staunte.

»Hey, ihr beiden! Wo soll ich die Plötze denn nun hinwerfen?«, weckte Jan Markus und mich aus unserer Er-
starrung.

»Ja, äh«, haspelten wir und gerieten leicht in Panik. Wohin mit dem Fisch? Hektisch sahen wir uns um, während
der Seeadler immer näher kam. Fünfhundert Meter, dreihundert Meter ...

284

»Wirf sie hier so zehn Meter vor uns ins Wasser!«, deutete ich schließlich auf eine Stelle im See.

Die Plötze beschrieb einen hohen Bogen in der Luft, aus dem Augenwinkel sah ich Möwen heranfliegen, der Fisch klatschte etwa zehn Meter vor uns aufs Wasser. Im selben Moment fuhr der Seeadler seine riesigen Fänge aus, schnappte sich die Plötze und flog mit ihr auf eine siebenhundert Meter entfernt stehende Eiche, wo er den Fisch zu kröpfen begann. Ein grandioses Schauspiel.

»Das gibt es nicht!«, rief ich, total aus dem Häuschen, dass ein Adler zum Fischer kommt. »Unglaublich!«

Markus und ich waren uns einig: tolle Story, tolle Bilder, tolles Morgenlicht, riesiger Adler!

»Mensch, mach das noch einmal, Jan.«

»Ich habe es euch doch schon gesagt: Das funktioniert nur einmal am Tag. Morgen vielleicht wieder.«

Wir ließen nicht locker, und irgendwann gab sich Jan geschlagen und startete einen zweiten Versuch. Aber der Adler kam nicht zurück, obwohl er von der einen Plötze nicht satt sein konnte.

Auf der Hollywoodschaukel

Nun wieder ohne Markus, zogen Cleo und ich weiter. Die Wanderung entlang dem See war gar nicht so einfach. Zum Teil folgten wir Wildschweinwechseln, zum Teil kleinen Wanderwegen. Manche dieser Wanderwege führten in kleine, verträumte Buchten, in denen die einheimische Bevölkerung wie früher in meiner Kindheit badete.

»Wenn du schon schwimmen gehst, dann wasch dich gleich«, sagte meine Großmutter damals und drückte mir ein Stück Seife in die Hand. Dann musste ich mich von

Kopf bis Fuß einseifen, bevor ich ins Wasser durfte. Ökologisch bestimmt nicht einwandfrei, aber wer wusste das vor vierzig Jahren? Heute sieht das anders aus, und trotzdem habe ich am Schaalsee Eltern gesehen, die ihre Kinder shampooniert und eingeseift ins Wasser schickten.

In dem kleinen Ort Techin, heute durch den nahen Autobahnanschluss bei Zarrentin, von wo es nur ein Katzensprung nach Hamburg ist, mehr oder weniger in westdeutscher Hand – wie so viele Orte am Schaalsee, beispielsweise auch das ein Stück weiter nördlich gelegene Lassahn –, kamen wir in einen verwunschenen Garten. Anders kann man es wirklich nicht sagen. Der gesamte Schaalsee ist wunderschön; im Winter, wenn die Winde wehen und es kalt und grau ist, ist das bestimmt anders, aber jetzt im Sommer war es einfach nur herrlich. Und Techin ist ein besonders hübscher und lieblicher kleiner Ort. Der Hof von Frau Jahns aber war ein kleines Himmelreich auf Erden.

Auf dem Grundstück direkt am See weideten neben Wohnhaus und Stall ein paar pommersche Landschafe. Ein uralter Nussbaum spendete ausladenden Schatten. Zwischen den Blättern etlicher Obstbäume lugten Früchte hervor. Der Gemüse- und Kräutergarten ließe mit seiner Vielfalt das Herz eines jeden Vegetariers höher schlagen. Und um das Ganze abzurunden, setzten Blumen, darunter prächtige Dahlien, bunte Farbtupfer.

»Mensch, Cleo«, sagte ich zu meinem Hund, »da geht einem richtig das Herz auf.«

Als ich Frau Jahns um Wasser für mich und Cleo bat, lud sie uns zu Kaffee und Kuchen auf ihre Hollywoodschaukel ein, die mitten in diesem idyllischen Garten stand und einen atemberaubenden Blick auf den See bot.

Nora Jahns stammte, was an ihrem Dialekt noch gut zu hören war, ursprünglich aus Ostpreußen. Das machte mich neugierig, und so erzählte sie mir ihre Geschichte.

Frau Jahns kommt aus Trakehnen, heute Jasnaja Poljana, im Kaliningrader Gebiet, Nordwestrussland. Bekannt wurde der Ort durch das daran angrenzende Hauptgestüt, auf dem bis 1944 die berühmten Trakehner gezüchtet wurden. Einige wenige Pferde gelangten mit der großen Flucht, die im Winter 1944/45 mit dem Zusammenbruch der deutschen Ostfront einsetzte, in den Westen und bildeten den Grundstock für neue Zuchtgestüte. Trakehner sind bis heute eine der bedeutendsten deutschen Reitpferderassen – wunderschöne und gleichzeitig robuste Warmblüter.

Diese große Flucht – und die daran anschließende Vertreibung – kann man sich heute kaum mehr vorstellen. Millionen von Menschen, allein geschätzte 2,4 Millionen aus Ostpreußen, zogen damals in riesigen Trecks gegen Westen, zumeist mitten im Winter bei Temperaturen von bis zu minus 25 Grad. Zu Fuß mit Handwagen, einige mit Pferdefuhrwerken. Tage und Wochen der Kälte, des Hungers, der Angst vor sowjetischen Angriffen. Als der Landweg durch die Rote Armee abgeriegelt wurde, blieb nur noch der Weg über die Ostsee. Hunderttausende kamen bei der Flucht ums Leben – erfroren, verhungert, ermordet –, allein über 9000, als die *Wilhelm Gustloff* nach drei Torpedotreffern eines russischen U-Boots innerhalb einer Stunde sank, die größte Katastrophe der Seefahrtsgeschichte. Zum Vergleich: Beim wohl berühmtesten Schiffsunglück, dem Untergang der *Titanic,* verloren »nur« 1500 Menschen ihr Leben.

Frau Jahns Eltern schoben die Flucht immer wieder hinaus, bis sie die letzten Deutschen in Trakehnen waren. Erst 1946 machten sie sich auf den langen Weg nach Westen. Die Mutter starb noch während der Flucht nach mehreren Vergewaltigungen. Am Schaalsee, in der russisch besetzten Zone, lernte Frau Jahns ihren späteren Mann kennen und blieb.

Die Gegend war in den ersten Nachkriegsjahren bitterarm, an allem herrschte Mangel. In der ersten Zeit, so erzählte Frau Jahns, hatten sie für den gesamten Hof nur eine einzige Glühbirne. Wenn sie und ihr Mann morgens zum Kühemelken und Stallausmisten gingen, schraubten sie die Glühbirne aus der Lampe in der Küche und nahmen sie mit in den Stall. Danach wanderte die Glühlampe wieder in die Küche. Unglaublich.

Des Öfteren fuhren sie und ihr Mann wie viele andere zum Einkaufen mit dem Boot über den See in die britische Besatzungszone. Das war zwar verboten, und das Angebot im Westen war zumindest in der Anfangszeit nicht viel größer, trotzdem machte es fast jeder. Und zwar weit über den Bau der Berliner Mauer hinaus. Zunächst wurde nämlich nur weiter im Norden, wo das Seeufer die Grenze bildete, der Zaun errichtet; erst Anfang der 1970er-Jahre wurden auch die Uferabschnitte, an denen die Grenze mitten im See lag, wie bei Techin, durch einen Zaun »gesichert«.

Ich überlegte, wie das wohl war: Es ist Sommer, heiß, den ganzen Tag hat man auf dem Feld gearbeitet, kommt abends staubig und verschwitzt nach Hause, möchte sich im schönsten See Norddeutschlands abkühlen, aber da steht direkt am Ufer ein drei Meter hoher Zaun.

»Das muss doch furchtbar gewesen sein, diesen wunderschönen See vor der Nase zu haben und nicht schwimmen gehen zu können«, fragte ich.

»Jungchen, jetzt ess erst mal deijnen Kuchen – oder schmeckt er nich?«, forderte Frau Jahns mich auf, bevor sie mit einem Schulterzucken meine Frage beantwortete:

»Ach, weißte, da nahmen wir die beiden Töchter und fuhren zum Baden an die Ostsee.«

Keine Spur von Verbitterung, kein einziges böses Wort. Über so viel Gleichmut konnte ich nur staunen.

Für Frau Jahns war das alles längst vergangen und andere Dinge wichtiger.

»Du musst auch noch meine selbst gemachte Marmelade probieren«, verkündete sie. »Und das feine Hundchen kriecht 'n Stück Wurst – Hausschlachtung!«

Cleo war begeistert.

Nandu auf Angriff

Über den Bernstorfer und den Niendorfer Binnensee sowie den Dutzower See, die alle Teile des Schaalsees sind, und weiter über den Goldensee, den Lankower und Mechower See, um nur die größeren zu nennen, gelangten Cleo und ich an ein weiteres Kleinod: den Ratzeburger See, der wie weiter oben schon einmal erwähnt, ebenfalls zum Naturpark Lauenburgische Seen gehört. Seen, Seen, Seen, wohin man kommt. Um den Ort Ratzeburg, der am südlichen Ende mitten im See liegt und nur über drei Dammstraßen zu erreichen ist, mit seinem malerischen historischen Ortskern nicht zu verpassen, hatten wir am Südzipfel des Mechower Sees einen scharfen Haken nach Westen geschlagen und waren wieder einmal für ein Stück von der innerdeutschen Grenze abgewichen, die erst weiter im Norden auf den Ratzeburger See traf.

Wir hatten eine Art Endstimmung, freuten uns auf die Ostsee. Ich stellte mir bereits vor, wie es sein würde, dort oben anzukommen, uns in die Fluten zu stürzen und in die Lübecker Bucht hinauszuschwimmen. Auf der Karte hatte ich außerdem gesehen, dass es genau im Grenzgebiet einen FKK-Strand gab ...

Nordöstlich des Ratzeburger Sees sahen wir auf einem abgeernteten Acker seltsame große Vögel stehen.

»Mensch, Cleo, guck mal, da sind tatsächlich Nandus«, sagte ich überrascht.

Ein paar Tage zuvor hatte uns ein Ornithologe erzählt, dass es in dieser Gegend eine Population dieser ursprünglich aus Argentinien stammenden großen, flugunfähigen Laufvögel gibt, was ich ihm nicht hatte glauben wollen.

Wir haben in Deutschland eigentlich ausreichend Artenvielfalt, auch schon genügend Neozoen, um auf weitere Neulinge verzichten zu können. Der Fasan zum Beispiel stammt ursprünglich aus Mittelasien. Wir haben in Köln große Populationen von Alexandersittichen, von der kleinen afroasiatischen Art, die man auch als Halsbandsittich kennt, und von der großen asiatischen Art. Grün mit auffallend rotem Schnabel sind sie jedenfalls beide. Irgendwann müssen jemandem ein paar entwischt sein; der Zoo behauptet, ihm nicht. Zunächst dachte man, dass sie den nächsten Winter nicht überleben würden. Ja, von wegen! Köln hat ein so mildes Klima, dass sich diese Sittiche prächtig vermehrt haben. Mittlerweile gibt es im Stadtgebiet stellenweise mehr Sittiche als Tauben. Auch in Wiesbaden, Heidelberg und anderen Orten sind sie heimisch. Und in Stuttgart leben Gelbkopfamazonen.

Die hübschen Vögel machen ziemlich viel Krach, was die direkten Nachbarn zuweilen nervt, als Art sind sie aber nicht wirklich ein Problem. Im Unterschied zu anderen Neozoen, die, wie schon in anderem Zusammenhang erwähnt, zur Plage werden und einheimische Arten regelrecht ausrotten können. Ein klassisches Beispiel für ein »gefährliches« Neozoon in Deutschland ist der nordamerikanische Waschbär. Er ist derart generalistisch, dass er ebenso in Gartenhäuschen oder Schuppen wie in den dunkelsten Wäldern des Sauerlands leben kann. Er kam erst in den 30er-Jahren des 20. Jahrhundert nach Deutschland, hat sich seither unkontrolliert ausgebreitet und mittlerweile viele einheimische Arten, wie Stein- und Baummarder, aus ihrem Lebensraum verdrängt – Letzteres allerdings wird von einigen Zoologen angezweifelt. Außerdem ist er sehr geschickt und vielfältig: Er plündert Bodennester, klettert auf Bäume und klaut Obst oder frisst Jungvögel. Bei dem ostasiatischen Marderhund oder Enok ist noch unklar, ob er heimische Arten gefährdet. Die ursprünglich in Ostsibirien, China und Japan beheimatete Art wanderte aus der Ukraine, wo in der ersten Hälfte des 20. Jahrhunderts an die 10 000 dieser Tiere aus Pelztierfarmen ausgesetzt worden waren, bei uns ein. Andere Tiere fanden in den Ballasttanks von Schiffen ihren Weg nach Deutschland, zum Beispiel die Chinesische Wollhandkrabbe. Sie wurde in ihrer Heimat mit dem Wasser in die Ballasttanks gepumpt und im Hamburger oder einem anderen Hafen rausgepült. Viele eingeschleppte Tiere sterben recht schnell, weil sie mit dem Klima und den Lebensbedingungen hier nicht klarkommen. Andere finden es in der neuen Heimat klasse, wie unter anderem eben die Wollhandkrabbe. Sie ist in vielen Flussläufen zur regelrechten Plage geworden. Nichts gegen Neozoen, aber sie können viele Probleme auf den Plan rufen.

Alles in allem halten sich die Gefahren durch Neozoen bei uns in Grenzen. Ganz anders sieht das zum Beispiel in Australien und Neuseeland aus. Die Aga-Kröte vom amerikanischen Festland, die 1935 zur biologischen Schädlingsbekämpfung nach Australien geholt wurde, hat sich dort so immens verbreitet, dass in groß angelegten Kampagnen zur Tötung der Tiere aufgerufen wird, da ihr Gift selbst Krokodile töten kann. Ein Experiment, das in doppelter Hinsicht schiefgelaufen ist, da die Schädlinge weiterhin prächtig gediehen. Wie man nämlich erst später herausfand, war der anfängliche Schädlingsrückgang, der nach dem Import der Aga-Kröte im Jahr 1920 in Puerto Rico zu beobachten gewesen war und der schuld daran war, dass man das Gift-Vieh nach Australien holte, gar nicht den Aga-Kröten zuzuschreiben, sondern klimatischen Veränderungen. In Neuseeland haben eingeschleppte Arten beispielsweise den Kakapo, einen flugunfähigen Papagei, an den Rand der Ausrottung getrieben. Nur dank dem aufwendigen Kakapo Recovery Program und der aufopferungsvollen Arbeit von Tierschützern sowie vor allem der Umsiedlung der letzten überlebenden Kakapos auf eine von Ratten, Katzen und anderen Fressfeinden freie Insel konnte die Art gerettet werden.

Das Ganze ist ein interessantes Naturthema, auch, wie unterschiedlich Gesetze sind: Offensichtlich waren die Nandus am Ratzeburger See frei lebende Tiere, da ich weit und breit keinen Zaun sah. Wie ich später erfuhr, waren im Jahr 2000 – in der TV-Reihe sagte ich fälschlicherweise 1989 – sieben Nandus aus einer Privatzucht in Groß Grönau, Schleswig-Holstein, ausgebüchst und über das zugefrorene Flüsschen Wakenitz nach Mecklenburg-Vorpommern gekommen. Dort fanden die Laufvögel fast optimale Lebensbedingungen vor, denn in den wenigen, seither vergangenen Jahren wuchs der Bestand bis 2009 auf etwa 120 Tiere an. In Schleswig-Holstein hätte die Naturschutzbehörde wahrscheinlich gesagt: »Pass auf, lieber Nandu-Züchter, wir geben dir drei Wochen. Bis dann hast du die Tiere eingefangen, oder wir schießen sie ab.« In Mecklenburg hat man gesagt: »Oh, Neuankömmlinge, Neubürger.

Mal gucken, was daraus wird – vielleicht sogar ein kleinen Touristenmagnet ...« Tatsächlich gibt es heute ornithologische Wanderungen und geführte Gruppen zu den Nandus.

Von all dem wussten Cleo und ich, als wir die Nandus entdeckten, sehr wenig bis nichts. Vor allem wusste ich zu dem Zeitpunkt nicht, wie gefährlich diese Tiere mit ihren extrem muskulösen Beinen und der großen, scharfen Mittelkralle werden können, die sie wie die Strauße als Waffe einsetzen – vor allem Männchen, die gerade brüten oder den Nachwuchs großziehen, was bei den Nandus alleinige Aufgabe der Väter ist.

Ich beobachtete die Tiere durch das Fernglas, als ich plötzlich sah, dass Cleo auf einen Nandu mit Küken zulief, nicht in Jagdmanier, sondern aus Neugierde. Das waren Tiere, die sie nicht kannte, mit einem Geruch, der ihr fremd war. Da muss man doch mal gucken. Der Nandu-Papa bemerkte Cleo und ging ohne auch nur einmal mit der Wimper zu zucken sofort zum Angriff über.

Da ich von Nandus keine Ahnung hatte und die Tiere trotz ihrer Größe – im Schnitt gut ein Meter Rückenhöhe, den langen Hals mitgerechnet bis zu ein Meter siebzig – nicht wirklich gefährlich aussehen, hielt ich das Ganze für einen Scheinangriff, nahm den Fotoapparat hoch, schoss ein paar Bilder und wartete einfach mal ab. Was im nächsten Moment passierte, verschlug mir fast den Atem: Der Nandu trat derart heftig nach Cleo, dass mein Hund in einer riesigen Staubwolke regelrecht in die Luft geschleudert wurde. Augenblicklich lief ich los, um Cleo zu Hilfe zu kommen. Die tat in dem Moment das einzig Richtige und suchte ihr Heil in der Flucht. Der Nandu lies es damit aber nicht bewenden und raste ihr mit unglaublichem Tempo – wie ich jetzt weiß, können Nandus bis zu sechzig Stundenkilometer schnell werden – hinterher. Die beiden waren bereits über hundert Meter von den Küken entfernt, doch das interessierte den Nandu nicht. Wenige Sekunden später hatte der Nandu Cleo eingeholt und katapultierte sie ein weiteres Mal in die Luft. Cleo rappelte sich auf und flüchtete weiter. Mittlerweile hatte ich eine Wahnsinnsangst um sie. Dummerweise behinderte mich der Rucksack, den ich gar nicht so schnell abwerfen konnte, beim Laufen.

»Cleo, komm! Hier!«, schrie ich immer wieder, während ich so gut es ging voranstürmte, doch sie war so in Panik, dass sie mich nicht hörte.

Endlich bemerkte sie mich, schlug einen Haken und hetzte auf mich zu, der Nandu hinterher. Fast gleichzeitig kamen die beiden bei mir an. Cleo brachte sich hinter mir in Sicherheit und verbellte den Nandu, richtig giftig und böse. Und was machte der? Der führte vor mir einen Tanz auf, lief drei Meter nach rechts, drei nach links, sprang dann plötzlich mit beiden Beinen in die Luft und schlug nach mir, zerriss mir dabei zum Glück nur die Hose. Mit seiner scharfen Kralle hätte er mir ohne Weiteres das Bein bis zur Schlagader aufreißen können. Ich hielt die Kamera schützend vor mich und musste dabei, wie sich später herausstellte, mehrmals den Auslöser gedrückt haben. Wieder tänzelte der Nandu vor mir hin und her, während Cleo hinter mir wie eine Wahnsinnige bellte. Ich machte vorsichtig einen Schritt nach hinten, und sofort griff der Nandu wieder an. Es war eine schier ausweglose Situation. Sobald ich mich bewegte, selbst rückwärts, attackierte der Vogel. Was mache ich jetzt nur? Ich hatte ja gesehen, was vorher mit Cleo passiert war, und ich sah die Gefahr, die mir drohte. Der bringt mich noch um! Beim nächsten Mal, so überlegte ich, versuche ich ihn am Hals zu packen und schleudere ihn so lange durch die Luft, bis er keinen Mucks mehr macht. So idiotisch das klingt, aber das war in dem Moment wirklich mein Gedanke. Nach zwei, drei weiteren Angriffen, denen ich knapp ausweichen konnte, ließ das Tier endlich von mir ab und eilte im Laufschritt zurück zu seinen Küken.

Aufatmend hockte ich mich hin und untersuchte erst einmal Cleo auf Verletzungen. Die einzige Blessur, die sie davongetragen hatte, war eine Riesenbeule am Hals, die sich aber nicht weiter vergrößerte. Dann tastete ich mich selbst ab; bis auf die zerrissene Hose war alles heil. Wir hatten unglaubliches Glück gehabt.

Nur im Unterbewusstsein hatte ich wahrgenommen, dass während des Angriffs zwei Leute von der Straße irgendetwas zu mir herüberbrüllten. Ich sammelte ein paar Nandufedern auf und ging zu den beiden Männern, die da mit Stativ und Spektiv standen und wild gestikulierten. Zwei Hobby-Ornithologen. Ob ich denn nicht wüsste, wie gefährlich diese Tiere seien, empfingen sie mich. Und dann erzählten sie, dass es hier bereits die schlimmsten Unfälle gegeben habe, dass die Tierpfleger in Zoos, die für Nandus zuständig sind, sogar eine Spezialausbildung machen müssten, weil die Vögel selbst in Tierparks schon Menschen getötet hätten, und so weiter und so fort. Die beiden haben mich richtig heruntergeputzt.

Cleo und ich standen da, ziemlich bedröppelt. Ich konnte zu meiner Entschuldigung nur vorbringen, dass ich von all dem nichts gewusst und die Gefahr unterschätzt hatte. Sonst hätte ich zu Anfang doch nicht noch Fotos geschossen, sondern Cleo sofort zurückgepfiffen!

Die beiden Ornithologen fanden es nichtsdestotrotz ganz toll, dass es da Nandus gab.

»Na ja, Cleo und ich finden das gar nicht toll«, meinte ich daraufhin.

Mal abgesehen von dem gewaltigen Schrecken, den sie – beziehungsweise der eine Berserker – Cleo und mir einge- jagt hatten, und der Gefahr, die sie für andere Wanderer darstellen, die vielleicht unabsichtlich einem Gelege oder Küken zu nahe kommen, finde ich es auch ökologisch be- denklich. Und mit dieser Meinung stehe ich nicht allein. Naturschützer sehen die Exoten aus Südamerika unter an- derem als Nahrungskonkurrenten für einheimische Groß- vögel, zum Beispiel den Kranich, als Bedrohung für einige seltene Insektenarten, die sie auf ihrer Speisekarte haben – wobei der Nandu grundsätzlich ein Allesfresser ist –, und sogar für Nutzvieh: Angeblich sind Nanduhähne in der Balz schon auf Kälber losgegangen. Der größte natürliche Feind des Nandus wären Fuchs, Dachs und Wildschwein, die unheimlich gern Eier fressen, doch ein wild geworde- ner Nanduvater schlägt wohl selbst einen ausgewachsenen Keiler in die Flucht. Gejagt werden dürfen die Vögel nicht, da sie auf der weltweiten Roten Liste stehen, wenn auch als »gering gefährdet«. Was die Naturschützer gefreut haben dürfte: Im harten Winter 2009/2010 starben aufgrund der extremen Kälte und der dicken, gefrorenen Schneeschicht, die über Wochen die Felder bedeckte und so die Nahrung rar werden ließ, etwa achtzig der geschätzten 120 Nandus dieser Region.

»Cleo«, sagte ich, als wir unseren Weg fortsetzten, »wenn wir heute irgendwo ein Restaurant sehen, wo es Nandu- schnitzel gibt, dann kehren wir beide da ein. Versprochen.«

Leider haben wir kein solches Restaurant gefunden. So abwegig war die Idee übrigens nicht, denn Nandu- fleisch kommt zunehmend in Mode. Es ist ein sehr mage- res und cholesterinarmes, dazu saftiges und schmackhaf- tes Fleisch.

Der seltenste Großvogel und vermutlich der seltenste Vogel überhaupt in Deutschland ist die Großtrappe, nach der afrikanischen Riesentrappe der zweitgrößte flugfähige Vogel der Welt. Der Steppenvogel wird bis etwas über einen Meter groß und bis zu 18 Kilogramm schwer. Früher, als die Vögel gejagt werden durften, sollen Jäger sogar von Großtrappen erschlagen worden sein. So erzählen es uralte Geschichten aus der Zeit, als Treiber die Tiere dem Jäger vor die Flinte trieben. Dann kam so ein Hahn auf den Jäger zugeflogen, der schoss, die Großtrappe klappte die Flügel ein und flog wie eine Kanonenkugel auf den Schützen zu. Dass es durch die Wucht des Aufpralls tatsächlich Todesfälle gab, halte ich für ein Gerücht, aber Knochenbrüche kann ich mir gut vorstellen.

Die Großtrappe ist von Spanien bis in die Mongolei vertreten, hier aber meist nur in sehr kleinen Populationen und in eng umgrenzten Gebieten, sowie in Teilen Afrikas, zum Beispiel in Marokko, Südafrika und Namibia, wo man den Vogel häufiger sehen kann.

Die letzte Zählung im Januar 2009 in den drei letzten Rückzugsgebieten Deutschlands – alle drei in Brandenburg – kam auf einen Gesamtbestand von lediglich 112 bis 116 Tieren. Der Vogel ist in Deutschland so stark gefährdet, dass beim Bau der Autobahn von Hannover nach Berlin auf der Teilstrecke durch das Havelländische Luch, einem der drei erwähnten Schongebiete, besondere Schutzvorkehrungen getroffen wurden.

Der Hauptfeind der Großtrappe, die offene, blüten- und insektenreiche Landschaften braucht, war und ist wie in vielen Fällen dennoch der Mensch. Großtrappen füttern ihren Nachwuchs in den ersten Tagen ausschließlich mit Insekten, aber gerade die sind in der modernen Agrarlandschaft Mangelware.

Unter den Tieren ist das Wildschwein sein größter Feind, das mit seiner feinen Nase die Gelege aufspürt und plündert. Großtrappen sind nicht aggressiv, die lassen sich von einem Wildschwein sozusagen vom Gelege schubsen. Die Henne wird zwar fauchen, vielleicht mit den Flügeln schlagen und nach dem Angreifer treten, aber letztendlich wird sie sich vertreiben lassen. Man ist im Havelländischen Luch daher dazu übergegangen, Eier aus den Gelegen zu holen und in der Staatlichen Vogelschutzwarte in Buckow künstlich auszubrüten. Die Küken wachsen in geschützten Gehegen heran, bis sie sozusagen dem Rüssel des Wildschweins entwachsen sind, und werden dann ausgewildert.

Endspurt

Auf dem letzten Stück unserer Wanderung ist der Grenzverlauf wieder sehr seltsam. In der Lübecker Bucht, im Ortsteil Schlutup, stieß die ehemalige Grenze auf die Trave und folgte ihr am rechten Ufer bis zur Ostsee. Dort verlief sie entlang mehreren Buchten und machte dann einen großen Bogen um den Dassower See, eine fast zur Gänze von der Ostsee abgeschlossene Bucht der Travemündung. So weit nichts Besonderes, dann aber durchschnitt die Grenze die kleine Halbinsel Priwall genau an der Engstelle, wo sie mit dem Festland verbunden ist. Das Festland war DDR, die Priwall selbst BRD-Gebiet – aber durch die Trave vom Westen getrennt. Idiotischer geht's ja nun wirklich nicht. Na ja, von Rüterberg mal abgesehen. Die Einzigen, die das richtig gefreut haben dürfte, waren vermutlich die DDR-Grenzer, die dort oben Dienst taten, denn von ihrem Wachturm aus hatten sie freien Blick auf den im Westteil gelegenen FKK-Strand.

Bald mischte sich immer mehr Dünengras in die Vegetation, und ich hatte das Gefühl, das Meer schon riechen zu können und rauschen zu hören. Was Cleo und ich auf alle Fälle hörten, war Möwengeschrei. Jetzt konnte es nicht mehr weit sein. Die frühere Grenze ist mittlerweile von Wildrosen, Sanddorn, Weißdorn und Schlehen überwuchert, und da Cleo und ich keine Lust hatten, uns jetzt noch groß durch dorniges Gestrüpp und hinderliches Unterholz zu kämpfen, nahmen wir den seitlich davon verlaufenden Knüppeldamm.

Eigentlich hatte ich mir vorgenommen, mit Cleo in Andacht, langsam und mit Würde zum Ostseestrand zu gehen. Stattdessen rasten wir – ich mit schwerem Gepäck – Richtung Meer. Wie ein großer Theatervorhang öffnete sich vor uns das Dünengras und wir sahen die See und große Schiffe, die gerade ausliefen. Mir standen die Tränen in den Augen. Wir waren nach 1400 Kilometern angekommen! Cleo sah unser Ziel viel emotionsloser. Sie stellte sich bis zum Bauch ins Meer und trank jede Menge Ostseewasser.

Nachwort

Als wollte es den »Kreis«, der keiner war, schließen, war das Wetter am letzten Tag der Wanderung, bei der Ankunft an der Ostsee, schlecht, was in gewisser Weise zu meiner Stimmung passte. Einerseits war ich zwar froh und stolz, angekommen zu sein, andererseits war ich traurig, dass es vorüber war, denn die Wanderung quer durch Deutschland war für mich eine meiner schönsten – »Expeditionen« klingt in dem Zusammenhang etwas seltsam –, sie war eines meiner schönsten Abenteuer. Und so legte ich mich erst einmal in den Sand, mit Cleo im Arm, und ließ die letzten Wochen Revue passieren. Es war eine aufregende, spannende und abwechslungsreiche Wanderung mit vielen berührenden Momenten gewesen; emotional gesehen wahrscheinlich die stärkste Unternehmung, die ich je in meinem Leben gemacht habe. Ich hatte das Gefühl, dass ich noch viele Monate, vielleicht sogar Jahre brauchen würde, um all das Erlebte zu verarbeiten, zu verinnerlichen, und noch jetzt, wo ich diese Sätze schreibe, sind meine Gedanken, Gefühle und Eindrücke von damals so lebendig und plastisch, als wäre es erst gestern gewesen. Diese Wanderung entlang der ehemaligen Grenze war für mich auch eine Reise in meine Jugend, in die Vergangenheit, in weniger schöne Abschnitte meines Lebens gewesen und hat sehr viele negative Erinnerungen und Gefuhle, die in meinem Unterbewusstsein schlummerten, nach oben gespült. Emotionen, mit denen ich heute noch zu kämpfen habe. Auf der anderen Seite stand, dass Cleo und ich in diesen Wochen zusammengewachsen sind. Ich spürte, dass sie mir auf ihre Art und Weise genauso viel bedeuten wird, wie es einst Cita tat, was mir endlich die schwere Trauer um Cita, die mich seit deren Tod begleitet hatte, ein bisschen genommen hat.

Die Wanderung hat mir aber auch völlig neue Aspekte von Deutschland gezeigt, sodass ich heute sage, wir leben in einem der schönsten und abwechslungsreichsten Länder der Erde: herrliche Landschaften mit unterschiedlichstem Charakter, eine atemberaubende Tier- und Pflanzenvielfalt, eine reiche Kultur, eine – in manchen Epochen im wahrsten Sinn des Wortes – wahnsinnige Geschichte, tolle Menschen. Ich kann jedem nur empfehlen, mal wieder in die Wanderschuhe zu steigen, die Hektik des Alltags hinter sich zu lassen und die Natur wiederzuentdecken. Unsere Heimat zu Fuß zu erkunden, sie zu spüren, sich in ihr geborgen und wohlzufühlen ist ein unglaubliches Gefühl und ein großartiges Erlebnis.

Dank

Ohne die ARTE-ZDF-Off the Fence Produktion »Andreas Kieling – Mitten im wilden Deutschland« wäre dieses Buch so nicht zustande gekommen. Ganz besonders danke ich Petra Boden, Ralf Blasius, Renate Marel, Michael Gärtner, Manfred Ossendorf, Christian Friedel, Frank Gutsche, Knut Kreuch und Markus Lanz.

Außerdem Ole Anders, Derk Ehlert, Torsten Kirchner, Dieter Leupold, Jens Wilhelm, Walter Gräb, Klaus Leithold, Benno Schmidt und Tanja Laninger.

Dem WWF Deutschland, NABU Deutschland, Globetrotter, Volkswagen, Fjäll Räven und Meindl.

Besonderer Dank gilt Sabine Wünsch und meiner lieben Frau Birgit.

MALIK

Andreas Kieling

*Meine Expeditionen zu den Letzten
ihrer Art*

Bei Berggorillas, Schneeleoparden und anderen bedrohten
Tierarten. 352 Seiten mit 44 farbigen Fotos und 9 Schwarz-
weißfotos. Gebunden

Von den letzten Berggorillas in Ruandas Hochland bis zu den
Komodowaranen Indonesiens, von indischen Löwen bis zu
den Wölfen in Rumänien und den Riesenwalen der Welt-
meere: Immer mehr Tiere sind vom Aussterben bedroht.
Der berühmte Naturfilmer Andreas Kieling kommt ihnen
näher als irgendjemand sonst; oft braucht er Monate, um
die Tiere an sich zu gewöhnen. Seit Anfang der Neunziger-
jahre beobachtet er gefährdete Tiere in freier Wildbahn
und hat dramatische Veränderungen der Artenvielfalt erlebt.
Jetzt war er erneut zwei Jahre auf Weltreise, schwamm mit
Australiens Salzwasserkrokodilen, stand Auge in Auge mit
dem afrikanischen Elefanten, mit Himalajawildschafen
und Eisbären in der Arktis. Eindrucksvoll berichtet er von
seinen Erlebnissen mit den Wildtieren, deren Lebensraum
am dringendsten Schutz bedarf.

02/1117/01/L